인도철학의 최고 명저

브라흐마 수뜨라 주석 【4】

Brahma-sūtra-bhāṣya

샹까라 저 / 박효엽 역

세창출판사

저자 샹까라Śaṅkara(약 700-750년 또는 788-820년)

인도에서 가장 위대한 철학자로 알려져 있고 힌두교에서 가장 중요한 스승이자 성인으로 숭배되는 인물이다. 인도의 정통 철학으로서 최대 학파인 아드바이따 베단따의 창시자이다. 고전 우빠니샤드, 『바가바드 기따』, 『브라흐마 수뜨라』에 대해 현존하는 최초의 주석이자 최고의 권위를 가진 주석을 썼다. 그의 생애는 힌두교 전통에서 영웅적이고 극적으로 묘사되는데, 비非힌두권에서는 거의 역사적 사실로 간주되지 않는 편이다.

역자 박효엽Park, Hyo-Yeop

인도 뿌네대학교University of Pune에서 샹까라 철학을 전공으로 박사학위를 받았다. 현재 경북대학교와 원광대학교 동양학대학원(요가학과)에서 강의 중이며, 주로 우빠니샤드 철학, 베단따 철학, 현대요가를 연구하고 있다. 역서로는 『베단따의 정수』(2006)가 있고, 저서로는 『처음 읽는 우파니샤드』(2007), 『불온한 신화 읽기』(2011), 『탈식민주의의 얼굴들』(공저, 2012), 『요가와 문화』(공저, 2013), 『요가란 무엇인가』(공저, 2015) 등이 있다.

브라흐마 수뜨라 주석 [4]

1판 1쇄 인쇄　2016년 9월 10일
1판 1쇄 발행　2016년 9월 20일

저　자 | 샹까라
역　자 | 박효엽
발행인 | 이방원
발행처 | 세창출판사

신고번호 · 제300-1990-63호 | 주소 · 서울 서대문구 경기대로 88(냉천빌딩 4층)
전화 · (02) 723-8660 | 팩스 · (02) 720-4579 | http://www.sechangpub.co.kr
e-mail: sc1992@empal.com

ISBN 978-89-8411-636-8 94150
978-89-8411-632-0 (세트)

이 책은 한국연구재단의 지원으로 세창출판사가 출판, 유통합니다.

이 도서의 국립중앙도서관 출판예정도서목록(CIP)은 서지정보유통지원시스템 홈페이지(http://seoji.nl.go.kr)와 국가자료공동목록시스템(http://www.nl.go.kr/kolisnet)에서 이용하실 수 있습니다.(CIP제어번호: CIP2016020933)

"그것을 두려워함으로써 바람이 불리라.
두려워함으로써 태양이 떠오르리라.
그것을 두려워함으로써 불과 인드라가,
그리고 제5인 죽음이 달리리라."

–『따잇띠리야 우빠니샤드』 2.8.1 –

내가 두려워한다는 것을 알게끔 하고,
두려움을 향해서 나를 나아가게끔 한,
그 시절의 아득하고 아름다운 인연들에게,
이 무거운 번역서를 두 손 모아 바칩니다.

역자의 말

번역은 시간의 무덤이다. 무수한 시간들이 서로 다른 언어들 사이에서 묻힌다. 세월 가는 줄도 모르고 인생의 한가운데 번역의 닻을 내리고 살다가, 어느 날 주위를 둘러보니 모든 인연들은 떠났고 머리칼만 하얗게 세었다. 무수한 시간들이 무덤 속으로 사라져 갔다. 남은 것은 견딤이 낳은 후유증인지도 모를 무덤덤한 감각뿐이다.

『브라흐마 수뜨라 주석』의 번역을 마치면서 기억을 되살려보니 몇 개의 장면들이 스친다. 먼저 인도의 바라나시에서 보낸 첫날이다. 아직도 생생하게 기억나는 그 찬란한 첫날은 영원보다도 더 영원 같다. 바라나시는 내 삶을 밤새 뒤척이게 만든 곳이다. 또 하나는, 산스크리트 읽기 연습을 위해 붉은 표지의 『브라흐마 수뜨라 주석』을 사들고 서점 앞의 언덕길을 내려올 때이다. 그때 내 심장이 어떤 이유에서인지 몰라도 무섭도록 뜨겁게 뛰고 있었으니, 지금도 어떤 운명 같은 것이 이미 예정되었을 것이라고 굳게 믿는다. 또 하나는, 쉴 새 없이 번역에 매달리던 일상들이다. 그 밀도는 하도 촘촘해서 나중에는 번역이 곧 소명이 되어 버렸다. 끝내는 소명감도 사라지고 굴레만 남아 버렸다. 그래서 멈췄다. 다만 끝까지 최선을 다한 뒤에 멈춘 것만큼은 헤아려 주었으면 좋겠다.

이 번역에서 주안점을 둔 것들 가운데 몇 가지는 이러하다. 첫째, 이 책이 인도의 고대 철학서이지만 21세기 동시대 한국의 언어로 번역을 해야 한다는 것이다. 특히 한자어에 익숙하지 않은 세대에 걸맞은 번역을 시도하려고 나름대로 노력을 기울였다. 둘째, 이질적인 인도 철학의 낯섦을 어느 정도 드러내야 한다는 것이다. 번역은 어찌 보면 낯익음과 낯섦 사이의 변주이다. 산스크리트 번역에서는 이러한 점이 더 더욱 강하게 적용되는데, 예를 들어 문장을 아무리 낯익게 다듬어도 논리의 낯섦이 사라지지 않는 경우가 많다. 낯섦을 드러내려는 시도가 혹은 그대로 두려는 시도가 좋은 결과를 낳았기를 바랄 뿐이다. 셋째, 다른 누구보다도 나 자신에게 제대로 읽히는 글이어야 한다는 것이다. 나 자신이 잘 이해하는 글이라면 다른 사람도 잘 이해할 수 있다고 생각하기 때문이다. 이 번역에 역주가 상대적으로 많은 것도 나 자신의 이해를 돕기 위해서였다.

번역은 불가피하게 그럴듯한 오역이지만 오역을 최소화해야 하는 것은 역자에게 마치 의무와도 같다. 오역을 줄이려고 오랫동안 이 번역을 붙들고 있었다. 얼마나 많은 세월을 보냈는지 말할 필요는 없다. 번역은 오직 그 결과물을 통해서 평가받을 뿐이기에, 단지 오역을 줄이려고 애쓴 행간의 주름들을 읽어주었으면 하는 마음이다.

번역을 재검토하거나 수정하는 동안 얼마나 나 자신에 대해 실망했는지 모른다. 얼마나 나의 성급한 본문 읽기와 얄팍한 지식과 엉터리 역주에 좌절했는지 모른다. 잘못 번역한 본문 문장은 끝도 없이 발견되었고, 잘못 작성한 역주는 고쳐도 또 고쳐도 마음에 들지 않았다. 아직 내가 찾지 못하고 교정하지 못한 오류는 무수할 터이다. 그 숨어 있는 오류는 전적으로 나의 역량이 부족한 탓이다.

나는 문화의 불모지에서 자라났다. 내가 산스크리트를 알게 된 것은 경이로운 싹이다. 내가 이와 같은 번역서를 내놓는 것은 거의 기적에 가까운 열매이다. 굼벵이가 날개를 얻는 것이 한 생애에서 가능한 것도 일종의 헛헛한 행운이라면, 그건 틀림없이 재기가 아닌 끈기의 덕이다. 끈기는 나의 끈질긴 자산이다. 마지막으로, 내게는 소멸이었던 그 시간들이 이 책의 독자에게는 새로운 시간들로 다시 태어나기를, 간절히 소망한다.

2016년 9월

박효엽

차례

브라흐마 수뜨라 주석 【1】

제1장 조화(samanvaya)

제1절 · 제2절 · 제3절 · 제4절

브라흐마 수뜨라 주석 【2】

제2장 무모순(avirodha)

제1절 · 제2절 · 제3절 · 제4절

브라흐마 수뜨라 주석 【3】

제3장 성취수단(sādhana)

제1절 · 제2절 · 제3절 · 제4절

약호

기따	*Bhagavad-gītā*
까우	*Kauṣītaki-upaniṣad*
까타	*Kaṭha-upaniṣad*
께나	*Kena-upaniṣad*
나라	*Nārāyaṇa-upaniṣad*
느야야-수	*Nyāya-sūtra*
다르마-수	*Dharma-sūtra*
따잇	*Taittirīya-upaniṣad*
따잇-브	*Taittirīya-brāhmaṇa*
따잇-상	*Taittirīya-saṃhitā*
따잇-아	*Taittirīya-āraṇyaka*
딴드-브	*Tāṇḍya-brāhmaṇa*
리그	*Ṛg-veda*
마누	*Manu-smṛti*
마하	*Mahābhārata*
만두-까	*Māṇḍūkya-kārikā*
문다	*Muṇḍaka-upaniṣad*
미맘사-바	*Mīmāṃsā-sūtra-bhāṣya*
미맘사-수	*Mīmāṃsā-sūtra*

바이-수	*Vaiśeṣika-sūtra*
브리	*Bṛhadāraṇyaka-upaniṣad*
쁘라	*Praśna-upaniṣad*
상크야-까	*Sāṃkhya-kārikā*
샤드-브	*Ṣaḍviṃśa-brāhmaṇa*
샤따-브	*Śatapatha-brāhmaṇa*
수뜨라	*Brahma-sūtra*
슈베	*Śvetāśvatara-upaniṣad*
아슈따	*Aṣṭādhyāyī*
아이	*Aitareya-upaniṣad*
아이-브	*Aitareya-brāhmaṇa*
아이-아	*Aitareya-āraṇyaka*
요가-수	*Yoga-sūtra*
이샤	*Īśā-upaniṣad*
자발	*Jābāla-upaniṣad*
주석	*Brahma-sūtra-bhāṣya*
찬도	*Chāndogya-upaniṣad*

일러두기

■ 일반 사항

(1) 이 번역본은 다음 2개의 판본을 저본(底本)으로 삼아 완역한 것이다: ① **Nirnaya**: *Brahmasūtraśāṅkarabhāṣyam*, Second Edition, Revised by Vāsudeva Śarman, Bombay: Pāṇḍuraṅg Jāvajī, Nirṇaya Sāgar Press, 1927. ② **Samata**: *Complete Works of Sri Sankaracharya*, Vol. VII, *Brahmasutra Bhashya*, Chennai, Samata Books, 1983.

(2) 저본이 2개인 이유는 두 판본이 각각 장단점을 고루 갖추고 있기 때문이다. Nirnaya는 매우 널리 보급된 판본으로서 구성이 좋은 편이지만 세세한 부분에서 정교하지 못한 구석이 많다. Samata는 인도의 남부 지역에서 편집된 판본답게 문법적인 오류가 거의 없는 편이고 오탈자도 거의 발견되지 않는다. 하지만 주제(adhikaraṇa)의 경계가 불분명한 경우가 있고, 인용된 문장들의 출처를 전혀 표시하지 않고, 각각의 문장을 긴 형태로 편집하는 경향이 있다. 따라서 두 저본 가운데 전체적인 구성이나 체제는 대체적으로 Nirnaya를 따르고, 문장의 내용이나 문법은 대체적으로 Samata를 따른다. 다만 두 저본의 미세한 차이가 〈주석〉의 내용을 이해하는 데 결정적인 차이를 보여주는 경우는 거의 없다고 할 수 있다.

(3) 두 저본에서는 종종 문장의 시작과 끝을 다르게 간주함으로써 문장에 대한 편집 자체가 다른 경우가 많은데, 이 번역본은 대체적으로 Nirnaya를 따른다. 하지만 가끔 Nirnaya의 문장 나누기가 적절치 않다고 판단되는 경우에는 Samata를 따르기도 한다. 물론 두 저본의 원문과는 달리 역자가 의도적으로 하나의 문장을 분리하거나 둘 이상의 문장을 결합하는 경우도 꽤 있다.

(4) Nirnaya와 Samata의 어느 한 저본에 추가적으로 덧붙여진 낱말이 있으면 가능한 한 그 낱말을 포함한 채로 번역한다. 특히 명사의 경우에는 역주에서 그 낱말이 어느 저본에 추가되어 있는지 밝힌다. 그리고 문법적인 오류나 오탈자는 다른 저본을 바탕으로 하여 교정한 채로 번역한다. 대체적으로 더 정확한 Samata를 따르는 편이지만 매우 드물게 Nirnaya를 따르기도 한다. 그리고 가끔씩 Nirnaya에 직설법 현재로 등장하는 동사가 Samata에는 원망법으로 등장하는 경우가 있는데, 대부분 Samata의 원망법을 취해서 번역한다.

(5) 각각의 수뜨라는, 수뜨라 저자의 의도와 관계없이, 샹까라(주석가)의 주석에 근거하여 번역한다. 그리고 샹까라의 주석은, 그 이후에 쓰인 수많은 복주석들에 거의 의존하지 않고, 단지 〈주석〉 자체의 의미에 충실하게 번역한다. 물론 주석을 번역하는 데 복주석을 참고하기도 하며, 역주에서 복주석의 내용을 추가로 설명하기도 한다.

(6) 원문은 직역을 원칙으로 하되 가독성을 위해 종종 의역을 하기도 한다. 그리고 산스크리트는 그 언어의 특성상 피동형(수동태)의 문장이 많은 편인데, 사람 등이 주어일 경우에는 가능한 한 피동형을

능동형으로 바꿔서 번역한다. 하지만 강박적으로 피동형을 능동형으로 바꾸고자 하지는 않는다. 그 이유는 피동형이 인도적 사유의 특징적인 측면을 더 잘 드러내기도 한다는 데 있다.

(7) 번역본의 본문에서 '**전론**(前論), **후론**(後論), **이론**(異論), **반박**(反駁)' 등의 구분은 원문에 실제로 나오는 말이 아니지만 가독성을 높이기 위해서 임의로 설정한 것이다. 이러한 구분은 대체로 Swami Gambhirananda의 영역본을 참고로 한다. 전론은 '논증에서 가상의 논적이 취하는 반대견해'를, 후론은 '논증에서 논자가 취하는 견해'를, 이론은 '논증에서 전론이나 후론과는 상이한 제3자의 견해'를, 반박은 '논의의 와중에 주고받는 양측의 논리적 반박'을 각각 가리킨다. 이러한 구분이 필요한 이유는, 샹까라가 펼치는 논증이 '논제-의문-전론-후론-정론(定論)'이라는 5단계를 따르는 데 있다. 그런데 '논제', '의문', '정론'에 관해서는 반드시 구분이 필요한 경우를 제외하고는 일반적으로 구분을 적용하지 않는다. 왜냐하면 전론이나 후론과 달리 그것들은 그 경계가 불분명한 경우가 많기 때문이다. 예를 들어 논제와 의문 사이의 경계, 또는 후론과 정론 사이의 경계가 불분명하다.

(8) 원문에서는 문단을 전혀 나누지 않는다. 따라서 번역본의 문단은 전적으로 역자가 내용과 맥락을 고려하여 직접 나눈 것이다. 문단은 '논제-의문-전론-후론-정론'이라는 5단계를 어느 정도 고려한 채 가능하다면 짧게 나눈다.

(9) 〈주석〉에 등장하는 베단따의 전문어는 가능한 한 우리말 사전에 등록되어 있되 일반 독자들도 충분히 이해할 수 있는 용어를 선택한

다. 고유어이든 한자어이든 처음 읽을(들을) 때에 그 내포를 충분히 짐작할 수 있는 용어를 선택한다. 다만 '브라흐만', '아뜨만', '다르마' 등과 같이 번역이 불가능하거나 힘든 전문어에 대해서는 번역어 없이 원어를 그대로 사용한다. 그리고 전공자나 전문가를 위해서는 종종 역주에서 산스크리트 원어를 따로 표기한다. 국내에서 산스크리트 원어에 대한 번역어가 워낙 다양하기 때문에, 번역본의 앞부분에 '산스크리트-우리말'(주요 번역어) 목록을 제시하여 이 번역본이 채택한 번역어들을 일목요연하게 보여준다.

(10) 본문에서 방대하게 인용되는 우빠니샤드 문장들에 대한 번역은 중립적이지 않은 경우가 많다. 왜냐하면 주석가가 자신의 논증을 뒷받침하기 위해 우빠니샤드 문장을 인용하면서 자신에게 유리한 방식으로 그 문장을 풀이하기 때문이다. 우빠니샤드 '원문'과 '장절의 분류'는 Patrick Olivelle의 다음 판본을 따른다: *The Early Upaniṣads*, New York, Oxford University Press, 1998(이하 Olivelle로 줄여 부름).

(11) 인용문의 출처와 관련하여, 우빠니샤드 이전 시대 문헌들의 경우는 그 출처가 정확하지 않을 수도 있다. 그리고 인용문 뒤에 출처 표시가 없는 경우는, 대개 아직까지 그 출처가 밝혀지지 않은 것이다. 다만 하나의 수뜨라에 대한 주석에서 동일한 인용문이 다시 등장할 때는 출처 표시를 반복하지 않으므로 출처 표시가 없다.

(12) 이 번역본에 실린 역주는 모두 역자가 작성한 것이다. 역주 작성에 밑바탕이 된 일차문헌들과 이차문헌들은 특별한 경우에만 그 출처를 밝힌다. 그리고 Nirnaya에 간간이 등장하는 편집자 각주를 따로 번역하지는 않고 다만 참조사항으로 반영한다. 〈주석〉 자체에는

그 어떤 각주도 존재하지 않는다.

(13) 본문을 번역하고 역주를 작성하는 데 참고한 기존 번역서들은 다음과 같다. 이 영역본들로부터 도움을 받은 자료(내용)들은 일일이 그 출처를 밝히지 않는다. 특히 Swami Gambhirananda와 Thibaut의 번역서는 역자의 오독을 교정하고 이해를 심화하는 데 큰 역할을 한 바 있다.

- *Brahma-sūtra Shānkara-bhāshya*, tr. V. M. Apte, Bombay, Popular Book Depot, 1960.
- *Brahma-sūtra-bhāṣya of Śrī Śaṅkarācārya*, Second Edition, tr. Swami Gambhirananda, Calcutta, Advaita Ashrama, 1972.
- *Vedānta Explained (Saṃkara's Commentary on the Brahma-sūtras)*, Vol. I & II, tr. V. H. Date, Delhi, Munshiram Manoharlal Publishers, 1973.
- *Vedānta-sūtras with the Commentary by Śaṅkarācārya*, Part I & II, tr. George Thibaut, Delhi, Motilal Banarsidass Publishers, 1962.

■ 특수 사항

(1) 〈수뜨라〉 또는 〈주석〉과 관련된 3개의 숫자는 차례대로 '장, 절, 수뜨라'를 지시한다. 예를 들어 〈수뜨라 1.1.12〉는 '1장, 1절, 12번 수뜨라'를 지시하고, 〈주석 1.1.12〉는 바로 그 수뜨라에 대한 주석을 지시한다. 관례에 따라, 수뜨라들을 묶어서 읽는 '주제'에 대해서는 이러한 숫자를 매기지 않는다.

(2) { } 안에는 '주제'의 제목과 그 '주제'에 속하는 수뜨라 번호를 명기한다.

(3) [ ] 안에는 원문에는 없지만 번역의 맥락상 필요한 내용을 삽입하거나 더 쉬운 읽기를 위해 역자가 필요하다고 생각하는 낱말이나 구절을 삽입한다.

(4) 〈 〉는 출처를 표시하는 데 사용한다. 예를 들어 '〈찬도 6.8.7〉'은 '찬도그야 우빠니샤드 6장 8절 7번의 산문이나 운문'을 가리킨다. 출처 표시 뒤에 본문의 내용이 이어지기 때문에 〈 〉 안에 책 이름과 장절의 숫자를 모두 기입할 수밖에 없다.

(5) ( )는 유의어, 지시대상, 산스크리트 원어의 한글 표기, 한자 등 다양한 용도로 사용한다.

(6) ' ; ' 기호는 수뜨라를 번역하는 데만 사용한다. 비록 수뜨라가 짧더라도 두 문장 이상으로 번역해야 하는 경우가 많은데, 번역된 문장과 문장 사이에 ' ; ' 기호를 넣는다. 수뜨라 번역에서 문장과 문장 사이에 마침표를 사용하지 않는 것은, 아무래도 하나의 수뜨라에는 하나의 마침표만 있는 것이 더 적절하기 때문이다.

(7) ' : ' 기호는 본문과 역주에서 부연설명, 요약, 대사 등에 한하여 제한적으로 사용한다.

(8) ' … ' 기호는 인용 문장의 생략된 부분을 나타내는 데 사용한다.

(9) '큰따옴표'는 오직 인용 문장에 대해서만 사용한다. '작은따옴표'는 강조, 구별, 수식 관계, 짧은 예시, 의미 명료화 등 여러 용도로 사용한다.

(10) 역주에서 주로 사용하는 기호는 다음과 같다.

- ' = ' 기호는 본문에 등장하는 용어, 구절, 문장을 지시하고 설명하고 풀이하는 데 사용한다.
- ' * ' 기호는 두 저본의 차이점, 편집이나 문법과 관련된 사항을 설명하는 데 사용한다.
- ' √ ' 기호는 동사 어근을 표시하는 데 사용한다.

(11) 산스크리트의 한글 표기는 다음과 같은 방식을 따른다.

① 모음

a 아	ā 아	i 이	ī 이
u 우	ū 우	ṛ 리	ḷ ㄹ리
e 에	ai 아이	o 오	au 아우

② 자음

ka 까	kha 카	ga 가	gha 가	ṅ 받침 ㅇ
ca 짜	cha 차	ja 자	jha 자	ña 냐
ṭa 따	ṭha 타	ḍa 다	ḍha 다	ṇa 나
ta 따	tha 타	da 다	dha 다	na 나
pa 빠	pha 파	ba 바	bha 바	ma 마
ha 하				

③ 반모음

ya 야	ra 라	la ㄹ라	va 바

예 avidyā: 아비드야, dhāraṇā: 다라나, kāla: 깔라, sattva: 삿뜨바

④ 치찰음

	a/ā	i/ī	u/ū	e	ai	o	au	자음단독
ś / ṣ	샤	쉬	슈	셰	샤이	쇼	샤우	슈
s	사	시	수	세	사이	소	사우	스

⑤ 아누스바라(anusvāra)

	반모음	기음(h)	치찰음	ka 행	ca 행	ṭa 행	ta 행	pa 행
ṃ	받침 ㅇ	받침 ㅇ	받침 ㅁ	받침 ㅇ	받침 ㄴ	받침 ㄴ	받침 ㄴ	받침 ㅁ

예 saṃskāra: 삼스까라, ahaṃkāra: 아항까라

⑥ 자음과 반모음의 결합

	ya	ra	la	va
자음(k)	끄야	끄라	끌라	끄바

예 sāṃkhya: 상크야, kva: 끄바

⑦ 결합자음

- 가능한 한 모든 음가를 그대로 표기한다.

  예 smṛti: 스므리띠, brahman: 브라흐만

- 앞의 자음을 받침으로 내려 표기하는 경우도 있다.

  예 śakti: 샥띠, āpta: 압따, tattva: 땃뜨바

주요 번역어*

ābhāsa 사이비(似而非), 오류, 그럴듯한
abhāva 비(非)존재
abheda 차이 없음, 차이가 없다는 것, 무(無)차이, 동일함
abhidhyāna 깊은 명상
abhimāna 자기가정(自己假定), 자기로 가정함
abhyudaya 번영
ācāra 행위규범, 행실
ācārya 대(大)스승, 스승
acetana 비의식체(非意識體)
adharma 다르마가 아닌 것
adhidaivam 신격적인 것, 대우주적인 것
adhikāra 자격, 장절
adhikaraṇa 주제
adhikārin 자격자(資格者)
adhyakṣa 주시자, 지배자, 창조자
ādhyāna 명상
adhyāropa(adhyāropaṇa) 덧얹음, 덧얹는 것
adhyāsa 덧놓음, 덧놓는 것, 덧놓기
adhyātmam(ādhyātmika) 인격적인 것, 소우주적인 것, 신체적인, 몸과 관련된, 인체의
adhyayana 학습, 학습하기, 학습하는 것
adṛṣṭa 보이지 않는 힘
advaita 비(非)이원적, 비(非)이원성
advitīya 제2자를 가지지 않음
āgama 성전

---

* 주요 번역어에 대응하는 산스크리트 원어는 대부분 다양한 의미를 가지지만 여기서는 가급적 <주석>에서 전문적으로 사용된 의미만을 제시하고자 한다. 그리고 이러한 목록을 앞서 제시하는 이유는 사람들마다 산스크리트 원어에 대해 매우 다양한 번역어를 채택하고 있기 때문이다.

ahaṃkāra 자아의식, 아항까라
aikātmya 아뜨만의 유일성, 본질적 동일성
aiśvarya 권능, 신성, 초능력
ajñāna 무지
ākāṅkṣā 기대성(期待性)
ākāśa 에테르, 허공, 공간, 천공(天空)
akṣara 불멸체(不滅體)
amṛta 불멸수(不滅水)
amṛtatva 불멸성
anādi 시작(시초)이 없는, 시초를 가지지 않는
anākāra 무(無)양상, 양상이 없는
ānanda 환희
ānandamaya 환희로 이루어진 것
ananta 무한
anartha 해악, 무용(無用)
anātman 아뜨만이 아닌 것
anavasthā 무한소급
anāvṛtti 되돌아오지 않음
anitya 무상, 영원하지 않음
annamaya 음식으로 이루어진 것
anṛta 비(非)실재, 비(非)존재, 허위
antaḥkaraṇa 내부기관
antarātman 내부 아뜨만
antaryāmin 내부의 지배자
aṇu 원자, 지극히 미세한 것
anubhava 직각(直覺), 지각, 앎
anumāna 추론
anuśaya 남은 결과
anuvāda 반복진술
anvaya 연관성, 연합
anvaya-vyatireka 연속과 불연속
apādāna 이탈의 지점, 행위이탈
apāna 아빠나
apara-brahman 하위 브라흐만
aparavidyā 하위 지식
aparokṣatva 직접성
apauruṣeya 인간의 저작이 아님
apavāda 제거, 예외, 부인
apavarga 해방, 지고선
apūrva 새로운 힘, 새로운 것, 낯선 것
apūrvavat 낯선 것
apyaya 되들어감
arthāpatti 추정
arthavāda 아르타바다(의미진술)
āsana 아사나(좌법)
aśarīratva 탈(脫)육화 상태
asatkāryavāda 결과가 미리 존재하지 않는다는 이론
asatya 진실이 아닌 것, 허위
āśrama 인생단계

āśraya 소재지, 처소, 근저
atideśa 연장 적용
atiprasaṅga 확대적용
ātma-ekatva 아뜨만의 유일성
ātman 아뜨만, 본질, 영혼
ātmatattva 아뜨만이라는 실재
audāsīnya(udāsin) 부동성 부동심(不動心), 부동체(不動體)
avabodha 깨우침, 앎
avagama(avagati) 직접적 앎, 앎
āvaraṇa 은폐, 장애
avidyā 무지
aviveka 무(無)분별
āvṛtti 회귀, 되돌아옴, 반복
avyākṛta 전개되지 않은 것
avyakta 미현현자(未顯現者)
ayutasiddhatva 확립된 불가분리성(不可分離性)
bādha 지양
bandha(bandhana) 속박
bhagavat 존경스러운 이
bhakti 섬김
bhautika 원소로 이루어진 것
bhavya 존재할 것
bheda 차이, 차이 있음, 상이
bhoga 향유, 향락
bhoktṛ 향유주체
bhrama 혼동
bhrānta 착각
bhrānti 착오
bhūta 존재하는 것, 존재, 원소
bhūtārthavāda 사실담진술
brahmabhāva 브라흐만 상태
brahmacārin 학인(學人)
brahmacarya 학습기, 금욕(학습)
brahmaloka 브라흐만 세상
brahman 브라흐만
brahmātmabhāva 브라흐만이 곧 아뜨만이라는 것, 브라흐만으로서의 아뜨만
brahmātman 브라흐만 즉 아뜨만
brahmātmatva(tā) 브라흐만이 곧 아뜨만이라는 것, 브라흐만으로서의 아뜨만
brahmavāda 브라흐만주의
buddhi 지성, 인식, 관념, 명상적 관념
buddhīndriya 인식기관
caitanya 순수의식, 의식
cetana(cetanā) 의식체, 의식
cit 순수의식, 의식
citta 의식, 마음, 생각(내부기관)
codanā 신성한 명령
dama 감각철회

dāna 자선(보시)
darśana 직관, 통찰, 사상, 주장, 명상
deha 육체, 신체
dehin 육화된 자
deva 신, 신격
devatā 신격, 신
devatātman 신격적 아뜨만
devayāna 신의 길
dharma 다르마, 속성, 세부사항(특성), 특징, 공덕
dharmin 본체
dhātu 본체, 요소, 동사 어근
dhyāna 명상
doṣa 결함, 결점
dravya 실체, 물체, 물질요소
duḥkha 괴로움, 불행, 고통
dvaita 이원적, 이원성
dveṣa 혐오
dvija 재생자(再生者)
dvitīya 제2자
ekāgratā 전념(專念)
ekārthatva 의미의 일관성
ekatva(ekatā) 유일성, 동일성, 단일성
ekavākya(tva) 문장적(의미적) 통일(성)
gati 감, 여로, 목적지, 여지 등
gauṇa 이차적 의미, 비유적 의미
gṛhastha 가정기, 가장(家長)
guṇa 속성, 구나(속성), 성질, 세부사항, 부차적인 것
guṇavāda 비유진술
hāna 거부
hetu 이유, 원인, 근거, 수단
hetvābhāsa 그럴듯한 논거(근거)
heya 거부할 수 있는 것
hiṃsā 살생
īkṣaṇa(īkṣati) 마음으로 바라보기
indriya 감관, 기관
īśvara 신
itaretarāśrayatva 상호의존(성)
itihāsa 이띠하사(서사집)
jaḍa 감각이 없는 자
jāgarita 생시
jāgarita-avasthā 생시 상태
jagat 세계
japa(japya) 음송(吟誦)
jāti 카스트(계급)
jijñāsā 탐구욕
jñāna 지식, 명상적 지식
jñānendriya 인식기관
jīva 개별자아(개별영혼), 영혼
jīva-bhāva 개별자아 상태

jīvātman 개별적 아뜨만
kaivalya 독존(獨存), 단독성
kalpa 겁(劫)
kāmya-karma 선택적 의례
kāraka 행위의 격(格)관계, 행위인자(因子), 행위수단, 인과적 원인
karaṇa 기관, 행위수단, 도구
kāraṇa 원인, 동작적 원인, 수단, 감관
karma 행위, 업, 의례, 행위대상, 운동
karmāśaya 잠재업
karmendriya 행위기관
karmakāṇḍa 행위편(行爲篇)
kartṛ 행위주체, 동작주체
kārya 결과, 결과물, 일, 신체
kleśa 번뇌
kośa 덮개
kramamukti 점진적 해탈
kratu 제의, 결의
kriyā 행위, 동작, 의례
kṣetra 몸
kṣetrajña 몸을 아는 자, 개별자아, 영혼
kūṭastha 불변(적)
lakṣaṇa 정의, 특징, 징표
lakṣaṇā 함축
līlā 유희
liṅga 표징, 논거, 전거, 표징신체
mahābhūta 대(大)원소
mahat 마하뜨, 위대한 것
manana 숙고하기
manas 마음
manomaya 마음으로 이루어진 것
mantra 만뜨라
mantra-varṇa 만뜨라의 전언(傳言)
mati 견해, 명상적 생각
māyā 환술, 환영, 속임수
mīmāṃsā 미망사, 고찰
mithyā 거짓
mithyā-abhimāna 거짓된 자기가정
mithyā-buddhi 거짓된 생각
mithyā-jñāna 거짓된 지식
mithyā-pratyaya 거짓된 관념
moha 미혹, 어리석음
mokṣa 해탈
mukhya 일차적 의미, 일차적인 것, 으뜸
mumukṣutva 해탈에 대한 욕구
nāḍi 경맥(나디)
naimittika 임시적 의례

nāmarūpa 명칭과 형태
nididhyāsana 명상하기, 깊게 명상하기
niḥśreyasa 지고선
nimitta 동작적 원인, 원인, 기인, 근거, 표징
nimitta(-kāraṇa) 동작적 원인
nimitta-naimittika 동작의 원인과 동작의 결과
nindā 비난
nirākāra(anākāra)-brahman 무(無)양상(양상이 없는) 브라흐만
nirantara 무(無)차이
nirguṇa 무(無)속성
nirṇaya 결론
nirvāṇa 열반
nirvikalpa(ka) 구분이 없는
nirviśeṣa 무(無)특성
nitya 영원, 상시(常時)적(의례), 통상적인 것
nitya-karma 상시(常時)적 의례
nitya-śuddha-buddha-mukta 영원 · 순수 · 자각 · 자유
nivṛtti 파기, 행위 억제, 무(無)동작
niyoga 강제적 명령
nyāya 논리, 논증

pañcakośa 5덮개
paṇḍita 학자
para- 지고한, 궁극적인
para-ātman 지고한 아뜨만
para(parama)-brahman 지고한 브라흐만, 상위 브라흐만
parama-kāraṇa 궁극적 원인
paramāṇu 원자, 단원자
paramārtha 실재
pāramārthika 실재적인 것
paramātman 지고한 아뜨만
parameśvara 지고한 신
parapakṣa 상대이론
paravidyā 상위 지식
parijñāna 철저한 지식
parimāṇa 부피, 한도, 연장(延長)
pārimāṇḍalya 극미 구체성(極微 球體性)
pariṇāma 전변(轉變)
parivrājaka(parivrāj) 출가자
pārivrājya 출가
parokṣatva 간접성
phala 결과, 행위결과
pitṛyāna 조상의 길
prabodha 깨우침, 생시, 깨어남
prabodha-sthāna 생시 상태
pradhāna 주된 것, 쁘라다나

prajñā 지혜, 앎, 예지, 지성(체), 잠재성향, 명상적 앎
prājña 최상의 지성, 지성체
prajñātman 지성적 아뜨만
prakaraṇa 맥락, 장절, 주제
prakāśa 광명, 빛
prakriyā 방법론, 방식, 양상, 창조, 장절
prakṛta 논제
prakṛti 쁘라끄리띠, 원형, 원형물, 원물질, 물질적 원인
pralaya 소멸, 대(大)소멸
pramā 타당한 지식
pramāṇa 지식수단, 증명수단, 증거, 타당, 권위
prāmāṇya 진리성, 권위, 전거
prameya 지식대상
prāṇa 생기, 숨, 생명, 기관, 쁘라나
prāṇamaya 생기로 이루어진 것
prāṇāyāma 호흡 조절
praṇidhāna 헌신
prapañca 복합현상계, 부연설명, 상술
prasāda 은총
prasaṅga 부조리한 결말
pratijñā 확언, 주장
pratipakṣa 대립이론
pratipatti 최종적 행위, 이해
pratiṣedha 금지
pratyagātman 내재적 아뜨만
pratyakṣa 지각, 직각적
pratyaya 관념, 명상적 관념
pravṛtti 동작, 동작 성향, 행위, 행위 촉구
prāyaścitta 속죄의식
puṇya 선행, 공덕
purāṇa 뿌라나(전설집)
puruṣa 뿌루샤, 사람, 영혼
puruṣārtha 인간의 목표
pūrvapakṣa 전론(前論)
rāddhānta 정론(定論)
rāga 애욕
ṛṣi 성자
śabda 성언, 말, 직접적인 말
sādhana 성취수단, 수단, 실증
sadyomukti 즉각적 해탈
saguṇa 유(有)속성
sākṣātkaraṇa 직접지각
sākṣin 관찰자
śakti 내재력, 권능, 힘
śama 마음억제
samādhi 삼매
sāmānādhikaraṇya 동격 관계
samanvaya 조화

sāmānya 보편, 일반적 진술
samavāya 내속
samavāyikāraṇa 내속적 원인, 물질적 원인
saṃkalpa 결의
saṃnidhāna 근접
saṃnyāsa 유랑기, 탈속, 세속 떠나기, 떠남
saṃnyāsin 유랑자
saṃpad 결합하기
saṃpatti 결합, 가상적 결합, 융합
saṃpradāya 전통 계승, 계승된 전통, 전통
saṃprasāda 적정(寂靜)
saṃprasāda-sthāna 숙면 (적정) 상태
saṃsāra 윤회, 윤회세계
saṃsārin 윤회하는 자
saṃśaya 의문, 의심
saṃskāra 정화하기, 정화의식, 신성한 의례, 잠재인상
samuccaya 공조(共助), 공동, 공동적인 것
samyag-darśana 참된 직관, 참된 지식
samyag-jñāna 참된 지식
samyag-vijñāna 참된 지식

saṃyoga 결합, 접촉
śarīra 육체, 신체, 몸, 몸통, 육신
śārīra 육화된 자
śārīrātman 육화된 아뜨만
śārīratva 육화(肉化) 상태
sarvagata 편재(遍在)
sarvajña 전지
sarvaśakti 전능
sarvavyāpin 편재(遍在)
śāstra 성전, 논서, 교서
sat 존재
satkāryatā(-tva) 결과가 미리 존재한다는 것
satkāryavāda 결과가 미리 존재한다는 이론
satya 진리, 진실, 실재, 존재
satyatva 실재성
saviśeṣa 유(有)특성
siddhānta 정론, 정설
śloka 시구
smaraṇa 전승, 전승서(傳承書)
smṛti 전승, 전승서(傳承書)
śoka 슬픔
sphoṭa 스포따
śraddhā 믿음
śravaṇa 듣기, 계시
śreṣṭha 최고위(最高位),

최고인 것
śreyas 지선(至善)
śruti 계시, 계시서(啓示書), 계시어(啓示語)
sthāvara 비(非)동물
sthūla 가시적(可視的)
stuti 찬양
śuddha-brahman 순수한 브라흐만
sukha 즐거움, 행복
sūkṣma 미시적(微視的)
śūnyavāda 허무주의
suṣupta 숙면
suṣupti(suṣupta)-avasthā 숙면 상태
sūtra 수뜨라
sūtrakāra 수뜨라 저자
svādhyāya 성전 공부
svapakṣa 자기이론
svapna 꿈, 꿈속
svapna-avasthā(sthāna) 꿈 상태
svarga 천국
tādātmya 본질의 동일성
tamas 무명, 어둠
tantra 딴뜨라, 지식체계
tarka 추리, 논리, 논의
tārkika 추리학자
tātparya 취지, 전심전념
tattva 실재, 실체, 존재, 원리, 본질, 진리
timira 복시증(複視症), 암흑
upacāra 비유적 의미, 비유적 적용(사용)
upādāna 물질적 원인, 수용
upādāna-kāraṇa 물질적 원인
upādeya 수용할 수 있는 것
upādhi 한정자
upamā 유비
upamāna 비교
upanayana 입문식(入門式)
upaniṣad 비밀스러운 가르침, 비밀스러운 이름, 비밀스러운 명상
upapatti 합당, 추리
upasaṃhāra 공유
upāsaka 명상자
upāsanā(upāsana, upāsā) 계속적 명상
upāsya 명상대상
upāya 수단, 방편
utpatti 생성
uttarapakṣa 후론(後論)
vāc 언어, 말, 발성기관
vacana 말, 의미, 글귀
vāda 이론, 논(론)

vairāgya(virāga) 무욕(無慾)
vākya 문장
vākya-bheda 문장적(의미적) 분열
vākya-śeṣa 문장의 생략어, 보조적 문장, 나머지 문장
vānaprastha 은퇴기, 은퇴자
varṇa 계급(바르나)
vāsanā 잠재습성, 인상
vastu 사물, 실재, 본질, 사실, 대상
veda 베다
vedana(vedanā) 감각, 앎, 지식
vedāṅga 베다보조학
vedānta 베단따
vedānta-vākya 베단따 문장
vicāra 탐구, 검토
vidhi 명령
vidhikāṇḍa 명령편
vidyā 지식, 명상적 지식
vijñāna 지식, 인식, 명상적 인식
vijñānamaya 인식으로 이루어진 것
vijñānātman 인식적 아뜨만
vikalpa 의심, 가정, 택일
vikāra 변형, 변형물
vikriyā 변형, 변화
vikṛti 변형, 변형물
vipāka 과보
viparyaya 그릇된 관념
vipratipatti 이견, 불일치
vipratiṣedha 상호모순
viśaya 의문
viṣaya 대상, 사물, 주제, 영역
viṣayin 주관
viśeṣa 특징, 특성, 징표, 한정, 특이점, 차별점, 차이, 특수(성), 특정적 진술, 세부사항
viśeṣaṇa 한정어, 특성, 특징
viveka 분별(分別)
vrata 서약
vṛtti 변용, 양상, 작용, 기능, 어법
vyabhicāra 반례, 이탈(무효화)
vyākaraṇa(vyākriyā) 전개
vyavahāra 경험작용, 관습적 사용, 용법, 교섭
yajña 제의
yogin 요가 수행자
yoni 원천
yukti 추리, 논증

제4장

결과(結果): phala

제1절

{ 1. '반복'이라는 주제: 수뜨라 1-2 }

제3장에서는, 상위와 하위의 지식들에 관해서, 주로 '성취수단'과 관련되는 검토를 진행했다. 이제 여기 제4장에서는 '결과'와 관련되는 [검토로] 나아갈 것이다. 그리고 우발적으로 생기는 다른 그 어떤 것들도 논의할 것이다.

무엇보다도 먼저, 우리는 몇몇의 '주제'들을 통해 성취수단과 관련되는 검토에서 남겨진 바로 그것을 수행한다.

1. [인식의] 반복을 [행해야만 한다]; 여러 번에 대한 가르침 때문이다.

āvṛttir asakṛd upadeśāt ‖1‖

"여보 [마이뜨레이여], 실로 아뜨만을 보아야만 하고 들어야만 하고 숙고해야만 하고 깊이 명상해야만 합니다."〈브리 4.5.6〉, "바로 그것을 알고 나서 현명한 브라흐마나는 앎을 행해야 하리라."〈브리 4.4.21〉, "그것을 추구해야만 하고, 그것을 탐구해야만 한다."〈찬도 8.7.1〉라고 이렇게 운운하는 계시들에 대해 의문이 생긴다.

[이러한] 인식[1]은 한 번 행해야만 하는가, 그렇지 않으면 반복적으로 행해야만 하는가?

실로 무엇으로 귀결되는가?

[전론]: 쁘라야자 등과 같이 인식은 한 번이어야 한다. 그러한 정도로써 성전의 목적이 달성되기 때문이다. 실로 계시되지 않는 반복을 행

1_ 인식(pratyaya)=아뜨만에 대한 지식을 얻는 것과 관련되는 심리적 행위. 이 말을 맥락에 따라 '명상적 인식' 또는 '명상적 관념'으로 이해해도 무방하다.

하는 경우에 성전의 목적이 아닌 것을 행하게 될 것이다.

[반박]: "들어야만 하고 숙고해야만 하고 깊이 명상해야만 합니다."라는 등등과 같이 예시된 것들은 '여러 번에 대한 가르침'이지 않는가?

[전론]: 그렇다고 할지라도 말해진 만큼 '한 번의 듣기, 한 번의 숙고하기, 한 번의 깊게 명상하기'라는 것을 반복해야 할 뿐, 그 이상은 아니다. '그는 안다', '그는 계속 명상해야 한다'라는 등등과 같이, 실로 '한 번에 대한 가르침들'에서는 반복이 없다.

이와 같은 귀결에서 우리는 말한다.

[후론]: 인식의 반복을 행해야만 한다.

어떤 근거에서? 여러 번에 대한 가르침 때문이다. 실로 "들어야만 하고 숙고해야만 하고 깊이 명상해야만 합니다."라는 이와 같은 종류의 '여러 번에 대한 가르침'은 인식의 반복을 암시한다.

[전론]: 단지 말해진 만큼만 반복해야 할 뿐 추가되지는 않는다고 언급했지 않는가?

[후론]: 아니다. 이것들은 직관으로 귀착되기 때문이다. 실로 듣기 등은 반복됨으로써 직관으로 귀착되고 가시적인 목적을 가지게 된다. 예컨대 도리깨질 등이 알곡 등의 생산으로 귀착되듯이, 그와 마찬가지이다.

더 나아가 '계속적 명상'과 '깊게 명상하기'라는 [말은] 오직 반복을 그 특징으로 함의하는 동작(행위)을 지시한다. 그러한 증거로서, 이 세상에서는 전심전념으로 스승 등을 따르는 자에 대해, '그는 스승을 섬긴다(계속 명상한다)', '그는 왕을 섬긴다'라며 이와 같이 말한다. 마찬가지로 항상 남편에 관해 상기하며 목 빠지게 열망하는 자에 대해, '아내는 집을 떠난 남편을 떠올린다(명상한다)'라며 이와 같이 말한다.[2]

2_ '그는 스승을 섬긴다', '그는 왕을 섬긴다'에서 '섬긴다'(upāste)라는 동사와 '계

게다가 '알다'라는 동사와 '명상하다'라는 동사는[3] 베단따들에서 구별 없이 사용된다고 관찰된다. 어떤 경우에는 '알다'라는 동사로 시작한 뒤에 '명상하다'라는 동사로 끝맺는다. 예컨대, "'그(라이끄바)가 아는 어떤 것'을 아는 자에 대해서, 나는 이렇게 말했다네."〈찬도 4.1.4〉라고 [시작하여] "존경스러운 이여, 저에게 당신이 계속 명상하는 그 신격에 대해 가르쳐 주십시오."〈찬도 4.2.2〉라고 [끝맺는] 곳에서이다. 또한 어떤 경우에는 '명상하다'라는 동사로 시작한 뒤에 '알다'라는 동사로 끝맺는다. 예컨대, "'마음은 브라흐만이다'라고 계속 명상해야 한다."〈찬도 3.18.1〉라고 [시작하여] "이와 같이 아는 자는, 명예와 명성과 브라흐만의 영광에 의해, 번쩍이고 또 타오른다."〈찬도 3.18.3〉라고 [끝맺는] 곳에서이다.

그러므로 심지어 '한 번에 대한 가르침들'에서도 반복이 정립된다. 물론 '여러 번에 대한 가르침'은 반복을 지시한다.‖1‖

2. 또한 표징 때문에, [인식의 반복을 행해야만 한다].

liṅgāc ca ‖2‖

또한 표징은 인식의 반복을 확신시킨다. 그러한 증거로서, '우드기타의 명상적 인식'을 시작한 뒤에, 하나의 아들을 가지는 결함 때문에 "[실로 저] 태양은 우드기타이다."〈찬도 1.5.1〉라는 것을 물리치고 나서 "너는 광선(햇살)들을 향해야 한다."〈찬도 1.5.2〉라며 다수의 아들을 가지기 위해 광선의 다수성에 대한 명상적 인식을 명령함으로써,[4]

속적 명상'(upāsana)이라는 명사는 동일한 어근을 가진다. 그리고 '아내는 집을 떠난 남편을 떠올린다(명상한다)'에서 '떠올린다'(dhyāyati)라는 동사와 '깊게 명상하기'(nididhyāsana)라는 명사도 동일한 어근을 가진다.

3_ '알다'라는 동사는 √vid를, '명상하다'라는 동사는 √upās를 각각 가리킨다.

확립된 것으로서 인식의 반복을 보여준다.[5] 따라서 이와 유사함으로 말미암아 모든 명상적 관념(인식)들에서는 반복이 확립된다.

이에 대하여 말한다.

[전론]: 성취대상을 결과로 가지는 명상적 관념(인식)들에서는 반복이라고 해도 될 듯하다. 그것들에서는 반복에 의해 탁월한 것의 성취가 가능하기 때문이다. 하지만 지고한 브라흐만과 관계하는 인식으로서 '오직 영원 · 순수 · 자각 · 자유를 본질로 하고 아뜨만으로 존재하는 지고한 브라흐만'을 제시하는 경우에, 반복은 무엇을 의도하는가?

[후론]: 하지만 한 번 들은 경우에 브라흐만이 곧 아뜨만이라는 이해가 가능하지 않음으로 말미암아 반복이 용인된다.

[전론]: 아니다. 심지어 반복하는 경우에도 그것은 가능하지 않기 때문이다. 실로 만약 "그것이 너이다."〈찬도 6.8.7〉라는 이러한 유형의 문장을 한 번 들음으로써 브라흐만이 곧 아뜨만이라는 이해가 생기지 않는다면, 그 경우에 어떻게 바로 그것을 반복함으로써 [그 이해가] 생길 것이라고 기대하겠는가?

그러면, 문장이 단독으로는 그 어떤 대상에 대해 직접지각을 낳을 수 없고, 그로부터 문장이 추리에 의존한 채로 브라흐만이 곧 아뜨만이라는 것을 직각하게끔 할 것이라고 말할지도 모른다.[6] 그렇다고 할지라도 반복은 무용할 따름이다. 왜냐하면 비록 그 추리가 단지 한 번

4_ 우드기타를 태양으로 명상함으로써 하나의 태양처럼 하나의 아들을 가지게 된 아버지가, 자신의 아들에게는 여러 아들을 얻기 위해서라면 우드기타를 무수한 광선들로 명상하라고 가르치는 내용이다.

5_ <찬도 1.5.2>에서 '향해야 한다'라는 말의 원어는 'paryāvartayāt'이다. 주석가는 이 말을 '반복적으로 명상해야 한다'라는 뜻으로 간주하는 듯하다.

6_ 이 문장에 사용된 중요한 두 동사는 'sākṣātkṛ'(직접지각을 낳다)와 'anubhū'(직각하다)로서 이 둘은 거의 동일한 의미이다. 각각의 명사형인 'sākṣātkaraṇa'(직접지각)와 'anubhava'(직각)도 거의 동일한 의미이다.

작용할지라도 자체의 대상을 직각하게끔 할 것이기 때문이다.[7]

[후론]: 한편 이러할 수 있다. 추리와 문장을 통해서는, 특수성과 관계하는 지식이 아니라 단지 일반성과 관계하는 지식이 생긴다. 예컨대 '나의 심장에 통증이 있다'라는 이러한 문장으로부터 또 사지 경련 등의 표징으로부터, 타인은 단지 통증이 존재한다는 일반성을 이해할 뿐, [타인은] '바로 그가 통증을 느낀다'라는 식으로[8] 특수성을 직각하지는 못한다. 그리고 특수성에 대한 직각이 무지를 파기한다. 반복은 이를 위해서이다.

[전론]: 아니다. 심지어 단지 그러한 만큼을 반복적으로 행하더라도 특수성에 대한 지식의 발생은 불가능하기 때문이다. 실로 성전과 추리를 한 번 사용하는 것을 통해 알려지지 않은 특수성은 [그것들을] 백 번까지 사용하는 것을 통해서도 알려질 수 없다. 따라서 성전과 추리를 통해 아마 특수성이 확립되든 혹은 단지 일반성이 확립되든, 두 가지 경우 모두 그것들은 한 번 작용하는 바로 그때에 그 자체의 일을 행하므로, 반복은 유익하지 않다.

게다가 성전과 추리가 한 번 사용된 경우에 심지어 그 누구에게도 직각이 생기지 않는다고 제한할 수는 없다. 수용하는 자들의 지성은 다양하기 때문이다.

더 나아가 일반성과 특수성을 가지고 다수의 부분을 가지는 일상적인 대상과 관계해서는, 한 번 주의를 기울임으로써 한 부분을 숙지하고 또 한 번 주의를 기울임으로써 다른 부분을 숙지하므로, 반복은 다

7_ 문장이 추리(yukti)의 도움을 받아 직각을 낳는다고 해도, 추리는 단 한 번의 적용만으로 그 자체의 대상에 대한 직각을 낳기 때문에, 여전히 반복은 무용할 뿐이다.

8_ '바로 그가 통증을 느낀다'라는 식으로=그가 느끼는 통증을 자신도 느끼는 식으로.

만 유익할지도 모른다. 예컨대 긴 '장'(章)을 파악하는 것 등에서이다. 하지만 일반성과 특수성을 결여하고 순수의식 그 자체를 본질로 하는 무(無)특성 브라흐만과 관계해서는, 타당한 지식이 발생하는 데 반복이 필요하다는 것은 합리적이지 않다.

이에 대하여 말한다.

[후론]: "그것이 너이다."라는 것을 단지 한 번 들은 채로 브라흐만이 곧 아뜨만이라는 것을 직각할 수 있는 자에게는 반복이 무용할 것이다. 하지만 직각할 수 없는 자에게는 반복이 사용될 뿐이다. 그러한 증거로서, 찬도그야에서는 "슈베따께뚜여, 그것이 너이다."〈찬도 6.8.7〉라고 가르친 뒤에, "존경스러운 이여, 저에게 단지 조금만 더 알려주십시오."〈찬도 6.8.7〉라고 되풀이해 재촉당함으로써 이러저러한 '의심의 원인'을 쫓아내고 바로 그 "그것이 너이다."라는 것을 반복적으로 가르친다. 이와 같은 연관에서 "들어야만 하고 숙고해야만 하고 깊이 명상해야만 합니다."〈브리 4.5.6〉라는 등을 [예시로서] 제시했다.

[전론]: 만약 "그것이 너이다."라는 문장을 한 번 들은 채로 자체의 대상을 직각할 수 없다면, 그 경우에 심지어 반복함으로써도 결코 직각할 수 없다고 언급했지 않는가?

[후론]: 그러한 결함은 없다. 왜냐하면 [반복이] 알려지는 경우에 정말 [직각이] 불가능하지는 않기 때문이다. 실로 [사람들은] 한 번 들은 문장을 통해 막연하게 이해된 문장의 의미를 반복함으로써, 이러저러한 오류를 내버리는 것을 통해 참되게 이해한다고 알려진다.

더 나아가 "그것이 너이다."라는 이러한 문장은 '너'라는 말의 의미[9]와 '그것'이라는 말의 의미가 동일하다는 것을 전한다. 그리고 '그것'이라는

9_ '말의 의미'(padārtha)란 어떤 말이 지시하는 대상을 가리킨다. 따라서 '말의 의미'를 '말의 지시대상'으로 읽어도 좋다.

말은, 논제인 브라흐만을 즉 존재이고 마음으로 바라보는 자이며 세계의 생성 등에 대한 원인을 지시한다. "브라흐만은 존재이자 지식이자 무한이다."〈따잇 2.1.1〉, "지식이자 환희인 브라흐만"〈브리 3.9.28〉, "보이지 않는 보는 자이고"〈브리 3.8.11〉, "인식되지 않는 인식하는 자입니다."〈브리 3.8.11〉, "태어남이 없고 늙음이 없고 죽음이 없고", "그것은 광대하지도 않고 미세하지도 않으며, 짧지도 않고 길지도 않으며"〈브리 3.8.8〉라는 등의 성전에서 잘 알려져 있다.

이 경우에 '태어남이 없고' 등의 말들에 의해 '생성 등과 [같은] 존재의 변형들'이 파기된다. 또한 '광대하지도 않고' 등의 말들에 의해 '거칠음 등과 [같은] 물체의 속성들'이 [파기된다].[10] 또한 '지식' 등의 말들에 의해 순수의식과 광명(빛)을 본질로 한다는 것이 언급된다. ["그것이 너이다."에서] '그것'이라는 말의 의미(대상)인 이것은, 윤회세계의 모든 속성들을 결여하고 앎(직각)을 본질로 하며[11] '브라흐만'이라는 명칭을 가진다고, 베단따의 숙달자들에게 잘 알려져 있다.

마찬가지로 '듣는 자'인 '너'라는 말의 의미마저 내재적 아뜨만이라고 [잘 알려져 있다]. [그 의미는] 육체로부터 시작한 뒤에 내재적 아뜨만인 것으로 추정됨으로써 그 끝에는 순수의식으로 확정된다.[12]

이 경우에 이러한 두 말의 의미가 무지, 의심, 그릇된 관념에 의해 방해된 자들에게는, "그것이 너이다."라는 이 문장이 자체적 의미에 대한 타당한 지식을 발생시킬 수 없다. 문장의 의미에 대한 지식은[13] 말의 의미에 대한 지식을 기인으로 하기 때문이다. 그래서 결국 그들에

10_ <브리 3.8.8>의 'asthūla'를 그 맥락상 '광대하지 않음'으로 이해하지만, 'sthūla'는 대개 거칠음, 가시적임 등을 의미한다.

11_ 여기서는 'anubhava'(앎, 직각)가 브라흐만의 본질로서 제시된다.

12_ <따잇 2>에서는 육체인 '음식으로 이루어진 것'부터 시작하여 '환희로 이루어진 것'에 이르기까지 점차 내재적 아뜨만으로 다가가는 것을 보여준다.

13_ * '지식'(-jñāna-)이라는 표현은 Samata에만 추가로 등장한다.

관해서라면, 말의 의미를 분별하는 목적으로 성전과 추리의 반복을 요청해야만 한다.

그리고 비록 이해대상인 아뜨만이 부분을 가지지 않을지라도, 그것에는 신체, 기관, 마음, 지성, 대상, 감각 등으로 지시되는 수많은 부분들이 덧얹힌다. 그러면 한 번 주의를 기울임으로써 한 부분을 제거하고 또 한 번 주의를 기울임으로써 다른 부분을 제거하므로, 이 경우에는 순차적인 이해가 합리적이다. 물론 이는 아뜨만에 대한 이해의 전단계일 뿐이다.

한편 말의 의미와 관계하여 '무지, 의심, 그릇된 관념으로 지시되는 장애'를 가지지 않는 명민한 자들은 단지 한 번 들은 채로 "그것이 너이다."라는 문장의 의미를 직각할 수 있으므로, 그들에 관해서라면 반복은 무용하다고 간주될 따름이다. 왜냐하면 단지 한 번 발생한 '아뜨만에 대한 이해'가 무지를 파기하므로 그 경우에는 그 어떤 순차조차 용인되지 않기 때문이다.

[전론]: 만약 누군가에게 그와 같이 이해가 생긴다면, 참으로 그와 같음은 합리적일 것이다. 실로 [사람은] 자신의 고통스러움 등을 강력하게 이해한다. 이로부터 그 누구도 고통스러움 등의 부재를 이해하지 못한다.

[후론]: 아니다. 신체 등에 대한 자기가정처럼 고통스러움 등에 대한 자기가정은 거짓된 자기가정이라는 것이 합당하기 때문이다. 예를 들어 육체가 잘릴 때에 또는 탈 때에 '나는 잘린다' 또는 '나는 탄다'라며 거짓된 자기가정이 직각적으로 경험된다. 또한 심지어 더 외적인 것들인 아들 · 친구 등이 괴로워할 때에도 '나 자신이 괴로워한다'라며 덧얹는 것이 경험된다. 고통스러움 등에 대한 자기가정 또한 마찬가지일 것이다. 실로 신체 등과 같이, 고통스러움 등은 순수의식과는 별개로 인식되기 때문이다. 또한 [고통스러움 등은] 숙면 등에서 존속되지 않

기 때문이다. 반면에 순수의식은 숙면에서조차 존속된다고 전해진다. "그 경우에, 보지 않는 것이란, 보고 있지만 보지 않는 것입니다."〈브리 4.3.23〉라는 등을 통해서이다. 따라서 그러한 '아뜨만에 대한 직각'이란 '나는 모든 고통으로부터 자유로운 하나의 순수의식을 본질로 한다'라는 것이다.

그리고 이와 같이 아뜨만을 직각하는 자에게는 행해야만 하는 그 어떤 다른 것도 남아 있지 않다. 이러한 연관에서 계시서는 "이 아뜨만과 이 세상이 우리의 것인데, 생식을 통해 우리에게 무엇이 생기겠습니까?"〈브리 4.4.22〉라며 아뜨만을 아는 이에게 행해야만 하는 것이 없다는 것을 보여준다. 전승서 또한 "하지만 실로 아뜨만에서 기쁨을 가질 수 있고 아뜨만에 만족하며 바로 그 아뜨만에 대해 완전히 충족된 사람에게는, 행해야만 하는 것이 존재하지 않습니다."〈기따 3.17〉라고 한다.

반면에 그러한 직각이 어쨌든 재빠르게 생기지 않는 자에게는, 바로 그 직각을 목적으로 반복이 용인된다. 심지어 그 경우에도 "그것이 너이다."라는 문장의 의미로부터 멀어진 채 반복에 종사하지 말아야 한다. 예를 들어 [사람들은] 신랑을 해치기 위해 딸을 혼인시키지 않는다.[14] 게다가 [반복이] 강제된 자에게는 '나는 행위주체로서 이것에 자격을 가진다. 나는 이것을 행해야만 한다'라며 브라흐만에 대한 인식(관념)과는 상반되는 인식이 필연적으로 발생한다.[15] 결국 반복 등이란, 자기 자신에게 그 문장의 의미가 명료하지 않음으로 말미암아 [그

14_ 마찬가지로 "그것이 너이다."라는 문장을 잘못 이해하기 위해 반복을 행하지는 않는다.

15_ 한 번 들은 채로 직각이 생기지 않은 자에게 반복이 마치 의무처럼 강제되어 있지는 않다. 반복이 의무처럼 강제되는 경우에는 직각이 오히려 불가능해지기 때문이다.

의미를] 폐기하고자 하는 우둔한 자에 대해 고지됨으로써, [그가] 바로 그 문장의 의미에 [마음을] 고정하게끔 하는 것이라고 인정된다.

그러므로 심지어 지고한 브라흐만과 관계하는 인식에서도 그 수단에 대한 가르침들은 반복된다는 것이 정립된다.‖2‖

{ 2. '아뜨만인 것에 대한 계속적 명상'이라는 주제: 수뜨라 3 }

3. 하지만, [만약 지고한 신을 '나'라고 파악해서는 안 된다고 한다면, 지고한 신을] 아뜨만이라고 [이해해야만 한다]; [실로 그와 같이 자발라들은] 인정하고, 또한 [베단따 문장들은 신을 아뜨만이라고] 파악하게끔 한다.

ātmeti tūpagacchanti grāhayanti ca ‖3‖

성전에서 언급되는 특성을 가지는 것으로서 지고한 아뜨만을, '나'라고[16] 파악해야만 하는지 또는 '나와는 다른 것'이라고 파악해야만 하는지, [수뜨라 저자는] 이 점을 검토한다.

[반박]: 그렇다면 '아뜨만'이라는 말이 내재적 아뜨만과 관계한다고 계시되는 경우에 어떻게 의문이 생긴다는 말인가?

[이에 대하여] 대답한다.

[의문]: '아뜨만'이라는 이 말은, 개별자아와 신 사이에 차이 없음이 가능한 경우에, 일차적 의미라고 용인될 수 있다. 반면에 다른 경우에는 이것이 이차적 의미라고 용인되어야만 한다. 이렇게 [수뜨라 저자

16_ 여기서 '나'의 원어는 'aham'이다.

는] 생각한다.

실로 무엇으로 귀결되는가?

[전론]: [지고한 아뜨만을 즉 신을] '나'라고 파악해서는 안 된다. 왜냐하면 '죄악으로부터 자유로움 등의 속성을 가지는 것'[17]을 '상반되는 속성을 가지는 것'이라고 파악할 수 없고, 혹은 '상반되는 속성을 가지는 것'을 '죄악으로부터 자유로움 등의 속성을 가지는 것'이라고 파악할 수 없기 때문이다. 그리고 '죄악으로부터 자유로움 등의 속성을 가지는 것'은 지고한 신이고, 그와 달리 그것과는 '상반되는 속성을 가지는 것'은 육화된 자이다. 결국 신이 윤회하는 영혼을 본질로 한다면, 신이 존재하지 않는다는 부조리한 결말이 생긴다. 그로부터 성전은 무의미해진다. 심지어 윤회하는 자가 신을 본질로 한다면, 자격자가 부재함으로 말미암아 성전은 무의미해질 뿐이고, 또 지각 등과 모순된다.[18]

[반박]: 조상(彫像) 등에서 비슈누 등을 직관하는 것처럼, 비록 [양자 사이에] 차이가 있을지라도 성전을 통해 '본질의 동일성에 대한 직관'을 행해야만 한다.

[전론]: 기꺼이 그와 같다고 하자. 하지만 [당신은] 신이 일차적 의미에서 윤회하는 자의 아뜨만이라는 것에 우리가 도달하게끔 해서는 안 된다.

이러한 귀결에서 우리는 말한다.

[후론]: 지고한 신을 아뜨만 그 자체라고 이해해야만 한다.[19] 실로 그와 같이 자발라들은 지고한 신에 대한 장절에서 그를 아뜨만인 것 그

17_ <찬도 8.7.1> 참조: "죄악으로부터 자유롭고".

18_ 윤회하는 개별자아가 신을 본질로 한다면, 행위와 지식을 추구하는 자격자가 부재하기 때문에 행위와 지식을 내용으로 하는 성전이 무의미해지고 말 것이다. 또한 개별자아가 신을 본질로 한다는 것은 지각 등과도 모순된다.

19_ 지고한 신이 곧 '아뜨만'이라는 주장은 지고한 아뜨만이 곧 '나'라는 주장이다.

자체라고 인정한다. "신성한 신격이여, 실로 나는 당신입니다. 신격이여, 실로 당신은 나입니다."에서이다. 마찬가지로 다른 곳에서도 "나는 브라흐만이다."〈브리 1.4.10〉라고 이렇게 운운하며 [신을] 아뜨만인 것으로 인정한다고 알려져야만 한다. 또한 베단따 문장들은 신을 아뜨만인 것 그 자체라고 파악하게끔 한다. "이것은 모든 것의 안에 있는 당신의 아뜨만입니다."〈브리 3.4.1〉, "그것은 내부의 지배자, 당신의 불멸하는 아뜨만입니다."〈브리 3.7.3〉, "그것은 존재이다. 그것은 아뜨만이다. [슈베따께뚜여], 그것이 너이다."〈찬도 6.8.7〉라고 이렇게 운운하는 것들이다.

비슈누의 조상이라는 논리에 따라 이러한 [문장의 의도가] '상징을 통해 보는(명상하는) 것'이라고 주장한 것은 합리적이지 않다. 이차적 의미인 것이 수반되기 때문이다.[20] 또한 [이러한] 문장은 [상징에 대한 문장과는] 상이하기 때문이다. 실로 '상징을 통해 보는 것'이 의도되는 경우에는 글귀가 오직 한 번만 나타난다. 예컨대 "마음은 브라흐만이다."〈찬도 3.18.1〉, "태양은 브라흐만이다."〈찬도 3.19.1〉라는 등에서이다. 한편 이 경우에는 '나는 당신입니다', '당신은 나입니다'라고 말한다. 따라서 [이 경우에는] 상징에 대한 계시와 상이함으로 말미암아 차이 없음이 이해된다. 게다가 차이에 대한 직관이 부인되기 때문이다. 그러한 예시로서, "이제 '그는 어떤 것이고 나는 다른 것이다'라고 하면서, 다른 신격을 계속 명상하는 자는 알지 못한다."〈브리 1.4.10〉, "이곳에 마치 다양함이 있는 듯이 보는 자는, 죽음으로부터 죽음으로 가리라."〈브리 4.4.19〉, "만물은, 만물을 아뜨만과는 다른 것으로 아는

20_ 자발라들의 계시 문장의 의도가 '나'의 상징(pratīka)을 통해 지고한 신과의 '본질의 동일성'을 직관하는 것에 있다고 주장해서는 안 된다. 이 문장에서 일차적 의미가 충분히 가능함에도 이차적 의미를 적용하는 결함이 수반되기 때문이다.

자를 내쫓습니다."〈브리 2.4.6; 4.5.7〉라고 이렇게 운운하며, 매우 많은 계시는 차이에 대한 직관을 부인한다.

한편 모순되는 속성을 가지는 것들 사이에 '서로의 본질이 되는 것'이 가능하지 않다고 주장한 것에 관해서는, 그러한 결함이 없다. '모순되는 속성을 가짐' [그 자체가] 거짓이라는 것은 합당하기 때문이다.

한편 신이 존재하지 않는다는 부조리한 결말이 생긴다고 주장한 것에 관해서는, 이는 사실이 아니다. 성전의 진리성(권위) 때문이고, 또 [우리가] 용인하지 않기 때문이다. 실로 윤회하는 영혼을 본질로 하는 신이 [계시서에서] 제시된다고는, 우리가 용인하지 않는다.

[전론]: 그렇다면 무엇을 제시하는가?

[후론]: 윤회하는 자에게서 윤회를 제거함으로써 [그가] 신을 본질로 한다는 것을 제시하고자 한다. 결국 이와 같을 경우에 비이원적인 신은 죄악으로부터 자유로움 등의 속성을 가지지만, 다른 하나(개별자아)가 상반되는 속성을 가지는 것은 거짓이라고 확립된다.

그리고 자격자가 부재하고 또 지각 등과 모순된다고 주장한 것마저 사실이 아니다. 깨우침 이전에는 윤회(윤회세계)를 용인하기 때문이다.[21] 또한 지각 등의 경험작용이 그것(윤회세계)을 영역으로 삼기 때문이다. 예를 들어 "하지만 모든 것이 오직 '그의 아뜨만'이 될 경우에, 그러면, 무엇을 통해 무엇을 보아야 하겠습니까?"〈브리 4.5.15〉라는 등을 통해, 깨우침에서는 지각 등이 부재하다는 것을 보여준다.

[전론]: 지각 등이 부재하는 경우에는 심지어 계시서의 부재가 수반된다.

21_ 윤회하는 자가 신을 본질로 한다면 '자격자의 부재', '지각 등과의 모순'이 발생한다고 주장한 것은 사실이 아니다. 그 가운데 먼저 자격자의 부재에 관해 반론하자면, 윤회하는 자는 신성을 깨우치기 이전까지 그저 윤회하는 자로 남기 때문에 행위와 지식을 추구하는 자격자가 될 수 있다.

[후론]: 아니다. [우리가 그러하다고] 간주하기 때문이다. “그곳에서 아버지는 아버지가 아니게 됩니다.”〈브리 4.3.22〉라고 시작하여 “베다들은 베다들이 아니게 [됩니다].”〈브리 4.3.22〉라고 [끝나는] 글귀를 통해, 깨우침에서는 심지어 계시서도 부재한다고 우리는 간주할 뿐이다.

[전론]: 그렇다면 그 깨우침이 없음은 누구의 것인가?

[후론]: [이렇게] 질문하는 자인 당신 자신의 것이라고 우리는 말한다.

[전론]: ‘나는 오직 신이다.’라고 계시서는 언급하지 않는가?

[후론]: 만약 그와 같이 당신이 깨닫는다면, 깨우침이 없음은 그 누구의 것도 아니다.

이로써 혹자들이 이의를 제기한 그 결함마저 즉 ‘아뜨만이 소위 무지에 의해 제2자를 가짐으로 말미암아 비이원성은 부당하다’는 결함마저 논박된다.

그러므로 아뜨만 그 자체인 신에 마음을 고정시켜야 한다.‖3‖

{ 3. ‘상징’이라는 주제: 수뜨라 4 }

4. [만약 상징들에 대해서 아뜨만이라고 파악해야만 한다고 한다면], 상징에 [‘아뜨만이라는 명상적 생각’이 놓이지] 않아야 [한다]; 왜냐하면 그 [명상자가 개별적인 상징들을 아뜨만인 것이라고 주시할 수] 없기 때문이다.

na pratīke na hi saḥ ‖4‖

“‘마음은 브라흐만이다’라고 계속 명상해야 한다. 이상은 인격적인 것이다. 이제 신격적인 것이다. ‘허공은 브라흐만이다’라고 [계속 명상해야 한다].”〈찬도 3.18.1〉, “‘태양은 브라흐만이다’라는 것이 교훈이다.”〈찬도 3.19.1〉, “‘명칭은 브라흐만이다’라고 계속 명상하는 그는”〈찬도 7.1.5〉이라고 이렇게 운운하는 ‘상징을 통한 계속적 명상들’에 대해 의문이 생긴다. 심지어 이것(상징)들에 대해서도 아뜨만이라고 파악해야만 하는가 혹은 파악하지 않아야만 하는가?[22]

실로 무엇으로 귀결되는가?

[전론]: 심지어 이것들에 대해서도 오직 아뜨만이라고 파악하는 것은 합리적이다.

무엇 때문에? 계시서들에서 브라흐만은 아뜨만인 것으로 잘 알려져 있기 때문이다. 상징들마저 브라흐만의 변형임으로 말미암아 브라흐만으로 존재하는 경우에, [이것들이] 아뜨만이라는 것은 합당하기 때문이다.

이와 같은 귀결에서 우리는 말한다.

[후론]: 상징들에 ‘아뜨만이라는 명상적 생각’이 놓이지 않아야 한다. 왜냐하면 그 명상자가 개별적인 상징들을 아뜨만인 것이라고 주시할 수 없기 때문이다.

한편 상징들이 브라흐만의 변형임으로 말미암아 브라흐만이고 더 나아가 아뜨만이라는 것은 사실이 아니다. 상징들이 존재하지 않는다는 부조리한 결말이 생기기 때문이다. 실로 명칭 등의 총체는 변형으로서의 고유성이 소멸됨으로써 브라흐만이 될 뿐이라고 받아들여진다. 하지만 명칭 등의 고유성이 소멸되는 경우에 어떤 근거에서 상징이 되고 또 아뜨만으로 파악되는가?[23]

22_ 마음, 허공, 태양, 명칭 등의 상징들을 명상자(upāsaka) 자신의 아뜨만이라고 파악해야만 하는가 파악하지 않아야만 하는가?

23_ 상징은 오직 변형으로서의 그 고유성이 소멸될 때만 브라흐만이 된다. 따라서 상징이 브라흐만이라면 그 고유성이 소멸되었다는 말인데, 그 경우에 어떻게

게다가 브라흐만이 아뜨만이라고 해서 '브라흐만을 보는(명상하는) 것에 대한[24] 가르침들'에서 '아뜨만을 보는 것'이 가정되어서는 안 된다. 행위주체 등이 부정되지 않기 때문이다.[25] 실로 행위주체 등 윤회세계의 모든 특징들이 부정되는 것을 통해[26] 브라흐만이 아뜨만이라고 가르쳐진다. 그리고 그것들이 부정되지 않는 것을 통해 계속적 명상이 명령된다.

결국 이로부터 명상자가 상징들과 동등함으로 말미암아[27] [상징들에 대해] 아뜨만이라고 파악하는 것은 합당하지 않다. 왜냐하면 루짜까와 스바스띠까는[28] 서로가 본질(아뜨만)이 되지 못하기 때문이다. 그리고 [루짜까와 스바스띠까가] 금을 본질로 하듯이 [명상자와 상징이] 브라흐만을 본질로 함으로써 [양자가] 동일한 경우에는 상징들이 존재하지 않는다는 부조리한 결말이 생긴다고 우리는 언급했다.

그러므로 상징들에서 아뜨만을 보는(명상하는) 것은 행해지지 않는다.‖4‖

상징이 상징일 수 있고 명상자의 아뜨만일 수 있겠는가! 요컨대 변형으로서의 상징이 브라흐만이라면, 상징이 존재하지 않는다는 부조리한 결말이 생기고 만다.

24_ 브라흐만을 보는(명상하는) 것에 대한=상징을 통해 브라흐만을 명상하는 것에 대한.

25_ 상징을 통해 브라흐만을 명상하는 경우에는 행위주체(kartṛ)가 부정되지 않은 상태로 남아 있다.

26_ * Samata에 '부정되는 것을 통해'(-nirākaraṇena)라는 표현이 등장하는 것과 달리, Nirnaya에는 '부정되는 경우에'(-nirākaraṇe)라는 표현이 등장한다.

27_ 행위주체로서 명상자는 부정되지 않은 상태이고, 변형들로서 상징들은 소멸되지 않은 상태이다. 둘 모두 브라흐만이 되기 이전에 작용하므로 동등할 뿐이다.

28_ 루짜까(rucaka)=금목걸이. 스바스띠까(svastika)=금으로 만들어진 '만'(卍)이라는 상징적 표지.

{ 4. '브라흐만의 심상'이라는 주제: 수뜨라 5 }

5. [태양 등에] 브라흐만의 심상이 [존재해야 한다]; 우등함(고양) 때문이다.

brahmadṛṣṭir utkarṣāt ‖5‖

[앞서] 예시된 바로 그것들과 관계하여 다른 의문이 생긴다. 브라흐만에 태양 등의 심상이 덧놓여야만 하는가, 또는 태양 등에 브라흐만의 심상이 덧놓여야만 하는가?[29]

의문의 근거는? 동격 관계와 관계하여 근거가 확정되지 않기 때문이다. 실로 이곳에서 '브라흐만'이라는 말은 '태양' 등의 말들과 동격 관계를 가진다고 관찰된다. '태양은 브라흐만이다', '생기는 브라흐만이다', '번개는 브라흐만이다'라는 등에서 공통적인 격어미가 지시되기 때문이다.[30] 하지만 이곳에서는 동격 관계가 곧 바로 적절하지는 않다. '브라흐만', '태양' 등의 말들이 다른 대상을 의미하기 때문이다. 실로 [이 경우에는] '소는 말이다'라는 것과 [같이] 동격 관계가 적용되지 않는다.[31]

[반박]: 브라흐만과 태양 등은 원형물과 변형물의 관계를 가짐으로

29_ 브라흐만을 태양으로 명상해야만 하는가, 또는 태양을 브라흐만으로 명상해야만 하는가?

30_ 각각의 원문은 'ādityo brahma', 'prāṇo brahma', 'vidyud brahma'이다. 이 여섯 개의 낱말은 모두 1격(주격) 단수이다.

31_ 예컨대 '태양은 브라흐만이다'에서 '태양'과 '브라흐만'이라는 두 말이 동일한 대상을 지시(의미)하지 못하기 때문이다. 이는 마치 소와 말 사이에 동격 관계가 적용될 수 없는 것과 같다. '소는 말이다'에서 '소'와 '말'이라는 두 말은 동일한 대상을 지시할 수 없다. 참고로 동격 관계란 대개 공통적인 근저를 가진다는 의미로 사용된다.

말미암아 찰흙과 접시 등과 같은 동격 관계를 가지지 않겠는가?

[의문]: 아니라고 말한다. 왜냐하면 원형물과의 그와 같은 동격 관계를 통해 변형물의 완전한 소멸이 일어날 것이기 때문이다. 더 나아가서 상징들이 존재하지 않는다는 부조리한 결말이 생긴다고 우리는 언급했다.[32] 그리고 이 경우에는 이것들이 지고한 아뜨만에 대한 문장일 것이고, 그로부터 또한 계속적 명상을 위한 자격이 지양될 것이다. 또한 제한된 [수의] 변형물을 언급하는 것이 무의미해진다.[33] 따라서 '브라흐마나는 바이슈바나라 불이다'라는 등과 같이 '어느 하나'에 '다른 하나의 심상'이 덧놓이는 경우에 '무엇'에 '무엇의 심상'이 덧놓여야 하는지 의문이 생긴다.

[전론]: 이 경우에 원칙을 주는 성전이 존재하지 않기 때문에 원칙이 없다고 그렇게 귀결된다. 또 다른 해설로는, 브라흐만에 태양 등의 심상 자체가 놓여야만 한다고 그렇게 귀결된다. 왜냐하면 그와 같이 태양 등의 심상을 통해 브라흐만이 명상되기 때문이다. 그리고 브라흐만에 대한 계속적 명상은 결과를 가진다는 것이 성전의 공리이다. 따라서 태양 등에 브라흐만의 심상이 [놓이지는] 않는다.

이러한 귀결에서 우리는 말한다.

[후론]: 태양 등에 브라흐만의 심상 자체가 존재해야 한다.

무엇 때문에? 우등함(고양) 때문이다. 그렇게 하여 태양 등은 우등한(고양된) 것으로 알려지게 된다. 그것들(태양 등)에 우등한 심상이 덧놓

32_ 브라흐만과 태양 등이 찰흙과 접시 등의 관계처럼 원형물(prakṛti)과 변형물(vikāra)의 관계임으로 말미암아 그와 같이 동격 관계를 가진다면, 이는 양자 사이의 동일성을 함의한다. 그 경우에 변형물은 원형물에 완전히 소멸되고, 그에 따라 상징 자체가 존립할 수 없게 된다.

33_ 브라흐만과 태양 등이 원형물과 변형물의 관계를 가진다면, 계시서에서 브라흐만의 변형물을 태양, 생기, 번개 등과 같이 선택해서 제한적으로 언급하는 것이 무의미해진다.

이기 때문이다. 또한 마찬가지로 일상적인 법칙도 [이에] 대응한다. 왜냐하면 열등한 것에 우등한 심상이 덧놓여야만 하는 것이 일상적인 법칙이기 때문이다. 예컨대 [왕의] 마차꾼에 왕의 심상이 덧놓이는 것과 같다. 그리고 이는 지켜져야만 한다. 반대의 경우에는 저하(低下)가 수반되기 때문이다. 실로 마차꾼의 심상으로 받아들여진 왕은 저락(低落)으로 이끌어짐으로써 좋은 점이 없을 것이다.

[전론]: 이 경우에는 성전의 진리성(권위)으로 말미암아 저하가 수반된다고 생각해서는 안 되지 않는가? 또한 일상적인 법칙에 의해 성전의 견해가[34] 제약되는 것은 합리적이지 않다.

이에 대하여 말한다.

[후론]: 성전의 의미가 확정된 경우에 그건 그러할 것이다. 하지만 그것이 불명료한 경우에 그것의 확정을 향해 심지어 일상적인 법칙에 의지하는 것은 모순되지 않는다. 그리고 이로부터 [열등한 것에] 우등한 심상이 덧놓인다고 성전의 의미가 확정되는 경우에, [우등한 것에] 열등한 심상이 덧놓임으로써 저하될 수 있다는 것은 온당하다.

게다가 '태양' 등의 말들은 앞에 있기 때문에 그 적합성으로부터 일차적 의미를 가진다고 수용해야만 한다. 그것들이 자체적(일차적) 의미로 기능한다는 생각에 사로잡힌 와중에, 그 후에 등장하는 '브라흐만'이라는 말은 그 일차적인 어법에서 [그것들과] 동격 관계가 불가능함으로 말미암아, [이 문장들은] 단지 브라흐만의 심상에 대한 명령을 목적으로 한다고 한정된다.

더욱이 '이띠'(라는 것이, 라고)가 수반되는 것을 통해서도 '브라흐만'이라는 말이 바로 이러한 의미를 가지는 것은 정당하다. 그러한 증거

34_ '성전의 견해가'라고 읽지 않고 '성전의 심상이'라고 읽을 수 있다. 앞서 'dṛṣṭi'라는 말이 '심상'의 의미로 계속 사용되었기 때문에, 여기서도 이 말을 '견해'라는 의미가 아니라 '심상'이라는 의미로 이해할 수 있다.

로서, "… 브라흐만이다'라는 것이 교훈이다."〈찬도 3.19.1〉, "… 브라흐만이다'라고 계속 명상해야 한다."〈찬도 3.18.1〉, "… 브라흐만이다' 라고 계속 명상하는"〈찬도 7.1.5〉이라는 모든 경우에는, '이띠'가 수반된 채로 '브라흐만'이라는 말을 발화한다.[35] 그와 달리 [수반되는 것이 없는 채로] 단지 '태양' 등의 말들을 발화한다. 더 나아가서, 예컨대 '그는 자개를 은이라고 인지한다'라는 경우에, '자개'라는 말은 오직 자개를 의미하지만 '은'이라는 말은 은에 대한 '인지'(심상)를 함축적으로 의미한다. 왜냐하면 그가 오로지 은이라고 분명 '인지'하지만 그곳에 은은 존재하지 않기 때문이다. 마찬가지로 이 경우에도 태양 등을 브라흐만이라고 인지해야 한다는 것이 이해된다.

또한 보조적 문장마저 2격으로 지시함으로써 바로 그 태양 등이 명상 행위를 통해 도달되는 [대상이라는] 것을 보여준다. "이것에 대해 이와 같이 지식을 가지면서 태양을 브라흐만으로 계속 명상하는 자에게는"〈찬도 3.19.4〉, "'언어는 브라흐만이다'라고(언어를 브라흐만으로) 계속 명상하는 그는"〈찬도 7.2.2〉, "'결의는 브라흐만이다'라고 계속 명상하는 그는"〈찬도 7.4.3〉에서이다.[36]

한편 이 경우에 결과를 가지기 위해서는 브라흐만에 대한 계속적 명상 자체가 적용되어야만 한다고 주장한 것에 관해서는, 이는 합리적이지 않다. 언급된 바에 따라 오직 태양 등이 명상대상이라고 알려지기 때문이다. 물론 손님 등을 섬기는 것과 같이 태양 등을 섬기는(명상하는) 경우에마저 바로 그 브라흐만이 결과를 제공할 것이다. [브라흐만은] 모든 것의 주시자(지배자)이기 때문이다. 그리고 이는 "그로부터

35_ 〈주석 4.1.4〉의 시작에서 인용된 이 문장들에는, '브라흐만'이라는 말 뒤에 예외 없이 '~라고', '~라는 것이' 등을 의미하는 '이띠'(iti)가 등장한다.

36_ 이러한 예시들에서 태양, 언어, 결의(saṃkalpa)는 실제로 모두 2격(목적격)으로 표현되어 있다. 반면에 '이띠'(으로)가 수반되는 '브라흐만'은 2격이 아니다.

[즉 신으로부터 행위의] 결과가 [생긴다]; 추리되기 때문이다."〈수뜨라 3.2.38〉라는 곳에서 [이미] 설명했다.

결국 이 경우에 이와 같이 브라흐만은 명상대상이다. [다만] 조상 등에 비슈누 등이 덧얹히듯이 상징들에 그것(브라흐만)의 심상이 덧얹힌다는 점에서이다.‖5‖

{ 5. '태양 등의 명상적 생각들'이라는 주제: 수뜨라 6 }

6. 또한 [제의에] 종속적인 [우드기타 등에] 태양 등의 명상적 생각들이 [놓여야 한다]; 합당하기 때문이다.

ādityādimatayaś cāṅga upapatteḥ ‖6‖

"우드기타를 저 타오르는 그것(태양) 자체로 계속 명상해야 한다."〈찬도 1.3.1〉, "다섯 종류의 사마를 세상들로 계속 명상해야 한다."〈찬도 2.2.1〉, "일곱 종류의 사마를 언어로 계속 명상해야 한다."〈찬도 2.8.1〉, "정녕 이것(흙)은 '리끄'이고, 불은 '사마'이다."〈찬도 1.6.1〉라고 이렇게 운운하는 [제의에] 종속적인 것들과 결부되는 계속적 명상들에 대해, 의문이 생긴다. 태양 등에 우드기타 등의 심상이 놓이는가, 또는 바로 그 우드기타 등에 태양 등의 심상이 놓이는가?

[전론]: 이 경우에 원칙에 대한 근거가 없음으로 말미암아 원칙이 없다고 귀결된다. 왜냐하면 이 경우에는 브라흐만과 달리 특별한 우등함을 가지는 그 어떤 것도 확정되지 않기 때문이다. 실로 브라흐만은 전세계의 원인임으로 말미암아 또 죄악으로부터 자유로움 등의 속성을 가짐으로 말미암아 태양 등보다 우등하다고 확정될 수 있지만, 태양과

우드기타 등의 경우에는 한결같이 [브라흐만의] 변형임으로 말미암아 특별한 우등함을 확정하는 데 그 어떤 근거도 존재하지 않는다.

또 다른 해설로는, 실로 반드시, 태양 등에 '우드기타 등의 명상적 생각들(심상들)'이 덧놓여야 한다. 무엇 때문에? 우드기타 등이 의례를 특징으로 하기 때문이고, 또 의례를 통해 결과를 획득한다고 잘 알려져 있기 때문이다. 태양 등은 우드기타 등의 명상적 생각들을 통해 계속 명상됨으로써 의례를 특징으로 하게 되고 결과를 [낳는] 원인이 될 것이다.

이와 같은 연관에서 "정녕 이것(흙)은 '리끄'이고, 불은 '사마'이다."라는 곳에서는 "이 리끄에 그러한 그 사마가 얹혀 있다."〈찬도 1.6.1〉라며 '리끄'라는 말로써 흙을 지시하고 '사마'라는 말로써 불을 지시한다. 그리고 이는 흙과 불에서 리끄와 사마의 심상을 만들고자 하는 경우에 적절할 뿐, 리끄와 사마에서 흙과 불의 심상을 만들고자 하는 경우에는 적절하지 않다. 예를 들어, [왕의] 마차꾼에서 왕의 심상을 만드는 경우에 [마차꾼에 대해] '왕'이라는 말은 비유적으로 사용되지만, 왕에 대해 '마차꾼'이라는 말은 비유적으로 사용되지 않는다.

더 나아가 "다섯 종류의 사마를 세상들로 계속 명상해야 한다."에서 행위처소(7격)가 지시됨으로써 세상들에 사마가 덧놓여야만 한다고 이해된다.[37] 그리고 바로 이 점을 "이러한 가야뜨라는 생기들에서 엮여 있다."〈찬도 2.11.1〉라고 보여준다.

게다가 "'태양은 브라흐만이다'라는 것이 교훈이다."〈찬도 3.19.1〉라는 등에서는, 앞서 지시되는 태양 등에 나중에 지시되는 브라흐만이 덧놓인다. 또한 "흙은 '힝'이라는 음이다."〈찬도 2.2.1〉라는 등의 계시

37_ 인용문에서 '세상들로'의 원어는 'lokeṣu'(세상들에)로서 7격 복수이다. 7격은 시간과 장소 즉 행위처소(adhikaraṇa)와 관계한다. 인용문을 직역에 가깝게 해석하자면, "세상들에 대해 다섯 종류의 사마를 계속 명상해야 한다."이다.

들에서, 흙 등은 앞서 지시되고 '힝'이라는 음 등은 나중에 지시된다.

따라서 [제의에] 종속적이지 않은 태양 등에 종속적인 것들의 명상적 생각이 놓인다.

이와 같은 귀결에서 우리는 말한다.

[후론]: [제의에] 종속적인 우드기타 등에 태양 등의 명상적 생각들 자체가 놓여야 한다.

어떤 근거에서? 합당하기 때문이다. 실로 그와 같이, 우드기타 등이 태양 등의 명상적 생각들을 통해 신성하게 되는 경우에, [우드기타 등이] '새로운 힘'과 접촉함으로 말미암아 의례가 극대화되는 것은 합당하다.[38] 그리고 "믿음, 비밀스러운 명상과 함께 지식을 통해 행한 바로 그것만이 더한 힘을 가진다."〈찬도 1.1.10〉라며 지식(명상적 지식)이 의례를 극대화하는 수단이라는 것을 보여준다.

[전론]: 의례의 극대화를 결과로 가지는 [계속적 명상들과] 관계해서는 그와 같다고 하자. 하지만 독자적인 결과를 가지는 [계속적 명상들과] 관계해서는 어떠한가? "이와 같이 이것에 대해 지식을 가지면서, 다섯 종류의 사마를 세상들로 계속 명상하는 자를 위해"〈찬도 2.2.3〉라는 등과 관계해서이다.

[후론]: 심지어 그것들과 관계해서도, 자격자의 자격을 통해 논제인 [제의의] '새로운 힘'과 분명 접촉함으로 말미암아 [그 힘과 관련되는] 결과를 가정하는 것은 합리적이다. 우유통 등에 대한 규칙과 같다.[39]

38_ 제의에 종속적인 우드기타 등을 태양 등으로 명상하는 것이 제의의 극대화(samṛddhi)에 유효하다. 왜냐하면 태양 등의 명상적 생각들을 통해 신성하게 된 우드기타 등이 '제의 전체의 결과인 새로운 힘'과 가까워짐으로써 더 성공적인 결과가 나올 수 있기 때문이다. 실제로 제의에서 명상은 제의에 종속적인 것들을 즉 제의의 구성요소들을 신성하게 만든다.

39_ 자격자의 자격을 통해=제의의 자격을 갖춘 자가 명상의 자격을 갖춤으로써. 제의에서 제의 고용주가 가축을 얻고자 한다면 반드시 물을 우유통에 담은 채 가

또한 태양 등은 결과를 본질로 하기 때문에 의례를 본질로 하는 우드기타 등에 비해 우등하다는 것이 합당하다. 왜냐하면 계시서들에서는 태양 등의 [세상에] 도달하는 것으로 지시되는 의례의 결과를 가르치기 때문이다. 더 나아가 "'옴'이라는 이 음절을 우드기타로 계속 명상해야 한다."〈찬도 1.1.1〉, "실로 [이것이] 바로 이 음절에 대한 보충설명이다."〈찬도 1.1.10〉라며 바로 그 우드기타를 명상대상인 것으로 소개한 뒤에, 태양 등의 명상적 생각들을 [그것에] 놓는다.

한편 태양 등이 우드기타 등의 명상적 생각들을 통해 계속 명상됨으로써 의례의 상태가 된 뒤에[40] 결과를 낳을 것이라고 주장한 것에 관해서는, 이는 합리적이지 않다. 계속적 명상은 바로 그 자체로 행위(의례)임으로 말미암아 [그 자체로] 결과를 가지는 것이 가능하기 때문이다. 또한 우드기타 등은 심지어 태양 등의 관념으로 알려지는(명상되는) 동안에도 행위(의례)를 본질로 하는 것을 잃지 않기 때문이다.

그리고 "이 리끄에 그러한 그 사마가 얹혀 있다."에서 흙과 불에 대해 '리끄'와 '사마'라는 말을 사용하는 것은 함축(이차적 의미)에 지나지 않는다. 실로 함축이란 맥락에 따라 자체적(일차적) 의미와 가깝거나 멀게 관련됨으로써 작용한다. 이 경우에는, 비록 리끄와 사마에서 흙과 불의 심상을 만들고자 할지라도, 잘 알려져 있는 리끄와 사마를 차

져와야 한다. 그런데 제의 고용주가 가축을 얻는 것은 독자적인 결과가 아니다. 가축을 얻는 것은 제의 전체의 결과인 '새로운 힘'과 떼려야 뗄 수 없는 관계를 가지기 때문이다. 마찬가지로 제의의 구성요소와 관련된 명상은 독자적인 결과를 얻는 듯이 보이지만, 실제로 그 결과는 제의 전체의 결과인 '새로운 힘'과 떼려야 뗄 수 없는 관계를 가진다. 왜냐하면 종속적인 것으로부터 생기는 결과는 주된 것으로부터 생기는 결과와 반드시 불가분적이기 때문이다. 결국 제의의 자격을 갖춘 자가 명상의 자격을 갖춘 채 명상함으로써 오직 주된 제의와 관련되는 결과가 생길 뿐이다.

40_ 의례의 상태가 된 뒤에=의례를 특징으로 하게 된 뒤에 또는 의례의 일부가 된 뒤에.

별하여 서술하기 때문에 또 흙과 불이 근처에 있기 때문에 ['흙과 불'이 가지는] '리끄와 사마'와의 관계를 통해 바로 그 둘(흙과 불)에 대해 '리끄'와 '사마'라는 말을 그렇게 사용한다고 확정된다.[41] 실로 '마차꾼'이라는 말조차도 그 어떤 이유로부터 왕에 가까워짐으로써 [함축을] 배제하지 못하게 된다.[42] 또한 "정녕 이것(흙)은 '리끄'이고"에서는 말의 배열에 따라 바로 그 리끄가 흙이라는 것을 확정한다. 왜냐하면 흙이 리끄라고 확정되는 경우에는 "이것(흙)은 정녕 '리끄'이고"라고 말이 배열되어야 하기 때문이다.[43] 그리고 "이와 같이 [이것에 대해] 지식을 가지면서 사마를 노래하는 자는"〈찬도 1.7.7〉[44]에서도 지식이 [제의에]

41_ <찬도 1.6.1>은 다음과 같다: "① 정녕 이것(흙)은 '리끄'이고, 불은 '사마'이다. ② 이 리끄에 그러한 그 사마가 얹혀 있다. ③ 따라서 리끄에 얹혀 있는 사마가 노래된다." 여기서는 먼저, 리끄와 사마를 차별하여(bhedena) 서술한다. 만약 ②에서 리끄와 사마가 일차적 의미 그 자체로 언급된다면, 이 문장에 바로 이어서 등장하는 ③이 반복이라는 결함을 가지게 된다. 따라서 잘 알려져 있는 리끄와 사마를 ③에서 차별하여 서술하므로, ②에서 리끄와 사마는 일차적 의미가 아니라 함축이다. 그 다음으로, ①에서 흙과 불은 '리끄'와 '사마'라는 말과 매우 가깝게 놓여 있다. 따라서 또한 근접성이라는 이유가 더해지므로, ②에서 리끄와 사마는 일차적 의미가 아니라 함축이다. 이처럼 흙과 불 양자는 리끄와 사마 양자와 밀접하게 관계를 맺고 있기 때문에, ②에서 '리끄'와 '사마'라는 말은 흙과 불을 함축한다고 알려진다. 결론적으로 후론자는, 전론자가 ②에 대해 "'리끄'라는 말로써 흙을 지시하고 '사마'라는 말로써 불을 지시한다."라며 일차적 의미로 해석한 것을 부정하고, ②를 함축적 의미로 해석한다.

42_ 후론자는 전론자와 달리 왕에 대해 '마차꾼'이라는 말이 비유적으로 사용될 수 있다고 주장한다. 예를 들어 왕이 직접 마차를 몰 경우에 왕을 마차꾼이라고 비유할 수 있다. 즉 함축이 가능하다.

43_ "정녕 이것(흙)은 '리끄'이고"(iyam eva ṛk)에서는 '흙'이 'eva'에 의해 강조된다. 이는 "이것(흙) 자체는 '리끄'이고"라는 뜻이기 때문에, 리끄가 흙이다. 반면에 흙이 리끄이기 위해서는, "이것(흙)은 정녕 '리끄'이고"(iyam ṛg eva)라고 말했어야만 한다. 이는 "이것(흙)은 '리끄' 자체이고"라는 뜻이기 때문에, 흙이 리끄이다. 결론적으로 우빠니샤드에서는 명상적 생각에 해당되는 것을 강조하는 이상, 리끄에 대해 흙의 명상적 생각을 만들고자 한다.

44_ 여기서는 <찬도 1.7.7>의 '이것에 대해'(etad)라는 말이 생략된 채로 인용된다.

종속적인 것들에 의존할 뿐이라고 끝맺지만 흙 등에 의존한다고 끝맺지는 않는다.

게다가 "다섯 종류의 사마를 세상들로 계속 명상해야 한다."에서 비록 세상들이 7격으로 지시될지라도, 여전히 바로 그 사마에 그것(세상)들이 덧놓여야 한다. 사마가 2격으로 지시됨으로써 명상대상이라고 이해되기 때문이다. 실로 사마에 세상들이 덧놓이는 경우에 사마가 '세상들을 본질로 하는 것'으로 명상된다. 반대로 그렇지 않은 경우에 세상들이 '사마를 본질로 하는 것'으로 명상될 것이다.[45] 이로써 "이러한 가야뜨라는 생기들에서 엮여 있다."라는 등이 설명되었다.[46]

심지어 "이제 실로 일곱 종류의 사마를 저 태양으로 계속 명상해야 한다."〈찬도 2.9.1〉에서 똑같이 2격이 지시되는 경우에도,[47] "실로 모든 사마에 대한 계속적 명상은 좋은 것이다."〈찬도 2.1.1〉, "실로 이상은 다섯 종류에 대해서이다. 이제 일곱 종류에 대해서이다."〈찬도 2.7.2; 2.8.1〉라며 바로 그 사마가 명상대상으로 소개됨으로 말미암

45_ "다섯 종류의 사마를 세상들로 계속 명상해야 한다."에 관해 전론자는 두 가지 격을 바꾸고 만다. 즉 '세상들에'(7격)를 '세상들을'(2격)로 바꿔 읽고, '다섯 종류의 사마를'(2격)을 '다섯 종류의 사마로'(3격)로 바꿔 읽는다. 그래서 '세상들을 다섯 종류의 사마로'라는 식으로 이해한다. 반면에 후론자는 하나의 격만 바꾼다. 즉 '다섯 종류의 사마를'(2격)은 그대로 둔 채 '세상들에'(7격)를 '세상들로'(3격)로 바꿔 읽는다. 그래서 '다섯 종류의 사마를 세상들로'라는 식으로 이해한다. 따라서 두 가지 격을 바꿔 읽는 전론자의 방식보다는 한 가지 격만 바꿔 읽는 후론자의 방식이 더 바람직하다.

46_ "이러한 가야뜨라는 생기들에서 엮여 있다."<찬도 2.11.1>라는 문장에서 '가야뜨라는'은 1격이고 '생기들에서'는 7격이다. 이에 대해 전론자는 생기들에 가야뜨라가 덧놓이기 때문에 '생기들은'(1격) '가야뜨라로'(3격) 명상되어야 한다고 주장한다. 두 가지 격을 모조리 바꿔서 읽는 셈이다. 반면에 후론자는 '가야뜨라는'(1격) '생기들로'(3격) 명상되어야 한다고 주장한다. 한 가지 격만 바꿔서 읽는 셈이다.

47_ '일곱 종류의 사마를'이라는 부분은 그 자체로 2격이다. 그리고 '저 태양으로'라는 부분도 원문에서는 'amum ādityaṃ'의 2격으로 표현된다.

아, 바로 그것(사마)에 태양 등이 덧놓인다. 더욱이 실로 이러한 [계시들을] 통해 사마가 명상대상이라고 이해되기 때문에, "흙은 '힝'이라는 음이다."라는 등에서 지시가 반대인 경우조차 바로 그 음절 '힝' 등에 흙 등의 심상이 [덧놓인다].

그러므로 [제의에] 종속적인 우드기타 등에 종속적인 것들과 관련되지 않는 '태양 등의 명상적 생각들'이 놓여야 한다고 정립된다.‖6‖

{ 6. '앉아 있으면서'라는 주제: 수뜨라 7-10 }

7. [오직] 앉아 있으면서 [계속 명상해야 한다]; [앉아 있어야만 계속적 명상이] 가능하기 때문이다.

āsīnaḥ saṃbhavāt ‖7‖

먼저 의례에 종속적인 것과 관계되는 계속적 명상들의 경우에, 의례에 의존하기 때문에, 아사나(좌법) 등에 대해서는 논의하지 않는다. 또한 참된 직관의 경우에도 지식이 사물에 의존하기 때문에 [아사나 등에 대해] 논의하지 않는다. 하지만 [수뜨라 저자는] 다른 계속적 명상들의 경우에, 규칙에 따르지 않은 채 서 있거나 앉아 있거나 누워 있으면서 [명상에] 종사해야 하는지 아니면 규칙에 따라 오직 앉아 있으면서 [명상에] 종사해야 하는지, [이 점을] 논의한다.

[전론]: 이 경우에 계속적 명상은 마음으로 하는 것이기 때문에 몸의 자세에 대해서 규칙은 없다.

이와 같은 귀결에서 [수뜨라 저자는] 말한다.

[후론]: 오직 앉아 있으면서 계속 명상해야 한다.

어떤 근거에서? 가능하기 때문이다. '계속적 명상'이라고 불리는 것은 동일한 관념의 흐름을 만드는 것이다. 그리고 이는 가거나 달리면서 가능하지 않다. 감(가는 것) 등은 의식을 산란하게 하기 때문이다. 또한 서 있는 자는, 몸을 유지하는 데 마음을 빼앗기는 한, 미시적인 대상을 응시할 수 없다. 더욱이 누워 있는 자는 실로 느닷없이 잠에 사로잡힐지도 모른다. 반면에 앉아 있는 자는 이와 같은 종류의 매우 많은 결함을 쉽게 물리치므로, 그에게는 계속적 명상이 가능하다.‖7‖

8. 또한 '명상하다'라는 [동사] 때문에, [계속적 명상은 앉아 있으면서 실행된다].

dhyānāc ca ‖8‖

더 나아가 '명상하다'라는 동사의 의미는 '동일한 관념의 흐름을 만들다'라는 것이다.[48] 그리고 '명상하다'라는 동사는 신체부위의 움직임에 긴장이 풀리고 고정된 채로 바라보며 하나의 대상에 마음이 붙들린 경우들에 비유적으로 사용된다고 알려진다. '두루미가 명상한다', '아내가 집을 떠난 남편을 명상한다'에서이다.[49] 그리고 [이는] 앉아 있는 자에게서 어렵지 않다.

그러므로 또한 계속적 명상은 앉아 있으면서 실행된다.‖8‖

48_ 바로 앞의 <주석 4.1.7>에서 주석가는 '계속적 명상'(upāsana)을 '동일한 관념의 흐름을 만드는 것'(samānapratyayapravāhakaraṇa)이라고 정의한 바 있다. 그리고 여기서는 '명상하다'(√dhyai)라는 동사도 '동일한 관념의 흐름을 만들다'(samānapratyayapravāhakaraṇa)라는 뜻이라고 언급한다. 이러한 점에서 주석가는 upāsana와 dhyāna를 거의 구분하지 않는 셈이다.

49_ 두루미가 '명상한다'라는 것은 두루미가 먹잇감인 물고기에 '시선을 고정시킨 채로 바라본다'라는 뜻이다. 아내가 집을 떠난 남편을 '명상한다'라는 것은 멀리 떨어져 있는 남편을 그리워함으로써 '남편에 대해서만 마음이 붙들려 있다'라는 뜻이다.

9. 또한 움직임이 없다는 것과 관련하여 ['명상한다'라는 말이 적용된다]; [이는 계속적 명상이 앉아 있으면서 실행되는 것에 대한 표징이다].

acalatvaṃ cāpekṣya ‖9‖

더 나아가 "땅은 명상하는 듯합니다."〈찬도 7.6.1〉라는 곳에서는 오직 움직임이 없다는 것과[50] 관련하여 땅 등에 대해 '명상한다'라는 말이 적용된다. 그리고 이는 계속적 명상이 앉아 있으면서 실행되는 것에 대한 표징이다.‖9‖

10. 또한 전승하기 [때문에, 계속적 명상은 앉아 있으면서 실행된다].

smaranti ca ‖10‖

더 나아가 식자들은 계속적 명상에 종속적인 것으로서 아사나(좌법)를 전승한다. "청정한 장소에 … 고정되게 자신의 아사나(좌법)를 마련하고"〈기따 6.11〉라는 등을 통해서이다. 바로 이로부터 요가 교서에서는 '빠드마까'(빠드마사나) 등의 특정한 아사나들을 가르친다.‖10‖

{ 7. '전념'이라는 주제: 수뜨라 11 }

11. [만약 계속적 명상과 관계하여 방위, 공간, 시간에 대한 규칙이 있다고 한다면, 용이하게 마음을] 전념하게 [되는 바로 그] 경우에

50_ 움직임이 없다는 것과=안정적이라는 것과 또는 굳건하다는 것과.

[명상해야 한다]; 특이점(세부사항)이 [계시되지] 않기 때문이다.

yatraikāgratā tatrāviśeṣāt ‖11‖

[계속적 명상과 관계하는] 방위, 공간, 시간에 대해 의문이 생긴다. [이것들에 대해] 그 어떤 규칙이 존재하는가 혹은 존재하지 않는가? 혹자는 베다의 과업(제의)들에서 주로 방위 등에 대한 규칙이 관찰되기 때문에 이 경우에도 그 어떤 규칙이 있어야 한다고 생각한다.

그를 향해 말한다.

[후론]: 방위, 공간, 시간에 대한 규칙은 목적에 따라 결정될 따름이다.[51] 어떤 이가 [어떤] 방위에서건 [어떤] 장소에서건 [어떤] 시간에서건 용이하게 마음을 전념하게 되는 바로 그 경우에, 계속 명상해야 한다. 동쪽 방위, 오전, 동쪽으로 경사진 곳 등 [제의에서 특이점이 계시되는 것과] 달리, [계속적 명상에서는] 모든 경우에 한결같이 전념하는 것이 바람직함으로 말미암아 특이점(세부사항)이 계시되지 않기 때문이다.

[반박]: 어떤 [계시서들은] 심지어 특이점을 전하지 않는가? 예컨대 "평평하고 청정한 곳에서, 자갈과 불과 모래가 없는 곳에서, 소음과 물 등이 [있는 공중(公衆)의] 거처가 [아닌 곳에서], 마음에 거슬리지 않고 또 눈을 자극하지 않는 곳에서, 바람 없는 동굴과 [같은] 은신처에서 수행해야 한다."〈슈베 2.10〉에서이다.

[이에 대하여] 말한다.

[후론]: 참으로 그러한 종류의 규칙이 있다. 하지만 그것(규칙)이 있더라도 '그것(규칙)에 포함되는 특이점들'에 관한 규칙은 없다고,[52] 대스

51_ '목적(필요)에 따라 결정됨'(arthalakṣaṇa)이라는 것은 '말(성언)에 따라 결정됨'(śabdalakṣaṇa)이라는 것과 대립된다.

52_ 규칙 자체는 있더라도 세세한 특이사항이나 세부사항을 정해둔 확고한 규칙은

승은 호의적인 채로 전한다.

그리고 '마음에 거슬리지 않고'라는 그 계시어는 '전념하게 [되는] 바로 그 경우에'라는 바로 이것을 증명한다.[53] ‖11‖

{ 8. '죽음에 이르기까지'라는 주제: 수뜨라 12 }

12. [번영을 결과로 하는 계속적 명상들에서는] 죽음에 이르기까지 [명상적 관념을 반복해야 한다]; 실로 심지어 그 경우에도 [즉 죽음의 시간에도 명상적 관념이 존속한다고 계시서 등에서] 알려진다.

ā prāyaṇāt tatrāpi hi dṛṣṭam ‖12‖

최초의 '주제'에서는 반복이 모든 계속적 명상들에서 적용되어야만 한다고 확립했다.

그 가운데 먼저 참된 직관을 목적으로 하는 계속적 명상들은 도리깨질 등과 같이 과업이 완결되므로, 그것들에서는 반복의 한도가 분명 알려진다. 실로 참된 직관이라는 과업이 완료된 경우에는 그 어떤 다른 노력도 가르칠 수가 없다. 강제로 명령될 수 없는 '브라흐만이 곧 아뜨만이라는 것'을 이해한 자에게는 성전이 관계하지 않기 때문이다.

한편 번영을 결과로 하는 [계속적 명상들에] 관해서는, 얼마만큼의 시간 동안 명상적 관념을 반복하고 나서 중지할 것인지 아니면 살아

없다고.

53_ <슈베 2.10>에서 '마음에 거슬리지 않고'라는 계시어는 마음에 거슬리지 않고 전념할 수 있다면 어떤 경우라도 좋다는 것을 보여준다. 즉 수뜨라 자체의 의도와 부합한다.

있는 동안 반복할 것인지, 이 점을 논의한다.

실로 무엇으로 귀결되는가?

[전론]: 얼마만큼의 시간 동안 명상적 관념을 반복하고 나서 그쳐야 한다. 반복을 특징으로 하는 '계속적 명상에 대한 성언의 목적'이 달성되기 때문이다.[54]

이와 같은 귀결에서 우리는 말한다.

[후론]: 실로 죽음에 이르기까지 명상적 관념을 반복해야 한다. 마지막 명상적 관념에 힘입어 비(非)가시적인 결과를 획득하기 때문이다. 실로 죽음의 시간에 바로 그 업들은 '후생에서 향유되어야만 하는 결과'를 산출하면서 그것(결과)에 적합한 '심상으로 [이루어진] 명상적 인식'을 부추긴다. "[그러고서 개별자아는 결과에 대한] 인식을 가지게 되고, 바로 그 인식을 가진 [육체를] 좇아 내려갑니다."〈브리 4.4.2〉, "그는 [죽을 때 가졌던] 생각과 함께 생기로 들어간다. 생기는 불(빛)과 연계되고 아뜨만과 함께한 채로 결의한 바대로의 세상을 이끌어 온다."〈쁘라 3.10〉라고 이렇게 운운하며 계시되기 때문이다. 또한 풀과 거머리에 대한 예시 때문이다.[55] 실로 이러한 명상적 관념들이 그 자체의 반복을 배제한 채로 어떻게 죽음의 시간이 다가올 때에 또 다른 '심상으로 [이루어진] 명상적 인식'을 요청하겠는가![56] 따라서 '이루어져야만 하는 결과'에 대한 심상을 본질로 하는 명상적 관념들은 죽음에 이르

54_ 계속적 명상에 대한 반복을 명령하는 성언(śabda)은 얼마만큼만 반복하는 것을 요구할 뿐이기에, 그만큼의 요구가 달성되면 반복하는 것을 그쳐야 한다.

55_ <브리 4.4.3>에 등장하는 예시이다. 거머리가 풀의 끝에서 다른 곳으로 몸을 옮길 때 그 몸통이 늘어나는 것은 개별자아에게서 새로운 육체를 얻는다는 기대(심상)가 더 늘어난다는 것을 암시한다.

56_ 살아 있는 동안에 실행하는 명상적 관념을 그 자체로 죽을 때까지 반복하면 충분하기에, 굳이 죽음 직전에 다른 명상적 관념을 요청할 필요는 없다. 따라서 죽을 때까지 반복해야 한다.

기까지 반복된다.

또한 그와 같이 계시서는 "무엇이든 결의하는 동안에 그는 이 세상을 떠난다."〈샤따-브 10.6.3.1〉라며 심지어 죽음의 시간에도 명상적 관념이 존속한다는 것을 보여준다. 전승서 또한 "최후에 어떠어떠한 존재를 기억하면서 육신을 떠나든지 간에, 바로 그러그러한 것에 도달합니다. 꾼띠의 아들이여, 언제나 그것에 대한 생각으로 가득한 자는!"〈기따 8.6〉이라고 하고, 또 "굳건한 마음과 함께 … 죽음의 시간에"〈기따 8.10〉라고 한다. 그리고 "그는 마지막 시간에 이 세 가지를 붙들어야 한다."〈찬도 3.17.6〉라며 심지어 죽음의 시간에도 '행해야만 하는 것'이 남아 있다는 것을 들려준다.‖12‖

{ 9. '그것을 획득함'이라는 주제: 수뜨라 13 }

13. 그것(브라흐만)을 획득할 때에 이후와 이전의 죄악들은 [각각] 접착하지 않게 [되고] 소멸하게 [된다]; [계시서가] 그렇게 언급하기 때문이다.

tadadhigama uttarapūrvāghayor aśleṣavināśau tadvyapadeśāt ‖13‖

제3장의 나머지 [논의를] 완료했다. 그러면 이제, 브라흐만에 대한 지식의 결과에 관해서 논의를 펼친다.

브라흐만을 획득하는 경우에 그것과 상반되는 결과인 죄악이 소멸되는지 혹은 소멸되지 않는지 의문이 생긴다.

실로 무엇으로 귀결되는가?

[전론]: 행위는 결과를 목적으로 하기 때문에, 결과를 전하지 않은 채로 [그것이] 소멸하는 것은 가능하지 않다. 왜냐하면 그것(행위)은 결과를 전하는 내재력을 가진다고 계시서를 통해 알려지기 때문이다. 만약 그것(행위)이 다만 결과를 향유하지 않은 채로 [그 이전에] 소실된다면, 계시서는 무가치해질 것이다. 또한 "왜냐하면 행위(업)는 소멸되지 않기 때문이다."라고 전승된다.

[반박]: 그와 같을 경우에 속죄의식에 대한 가르침은 무용하다는 결말이 생기지 않는가?[57]

[전론]: 그러한 결함은 없다. 속죄의식들은 '집이 불탄 것에 대한 제의' 등처럼 임시적 의례라는 것이 합당하기 때문이다.[58] 더 나아가 속죄의식들은 '결함(죄)과 연계되는 것'이라고 명령됨으로 말미암아, [바로 그] 결함을 무효화하는 목적을 가지는 것이 더욱 가능하다. 반면에 브라흐만에 대한 지식에는 그와 같은 명령이 존재하지 않는다.

[반박]: 브라흐만을 아는 자에게서 행위의 소멸이 용인되지 않는 경우에, 그것(행위)의 결과가 반드시 향유되어야만 하기 때문에, 해탈이 불가능해지지 않겠는가?

[전론]: 아니라고 말한다. 해탈은 행위의 결과처럼 [특정한] 공간 · 시간 · 계기에 의존한 채로 초래될 것이다. 따라서 브라흐만을 획득할 때에 죄악은 파기되지 않는다.

57_ 행위가 반드시 결과를 낳아야 한다면, 죄악과 같은 행위의 결과를 사전에 없애려는 속죄의식이 무용해지고 만다.

58_ '집이 불탄 것에 대한 제의'는 오로지 집이 불에 탄 상황에 대해서 행해지기 때문에 '임시적 의례'(naimittika)이다. 그런데 그 상황과 관련해서 임시적 의례를 행해야 하지만, 행한다고 해서 그 상황에 내재하는 해악이 소멸되는 것 따위의 결과가 발생하지는 않는다. 마찬가지로 속죄의식도 특정한 상황에 대해서 행해지는 임시적 의례이다. 속죄의식을 행해야 하지만, 행한다고 해서 그 상황에 내재하는 죄악이 소멸되는 것 따위의 결과가 발생하지는 않는다.

이와 같은 귀결에서 우리는 말한다.

[후론]: 그것을 획득할 때에 즉 브라흐만을 획득하는 경우에, 이후와 이전의 죄악들은 [각각] 접착하지 않게 되고 소멸하게 된다. 즉 이후의 것은 접착하지 않고 이전의 것은 소멸한다.

무엇 때문에? [계시서가] 그렇게 언급하기 때문이다. 그러한 증거로서, '브라흐만에 대한 지식의 장절'에서는 결합이 추정되는 미래의 죄악이 지식이 있는 이에게 결합되지 않는 것을 언급한다. "연꽃 이파리에 물이 들러붙지 않듯이, 마찬가지로 그와 같음을 아는 자에게 죄스러운 행위가 들러붙지 않게끔 하는"〈찬도 4.14.3〉에서이다. 마찬가지로 이전에 모아진 죄악이 소멸되는 것마저 언급한다. "그래서 … 불에 던져진 갈대의 줄기가 타버릴 것이듯이, 마찬가지로 그의 모든 죄악들도 타버립니다."〈찬도 5.24.3〉에서이다. 다음은 행위의 소멸에 대한 또 다른 언급이다. "지고한 것(원인)이자 지고하지 않은 것(결과)인 그것(아뜨만)이 보일 때, 마음의 매듭이 끊기고 모든 의심들이 풀리며, 또한 그의 행위들이 소멸된다."〈문다 2.2.8〉에서이다.

행위가 결과를 향유하지 않은 채로 소멸된다고 가정하는 경우에 성전이 무가치해질 것이라고 주장한 것에 관해서는, 그러한 결함이 없다. 왜냐하면 우리는 행위가 결과를 전하는 내재력을 가진다는 것을 무시하지 않기 때문이다. 그것(내재력)은 분명 존재한다. 하지만 우리는 그것이 지식 등의 다른 수단에 의해 저지된다고 말한다. 그리고 성전은 단지 내재력이 존재한다는 것에 종사할 뿐, 저지된다는 것과 저지되지 않는다는 것 모두에 종사하지는 않는다. "왜냐하면 행위(업)는 소멸되지 않기 때문이다."라는 바로 그 전승은 일반적 원칙이다. 실로 행위는 향유를 목적으로 하기 때문에 그것(향유) 없이는 소멸되지 않는다. 그러나 속죄의식 등을 통해 그것은[59] 소멸된다고 분명 간주된다. "그는 모든 죄악을 넘어선다.", "아슈바메다로써 제의를 행한 자나 또는 바로 이것에 대해 아는 자는 브라흐만을 살해한 [죄를] 넘어선다." 〈따잇-상 5.3.12.2〉라는 등이 계시되고 전승되기 때문이다.

한편 속죄의식들이 임시적 의례일 것이라고 주장한 것에 관해서는, 이는 사실이 아니다. 결함(죄)과 연계되는 것이라고 명령되는 그것들에서 결함의 파괴라는 결과가 가능한 경우에 다른 결과를 가정하는 것은 합당하지 않기 때문이다.[60]

또다시, 속죄의식과는 달리 지식에는 결함(죄)의 소멸을 지시하는 명령이 존재하지 않는다고 그렇게 주장한 것에 관해서, 우리는 말한다.

먼저 유속성의 명상적 지식들에서는 명령이 분명 존재한다. 그리고 그것들의 경우에 보조적 문장에서는 지식을 가진 이에 대해 권능의 획득, 죄악의 파기를 언급한다. 결국 이 둘을 말하려고 의도하지 않는다는 데 이유가 없으므로,[61] 그로부터 '죄악을 파기하는 것을 앞세워서 권능을 획득하는 것'이 그것들의 결과라고 확정된다.

반면에 무속성의 명상적 지식들에서는, 비록 명령이 존재하지 않을지라도, '행위주체가 아닌 아뜨만'에 대한 깨달음을 통해 행위가 소멸한다고 확립된다. 실로 [수뜨라 저자는] '접착하지 않음'이라는 [말을 통해] 브라흐만을 아는 자가 미래의 행위(업)들에서 행위주체 그 자체를 취하지 않는다는 것을 보여준다. 그리고 [수뜨라 저자는], 비록 [브라흐만을 아는 자가] 거짓된 지식으로 말미암아 과거의 [행위들에서]

59_ 그것은=행위는, 특히 죄와 관련된 행위는.

60_ 속죄의식들이 결함(죄악)의 파괴라는 결과를 분명하게 가질 수 있는 이상 임시적 의례일 수는 없고, 그에 따라 다른 비가시적인 결과 따위를 가정할 수도 없다.

61_ 계시서의 보조적 문장들에서 권능의 획득, 죄악의 파기를 언급하는 것이 명령에 대한 찬양을 의도할 뿐 결과를 의도하지 않는다고 추정할 만한 이유가 없으므로.

행위주체를 어쨌든 취했을지라도, 지식의 효력을 통해 거짓된 지식이 파기됨으로 말미암아 그것(행위)들마저 완전하게 소멸하므로, '소멸함'이라는 것을 말한다.

브라흐만을 아는 자는, '실로 나는, 이전에 확립된 행위주체 · 향유주체와는 상반되고 세 시간들 모두에서 비(非)행위주체 · 비(非)향유주체로서의 본질을 가지는 브라흐만이다. 이로부터 나는, 심지어 이전에도 행위주체나 향유주체가 아니었고, 현재에도 아니고, 또한 미래의 시간에도 아니다.'라고 이해한다. 그리고 바로 이렇게 하여 해탈은 가능하다. 왜냐하면 그렇지 않은 경우에 즉 시초도 없는 시간으로부터 작동한 행위들이 소멸하지 않는 경우에 해탈도 없을 것이기 때문이다.

게다가 해탈은 행위의 결과와 달리 [특정한] 공간 · 시간 · 계기에 의존한 채로 초래될 수 없다. [해탈이] 무상하다는 부조리한 결말이 생기기 때문이다. 또한 지식의 결과가 간접적이라는 것은 합당하지 않기 때문이다.

그러므로 브라흐만을 획득할 때에 죄악은 소멸된다고 확립된다. ‖13‖

{ 10. '다른 것이 접착하지 않음'이라는 주제: 수뜨라 14 }

14. [지식을 가진 자에게는] 심지어 다른 것(공덕)도 [죄악처럼] 그와 같이 접착하지 않는다; 실로 [육체가] 소멸할 때에 [지식이 있는 자는 반드시 해탈을 얻어야만 한다].

itarasyāpy evam asaṃśleṣaḥ pāte tu ‖14‖

앞의 '주제'에서는 속박의 원인이자 본유적(本有的)인 죄악이 지식을 기인으로 하여 접착하지 않고 [또] 소멸한다고 성전의 언급을 통해 확정했다. 다른 한편, 공덕(功德)은 성전과 관련되기 때문에 '성전과 관련되는 지식'과 [서로] 모순되지 않는다고 [혹자가] 생각하는 경우에, 이를 논박하기 위해 앞의 '주제'에서 [사용된] 논리를 연장 적용한다.

[후론]: 지식을 가진 자에게는, 심지어 다른 것도 즉 공덕 행위도, 죄악처럼 그와 같이 접착하지 않게 되고 소멸하게 된다.

어떤 근거에서? 심지어 그것(공덕 행위)도 자체의 결과에 대한 수단임으로 말미암아 지식의 결과를 방해한다는 결말이 생기기 때문이다.[62] 게다가 "실로 그는 그러한 그 둘을 넘어섭니다."〈브리 4.4.22〉라는 등의 계시들에서는 악행처럼 선행마저 소실된다고 언급하기 때문이다. 실로 '행위주체가 아닌 아뜨만'에 대한 깨달음에 입각하여 행위가 소멸되는 것이 선행과 악행에서 동등하기 때문이고, 또 "또한 그의 행위들이 소멸된다."〈문다 2.2.8〉라며 차등 없이 계시되기 때문이다.[63]

심지어 '죄악'이라는 말이 다만 유일하게 언급되는[64] 경우에도, 바로 그것에 의해 '공덕'마저 동반된다고 이해해야만 한다. [공덕은] 지식과 비교해서[65] 열등한 결과를 가지기 때문이다. 또한 계시서에서는 '죄악'이라는 말을 공덕과 관계하여 [사용하는 경우도] 있다. "이 다리(둑)를 낮과 밤은 건너지 못한다."〈찬도 8.4.1〉라는 곳에서는, 바로 그 선행

62_ 심지어 공덕(puṇya) 행위도 그 자체의 결과를 낳는 이상, 죄악과 마찬가지로, 지식이 결과를 낳는 데 방해하기 때문이다.

63_ 차등 없이 계시되기 때문이다=선행과 악행에 대한 차등 없이 모든 행위들이 소멸된다고 계시되기 때문이다.

64_ * Samata에 '언급되는'(paṭhyate)이라는 표현이 등장하는 것과 달리, Nirnaya에는 '관찰되는'(dṛśyate)이라는 표현이 등장한다.

65_ * Nirnaya에서는 '지식과 비교해서'라고 읽지 않고 '지식의 결과와(-phala-) 비교해서'라고 읽는다.

을 악행과 함께 차례로 언급한 뒤에 "모든 죄악들은 그것(아뜨만)으로부터 돌아선다."〈찬도 8.4.1〉라며 '죄악'이라는 말을 논제인 공덕(선행)과 관계하여 실로 차등 없이 사용하기 때문이다.[66]

'실로 [육체가] 소멸할 때에'에서 '실로'라는 말은 강조를 뜻한다. 속박의 원인인 '다르마(공덕)와 다르마가 아닌 것(죄악)'은 지식의 효력을 통해 접착하지 않고 [또] 소멸한다고 정립되기 때문에 지식이 있는 자는 육체가 소멸할 때에 반드시 해탈을 얻어야만 한다고, 그와 같이 강조한다.‖14‖

{ 11. '시작되지 않음'이라는 주제: 수뜨라 15 }

15. 하지만, [만약 결과가 시작되거나 시작되지 않은 선행과 악행이 일률적으로 소멸된다고 한다면], 단지 결과가 시작되지 않은 '이전의 [선행과 악행'만이 소멸된다]; 그것(육체의 소멸)이 [지복을 획득하는] 경계이기 때문이다.

anārabdhakārye eva tu pūrve tadavadheḥ ‖15‖

앞의 두 '주제'에서는 지식을 기인으로 하여 선행과 악행이 소멸된다고 확정했다. [이제] '결과가 시작된 [선행과 악행'과] '결과가 시작되지

66_ <찬도 8.4.1> 전체는 다음과 같다: "이제, 아뜨만인 것은 이 세상들이 뒤섞이지 않도록 지지하는 다리(둑)이다. 이 다리(둑)를 낮과 밤은 건너지 못한다. 늙음도 못하고 죽음도 못하며, 슬픔도 못하며, 선행도 못하고 악행도 못한다. 모든 죄악들은 그것(아뜨만)으로부터 돌아선다. 실로 브라흐만일 [뿐인] 이 세상은 죄악으로부터 자유롭다."

않은 [선행과 악행'의] 일률적인 소멸인지, 아니면 단지 '결과가 시작되지 않은 [선행과 악행'만의] 차별적인 소멸인지, [이 점을] 검토한다.[67]

[전론]: 이 경우에 "실로 그는 그러한 그 둘을 넘어섭니다."〈브리 4.4.22〉라고 이렇게 운운하는 계시들에서 차이가 없다고 듣기 때문에, 오직 일률적인 소멸이다.

이와 같은 귀결에서 [수뜨라 저자는] 대답한다.

[후론]: 하지만 단지 결과가 시작되지 않은 [선행과 악행만이 소멸된다]. '전생에서 축적되었거나 심지어 이 생애에서 지식이 발생하기 이전에 축적되었고, 단지 결과가 작동(시작)되지 않은 이전의 선행과 악행'은 지식의 획득을 통해 소멸되지만, '결과가 시작된 채 결과가 어느 정도 향유되었고 브라흐만에 대한 지식의 근저인 이 생애를 만든 [선행과 악행'은] 소멸되지 않는다.

어찌하여 그러한가? "그는 자유로워지지 않는 바로 그러한 만큼 오래 있다가, 그러고 나서 융합된다."〈찬도 6.14.2〉에서는, 육체가 소멸될 때 지복(해탈)의 획득이 그 앞에 놓이기 때문이다. 실로 그렇지 않으면, 지식을 통해 행위가 남김없이 소멸될 때에 [이 생애를] 존속하는 이유가 없음으로 말미암아 지식의 획득에 바로 곧 이어서 지복을 얻을지도 모른다. 그 경우에 [계시서는] 육체의 소멸에 대한 기다림을 전하지 말아야 한다.

[전론]: '행위주체가 아닌 아뜨만'에 대한 그러한 깨우침이 실로 그 본질적인 힘을 통해 행위들을 소멸시키면서, 어떻게 어떤 것들은 소멸시키고 어떤 것들은 내버려둘 것이라는 말인가? 예를 들어 씨앗들에 불이 동일하게 접촉된 경우에 어떤 것들에서는 발아(發芽)의 힘이 소멸되

67_ 앞서 미래 행위(업)는 접착하지 않고 과거 행위는 소멸한다고 정립되었으므로, 이 경우에는 소멸과 관련된 과거 행위만을 검토의 대상으로 삼는다.

고 어떤 것들에서는 발아의 힘이 소멸되지 않는다고 받아들일 수는 없지 않는가?

[이에 대하여] 대답한다.

[후론]: 먼저 결과가 시작된 잠재업에 의존하지 않고서는 지식의 발생이 가능하지 않다. 그리고 그것(지식의 발생)이 [잠재업에] 의존하는 경우에,[68] 도공의 물레처럼 추진력(관성)이 작동하는 사이에 저지하는 것이 불가능함으로 말미암아 추진력의 소멸을 기다리게 된다. 실로 '행위주체가 아닌 아뜨만'에 대한 바로 그 깨달음은 [다만] 거짓된 지식을 지양하는 것을 통해 업들을 절멸시킨다. 하지만 그 거짓된 지식은 지양되었음에도 두 개의 달을 인식하는 것처럼 잠재인상에 힘입어 일정 시간 동안 존속할 뿐이다.[69]

더 나아가 이 경우에 브라흐만을 아는 자의 육체가 일정 시간 동안 유지되는지 혹은 유지되지 않는지 결코 논쟁할 필요가 없다. 실로 어떤 이가 자신의 가슴(확신)에 근거하여 브라흐만을 알고 또 육체를 유지하는 것을, 어떻게 다른 이가 문제 삼을 수 있다는 말인가! 또한 계시서와 전승서들에서도 확고한 지혜를 가지는 자의 특징을 교시함으로써 바로 이 점을 설명한다.[70]

그러므로 단지 결과가 시작되지 않은 선행과 악행만이 지식의 효력을 통해 소멸된다고 결론이 내려진다.‖15‖

68_ [잠재업에] 의존하는 경우에=[잠재업으로부터 생긴 육체 등에] 의존하는 경우에.

69_ 달을 여러 개로 인식하는 복시증이 치유되었음에도 그 이전의 이미지에 힘입어 일정 시간 동안 거짓인 달마저 존속할 수 있다.

70_ '확고한 지혜를 가지는 자'(sthita-prajña)에 대해서는 <기따 2.54-72> 참조.

{ 12. '아그니호뜨라 등'이라는 주제: 수뜨라 16-17 }

16. 하지만, [만약 지식을 가진 자에게서 모든 공덕이 소멸하게 되느냐고 한다면], 아그니호뜨라 등은 바로 그 결과를 위해 [즉 지식의 결과 그 자체를 위해 존재한다]; [계시서가] 그렇게 보여주기 때문이다.
agnihotrādi tu tatkāryāyaiva taddarśanāt ‖16‖

'접착하지 않고 소멸하는 죄악'에 관한 논리를 공덕에 대해서조차 연장 적용했다. 그 연장 적용이 모든 공덕과 관계한다고 의문시하는 경우에, [수뜨라 저자는] '하지만 아그니호뜨라 등은'이라고 논박한다.

[후론]: '하지만'이라는 말은 의문을 제거한다. 아그니호뜨라 등 베다의 상시적 의례는 바로 그 결과를 위해 존재한다. 지식의 결과 그 자체가 바로 이것(의례)의 결과라는 뜻이다.

어떤 근거에서? "이러한 그것을 브라흐마나들은 베다 암송을 통해 제의를 통해 자선(보시)을 통해 … 알고자 합니다."〈브리 4.4.22〉라는 등을 보여주기 때문이다.

[전론]: 지식과 행위(의례)는 상이한 결과를 가짐으로 말미암아 결과가 동일하다는 것은 부당하지 않는가?

[후론]: 그러한 결함은 없다. 그저 발열과 죽음을 [각각] 결과로 가지는 응고된 우유와 독이 [각각] 설탕과 만뜨라와 연계됨으로써 만족감과 자양분이라는 결과를 가지는 것을 보기 때문이다.[71] 그와 마찬가지로 행위마저 지식과 연계됨으로써 해탈이라는 결과를 가지는 것이 가

71_ 응고된 우유만을 먹으면 열이 나지만 설탕을 넣으면 만족스러운 맛이 난다. 독은 그 자체로 죽음을 낳지만 만뜨라를 함께 적용하면 몸에서 자양분으로 바뀐다.

능하기 때문이다.

[전론]: 해탈이란 산출될 수 없는 것인데, 어떻게 그것이 행위의 결과라고 말한다는 말인가?

[후론]: 그러한 결함은 없다. 행위는 간접적인 보조자이기 때문이다. 실로 행위는 지식 그 자체를 초래하는 것이기 때문에 매개를 통한[72] 해탈의 수단이라고 비유적으로 사용된다.

또한 바로 이로부터, [지식과 행위의] 결과가 동일하다고 그렇게 언급하는 것은 과거의 [업들과] 관계한다. 실로 브라흐만을 아는 자에게는 미래의 아그니호뜨라 등이 가능하지 않다. 강제로 명령될 수 없는 '브라흐만이 곧 아뜨만이라는 것'을 이해한 자에게는 성전이 관계하지 않기 때문이다. 반면에 유속성의 명상적 지식들에서는, 행위주체라는 것을 넘어서지 못함으로 말미암아, 미래의 아그니호뜨라 등마저 가능하다. 다만 그것(아그니호뜨라 등)이 목표를 가지지 않는다면, 다른 결과가 없음으로 말미암아 명상적 지식과 함께하는 것이 가능하다.[73]‖16‖

[전론]: 그렇다면 무슨 [행위와] 관계하여 접촉하지 않고 [또] 소멸한다고 그렇게 말하고, 무슨 [행위와] 관계하여 "그의 아들들은 유산을 물려받고, 동료들은 선행을 물려받고, 원수들은 악행을 물려받는다."[74]라며 어떤 분파의 추종자들이 [결과가] 적용된다고 그렇게 말하는가?

이로부터 답변을 한다.

72_ 매개를 통한(praṇāḍyā)=간접적인.

73_ 아그니호뜨라 등이 결과에 대한 의도 없이 실행된다면 그 자체의 독립적인 결과를 낳지 않기 때문에 그것은 분명 명상적 지식과 어울릴 수 있다.

74_ <주석 3.3.26>에 따르면 이는 샤뜨야야닌들의 계시이다. <까우 1.4>에 유사한 내용이 등장한다: "그가 호감을 가지는 친족들은 선행을 물려받고, 반감을 가지는 친족들은 악행을 물려받습니다."

17. [만약 결과가 적용되는 행위가 계시된다고 한다면], 실로 그러한 [상시적 의례와는] 다른 것(선행)마저 [존재한다]; [이것과 관계하여] 어떤 [분파의 추종자들은 결과가 적용된다고 언급한다]; [자이미니와 바다라야나는 이러한 선택적 의례가 지식에 도움을 주지 않는다는 데] 양자 [모두 일치한다].
ato 'nyāpi hy ekeṣām ubhayoḥ ‖17‖

[후론]: 실로 아그니호뜨라 등의 그러한 상시적 의례와는 다른 것마저 즉 결과를 목표로 삼은 채 행해지는 선행마저 존재한다.[75] [바로] 이 [행위와] 관계하여 어떤 분파의 추종자들은 '동료들은 선행을 물려받는다'라고 그렇게 적용을 언급한다. 그리고 "[지식을 가진 자에게는] 심지어 다른 것(공덕)도 [죄악처럼] 그와 같이 접착하지 않는다 …."〈수뜨라 4.1.14〉에서는, 바로 이 [행위가] 죄악처럼 접착하지 않고 [또] 소멸한다고 그렇게 확정했다.

대스승인 자이미니와 바다라야나는, 이와 같은 종류의 선택적 의례가 지식에 도움을 주지 않는 것이라는 데 양자 모두 [견해가] 일치한다.‖17‖

{ 13. '명상적 지식, 지식의 성취수단'이라는 주제: 수뜨라 18 }

18. [명상적 지식과 연계되는 아그니호뜨라 등뿐만 아니라 명상적 지

75_ 상시적 의례와는 다른 것이자 결과를 목표로 삼는 선행은 곧 욕망을 기반으로 하는 선택적 의례(행위)이다.

식을 결여하는 아그니호뜨라 등도 단독으로 지식에 보조적이다]; 왜냐하면 '지식을 통해 [행한] 바로 그것만이 [더한 힘을 가진다]'라고 [계시되기] 때문이다.

yad eva vidyayeti hi ‖18‖

바로 이전의 '주제'에서 알려진 바는 이러하다: 해탈을 욕구하는 자가 해탈을 목적으로 한다는 명목으로 행하는 아그니호뜨라 등의 상시적 의례는, 죄악을 소멸하는 수단으로 사용되는 것을 통해 마음의 정화 수단이라고 간주됨으로써 해탈을 목적으로 하는 '브라흐만에 대한 앎'을 야기하는 것이기 때문에, 브라흐만에 대한 지식과 함께 동일한 결과를 가져온다.

이 경우에 아그니호뜨라 등은 '의례에 종속적인 것들'에 의존하는 명상적 지식과 연계되는 것이고 또 단독적인 것이다. "이와 같이 지식을 가진 자가 제의를 행한다.", "이와 같이 지식을 가진 자가 공물을 바친다.", "이와 같이 지식을 가진 자가 찬양한다.", "이와 같이 지식을 가진 자가 노래한다.", "따라서 오직 이와 같이 아는 자만을 브라흐만으로 삼아야 한다. 이와 같이 알지 못하는 자를 [브라흐만으로 삼지] 말아야 한다."〈찬도 4.17.10〉, "이와 같이 그것(음절)을 아는 자와 알지 못하는 자, 그 양자가 그것(음절)으로써 [제의를] 행한다."〈찬도 1.1.10〉라는 등의 글귀들로부터, [아그니호뜨라 등은] 명상적 지식과 연계되는 것이고 또한 단독적인 것이다.

이 경우에 이런 것이 의문스럽다. 아그니호뜨라 등의 의례는 오직 명상적 지식과 연계된 채로 해탈을 욕구하는 자에게 지식의 성취수단인 것임으로써 그것(지식)과 함께 동일한 결과를 취하는가, 단독으로는 취하지 않는가, 아니면 명상적 지식과 연계되든지 단독적이든지 차등 없이 취하는가?

의문의 근거는? "이러한 그 아뜨만을 제의를 통해 알고자 합니다."[76] 라며 제의 등이 차등 없이 '아뜨만에 대한 앎'에 보조적(종속적)인 것으로 계시되기 때문이다. 그리고 명상적 지식과 연계된 아그니호뜨라 등은 우월하다고[77] 알려지기 때문이다.

실로 무엇으로 귀결되는가?

[전론]: 오직 명상적 지식과 연계되는 아그니호뜨라 등의 의례가 '아뜨만에 대한 지식'에 보조적(부차적)인 것으로 간주될 뿐 명상적 지식이 없이는 보조적인 것으로 간주되지 않는다. 명상적 지식을 갖춘 [의례가] 명상적 지식을 결여한 것보다 우월하다고 알려지기 때문이다. "공물로 제공하는 바로 그날에, 이와 같이 지식을 가진 자는 '다시 죽는 것'을 패퇴시킨다."〈브리 1.5.2〉라는 등이 계시되기 때문이다. 또한 "쁘리타의 아들이여, 그대는 이러한 지식을 가진 채로 행위의 속박을 물리칠 것입니다."〈기따 2.39〉, "다난자야여, 실로 '지성의 요가'로부터 멀어지면 행위는 열등합니다."〈기따 2.49〉라는 등이 전승되기 때문이다.

이와 같은 귀결에서 [수뜨라 저자는] "왜냐하면 '지식을 통해 [행한] 바로 그것만이 [더한 힘을 가진다]'라고 [계시되기] 때문이다."라고 제시한다.

[후론]: 사실은 이러하다: 명상적 지식과 연계되는 아그니호뜨라 등의 의례는 명상적 지식을 결여하는 아그니호뜨라 등의 의례보다 우월하다. 지식을 가지는 브라흐마나가 지식을 결여하는 브라흐마나보다 우월한 것과 같다. 그렇다고 할지라도 명상적 지식을 결여하는 아그니

76_ <브리 4.4.22> 참조: "이러한 그것을 브라흐마나들은 베다 암송을 통해 제의를 통해 자선(보시)을 통해 고행을 통해 단식을 통해 알고자 합니다."

77_ 우월하다고(viśiṣṭa)=특별한 이점을 가짐으로써 연계되지 않는 경우보다 더 우월하다고.

호뜨라 등의 의례가 극단적으로 불필요하지는 않다.

무엇 때문에? "이러한 그 아뜨만을 제의를 통해 알고자 합니다."라며 아그니호뜨라 등이 차등 없이 지식의 성취수단인 것으로 계시되기 때문이다.

[전론]: 명상적 지식과 연계되는 아그니호뜨라 등이 명상적 지식을 결여하는 것보다 우월하다고 알려짐으로 말미암아, 명상적 지식을 결여하는 아그니호뜨라 등은 '아뜨만에 대한 지식'의 성취수단으로 불필요할 뿐이라는 것이 합리적이지 않는가?

[후론]: 그건 그렇지 않다. 명상적 지식을 동반하는 아그니호뜨라 등은 명상적 지식이 야기하는 탁월한 효력과 결합함으로써 '아뜨만에 대한 지식'에 추가적인 그 어떤 수단이 될 것이지만, 명상적 지식을 결여하는 것은 그와 같지 않다고 간주하는 것이 합리적이다. 하지만 "제의를 통해 알고자 합니다."라는 곳에서 아그니호뜨라 등이 차등 없이 '아뜨만에 대한 지식'에 보조적인 것으로 계시되는 이상, 보조적이지 않다고 주장할 수는 없다. 왜냐하면 그렇게 계시서는, "믿음, 비밀스러운 명상과 함께 지식을 통해 행한 바로 그것만이 더한 힘을 가진다."〈찬도 1.1.10〉라며 명상적 지식과 연계되는 아그니호뜨라 등의 의례가 더한 힘을 가진다고 언급하는 것을 통해 [그것이] 자체적 결과와 관련된 '추가적인 그 어떤 것'을 가진다고 공언함으로써 명상적 지식을 결여하는 바로 그것이 그 목적(자체적 결과)과 관련된 힘을 가진다는 것을 보여주기 때문이다.[78] 그리고 의례가 힘을 가진다는 것이란 자체의 목적

78_ 〈찬도 1.1.10〉에서는 의례가 명상적 지식과 연계되는 경우에 더한 힘을 가진다고 언급한다. 그런데 여기서는 '더한 힘을 가진다'(vīryavattaraṃ)라는 비교급이 사용되기 때문에, 의례는 단독으로도 그 어떤 것을 결과로 가진다고 전제되는 셈이다. 결국 의례는 명상적 지식을 결여하더라도 그 자체적 결과와 관련된 '힘을 가진다'고 알려진다. 명상적 지식과 연계되는 경우에는 다만 '추가적인 것'(더한 힘)을 가질 뿐이다.

을 성취하는 힘을 가진다는 것이다.

그러므로 아그니호뜨라 등의 상시적 의례는, 명상적 지식과 연계되거나 명상적 지식을 결여하거나 두 경우 모두, 이생에서와 전생에서 지식이 발생하기 이전에 해탈을 욕구하는 자에 의해 해탈을 목적으로 한다는 명목으로 행해지는 것으로서, [각각의] 효력에 따라 '브라흐만에 대한 앎을 장애하는 원인으로 수용되는 죄악'을 소멸하는 수단이라는 것을 통해 브라흐만에 대한 앎의 수단으로 간주됨으로써, '듣기, 숙고하기, 믿음, 전심전념 등의 본질적인(내적인) 수단들'과 관련되고[79] 브라흐만에 대한 지식과 함께 동일한 결과를 가져온다고 확립된다.‖18‖

{ 14. '다른 것은 소멸시킴'이라는 주제: 수뜨라 19 }

19. [결과가 시작되지 않은 공덕과 악덕은 지식을 통해 소멸된다]; 하지만 [결과가 시작된] 다른 [공덕과 악덕은] 향유를 통해 소멸시킴으로써 [브라흐만과] 융합된다.

bhogena tv itare kṣapayitvā saṃpadyate ‖19‖

결과가 시작되지 않은 공덕(선행)과 악덕(악행)은 지식의 효력을 통해 소멸된다고 언급했다. 하지만 결과가 시작된 다른 공덕과 악덕은

79_ 전심전념(tātparya)이란 특정한 대상에 마음이 지속적으로 향하는 것을 가리킨다. 듣기 등은 지식의 발생을 위한 본질적인(antaraṅga) 수단들 즉 내적인 수단들이다. 상시적 의례가 이러한 본질적인 수단들과 관련된다는 말은 그것이 지식을 발생시키는 데 주된 수단들과 어울려 보조적인 역할을 한다는 뜻이다.

향유를 통해 소멸시킴으로써 브라흐만과 융합된다. "그는 자유로워지지 않는 바로 그러한 만큼 오래 있다가, 그러고 나서 융합된다."〈찬도 6.14.2〉, "브라흐만 자체로 존재하면서 브라흐만에 되들어갑니다."〈브리 4.4.6〉라고 이렇게 운운하며 계시되기 때문이다.

[전론]: 심지어 참된 직관이 존재하는 경우에도 '두 개의 달을 보는 것'이라는 논리에 따라 육체가 소멸되기 이전에 차이에 대한 직관이 존속하듯이,[80] 마찬가지로 나중에마저[81] [차이에 대한 직관이] 존속하지 않겠는가?

[후론]: 아니다. 근거가 없기 때문이다. 실로 [당신의] 경우에 존속의 근거란 향유를 통해 나머지를 소모하는 것[82]이지만, 이 경우에는 그와 같은 [근거가] 전혀 없다.

[전론]: 다른 잠재업이 완전히 새로운 향유를 산출할 것이지 않는가?

[후론]: 아니다. 그것(잠재업)의 씨앗이 타버리기 때문이다. 실로 다른 업은 거짓된 지식에 의지한 채로 육체가 소멸될 때에 다른 향유를 산출할 것이다. 하지만 그 거짓된 지식은 참된 지식에 의해 타버린다. 그래서 결국 결과가 시작된 것들이 소멸될 때에 지식을 얻은 자가 독존(獨存)이 되는 것은 필연적으로 온당하다.‖19‖

80_ <주석 4.1.15> 참조.

81_ 나중에마저=육체가 소멸된 이후에마저.

82_ '향유를 통해 나머지를 소모하는 것'의 원어는 복합어 'upabhoga-śeṣa-kṣapaṇa'인데, 이를 '향유되어야만 하는 나머지를 소모하는 것'이라고 읽을 수도 있다.

제2절

{ 1. '발성기관'이라는 주제: 수뜨라 1-2 }

이제, 하위의 명상적 지식들과 관계하여 결과를 획득하기 위한 길인 '신의 길'을 소개하면서, [수뜨라 저자는] 무엇보다도 먼저, 성전에 따라 떠남의 순서를 설명한다. 실로 그는 [나중에] 지식을 가진 자와 지식이 없는 자 사이에 떠남이 공통적이라고 말할 것이다.

1. [죽음과 관계하여] 발성기관의 [기능이] 마음에 [융합된다]; 경험되기 때문이고, 또 성언 때문이다.

vāṅ manasi darśanāc chabdāc ca ‖1‖

죽음과 관계하여 "얘야, 이 사람이 떠나는 동안에 발성기관(언어)은 마음에 융합된다. 마음은 생기에, 생기는 불에, 불은 지고한 신에 [융합된다]."〈찬도 6.8.6〉라는 계시가 있다. 이곳에서는 발성기관 자체가 그 기능을 가진 채로 마음에 융합된다고 말하는지 아니면 발성기관의 기능이 마음에 융합된다고 말하는지 의문이 생긴다.

[전론]: 이 경우에 먼저 발성기관 자체가 마음에 융합된다고 귀결된다. 왜냐하면 그렇게 계시서(계시어)에 의해 지지되기 때문이다. 그렇지 않은 경우에는 함축이 있어야 한다. 그리고 계시어인지 함축인지 의심되는 경우에 계시어가 정당할 뿐 함축은 정당하지 않다. 따라서 발성기관 자체가 마음에 그렇게 소멸된다.

이러한 귀결에서 우리는 말한다.

[후론]: 발성기관의 기능이 마음에 융합된다.

[전론]: 대스승이 [수뜨라에서] 실로 "발성기관이 마음에"라고 언급하는 이상, 어떻게 '발성기관의 기능이 [마음에]'라고 설명한다는 말인

가?[1]

[후론]: 그것은 사실이다. 하지만 차후에 [그는] "[지식을 가진 자에게서 부분들의 소멸은 브라흐만과] 분리되지 않는 [상태가 되는 것이다]; [계시서의] 글귀 때문이다."〈수뜨라 4.2.16〉라고 언급할 것이다. 따라서 이 경우에는 단순히 기능의 정지를 말하고자 한다고 이해된다. 반면에 실체적인 것의[2] 소멸을 말하고자 한다면, 실로 모든 경우에 '분리되지 않음'은 똑같기 때문에, 왜 [수뜨라 저자가 굳이] 바로 그 다른 곳에서 '[지식을 가진 자에게서 부분들의 소멸은 브라흐만과] 분리되지 않는 [상태가 되는 것이다]'라고 한정하겠는가![3] 따라서 이 경우에는 기능의 철회를 말하고자 한다. 마음의 기능이 지속하는 동안에 우선 발성기관의 기능이 철회된다는 뜻이다.

무엇 때문에? 경험되기 때문이다. 실로 마음의 기능이 존재하는 동안에 발성기관의 기능이 앞서 철회된다고 경험된다. 반면에 발성기관 자체가 그 기능을 가진 채로 마음에 철회된다고는 그 누구에 의해서도 경험될 수 없다.

[전론]: 계시어의 효력으로 말미암아 발성기관 자체가 마음에 그렇게 되들어가는 것이 합리적이라고 언급했지 않는가?

[후론]: 아니라고 말한다. [발성기관은] 그것(마음)을 물질적 원인으로 하지 않기 때문이다. 실로, 찰흙에서 접시가 [소멸되는] 것처럼, 어떤

1_ 수뜨라 저자는 'vāṅ'(발성기관이)이라고 언급할 뿐 'vāgvṛttir'(발성기관의 기능이)라고 언급하지 않는다.

2_ 실체적인 것(tattva)의='발성기관의 기능'이 아니라 '발성기관 자체'의.

3_ 만약 실체적인 것인 발성기관 그 자체의 소멸이라면, '지식을 가진 자'와 '지식이 없는 자'에 상관없이 발성기관이 '분리되지 않음'(avibhāga)을 겪는다고 즉 융합을 겪는다고 똑같이 적용될 것이다. 그런데 수뜨라 저자는 <수뜨라 4.2.16>에서 '지식을 가진 자'에 대해 '분리되지 않음'을 또 다시 특별히 언급한다. 따라서 여기서는 발성기관 그 자체의 소멸을 말하고자 하지 않는다.

것으로부터 생성된 것은 그 어떤 것에서 소멸된다는 것이 정당하다.[4] 게다가 마음으로부터 발성기관이 생성된다는 것에는 그 어떤 증명수단도 없다. 반면에 기능이 발현하고 쇠멸하는 것은 심지어 물질적 원인에 의지하지 않은 채로도 관찰된다. 예를 들어 불의 기능인 열은 흙에 속하는 연료들로부터 발현하고 물에서 정지한다.[5]

[전론]: 그러면 그 입장에서 "발성기관(언어)은 마음에 융합된다."라는 성언은 무엇이란 말인가?

[후론]: 이로부터 [수뜨라 저자는] "또 성언 때문이다."라고 말한다. '기능'과 '기능을 가지는 것'은 비유적 의미에서 차이가 없기 때문에, 심지어 성언도 이 입장에 적절하다는 뜻이다.[6]‖1‖

2. 또한 바로 이로부터 [즉 앞서 제시된 이유들로부터], 모든 [기관들은 오직 기능을 매개로 하여 마음을] 따라간다.

ata eva ca sarvāṇy anu ‖2‖

"따라서 불이 꺼져버린 자는 마음에 융합된 기관들과 함께 다시 태어난다."〈쁘라 3.9〉라는 곳에서는 실로 모든 기관들이 한결같이 마음에 융합된다고 계시된다. 심지어 이 경우에도 발성기관에서처럼, '바로 이로부터'[7] 즉 마음이 그 기능과 함께 지속하는 동안에 눈 등이 모

4_ 찰흙으로부터 생성된 접시가 찰흙에서 소멸되듯이, 생성된 모든 것들은 오직 그 자체의 '물질적 원인'(prakṛti)에서 소멸된다.

5_ 예를 들어 불의 기능 가운데 하나인 '열'은 불의 물질적 원인이 아닌 흙(연료)으로부터 발현하고 불의 물질적 원인이 아닌 물에서 쇠멸한다.

6_ "발성기관(언어)은 마음에 융합된다."라는 성언에서 '발성기관'(기능을 가지는 것)이라는 말을 '발성기관의 기능'(기능)이라는 비유적 의미로 받아들인다면, 이 성언마저 후론의 입장에 적절하다.

7_ 발성기관에서처럼, '바로 이로부터'=<수뜨라 4.2.1>에서 발성기관의 경우처럼, 바로 그 동일한 이유들로부터.

두 기능을 상실하는 것을 경험하기 때문에, 실체적인 것의 소멸이 불가능하기 때문에, 또 성언이 합당하기 때문에, 모든 기관들은 오직 기능을 매개로 하여 마음을 따라간다.[8]

모든 기관들이 차등 없이 마음에서 철회되는 경우에, [앞선 수뜨라에서] 발성기관을 별도로 언급한 것은 "발성기관(언어)은 마음에 융합된다."〈찬도 6.8.6〉라는 예시에 호응해서이다.‖2‖

{ 2. '마음'이라는 주제: 수뜨라 3 }

3. 그 마음은 [오직 기능을 매개로 하여] 생기에 [소멸된다고] 뒤따르는 [문장을 통해 이해해야만 한다].

tan manaḥ prāṇa uttarāt ‖3‖

"발성기관(언어)은 마음에 융합된다."〈찬도 6.8.6〉라는 곳에서 기능의 융합을 말하고자 한다는 것이 알려졌다. 이제 [바로] 뒤따르는 문장인 "마음은 생기에 … [융합된다]."〈찬도 6.8.6〉라는 이곳에서마저 오직 기능의 융합을 말하고자 하는지 아니면 기능을 가지는 것의 융합을 말하고자 하는지 의문시된다.

[전론]: 이 경우에는 오직 기능을 가지는 것의 융합이라고 귀결된다. 계시서에 의해 지지되기 때문이고, 또 [마음이] 그것(생기)을 물질적 원인으로 하는 것은 합당하기 때문이다. 그러한 증거로서, "얘야, 실로 마음은 흙(음식)으로 이루어진 것이고, 생기는 물로 이루어진 것이며"

8_ 마음을 따라간다=마음에 융합된다.

〈찬도 6.5.4〉에서는 마음이 흙을 원천으로 한다고 전하고 또 생기가 물을 원천으로 한다고 전한다. [또한] "물은 흙(음식)을 창조했다."〈찬도 6.2.4〉[9]라고 계시된다. 결국 이로부터 '마음이 생기에 소멸되는 것'이란 '흙 자체가 물에 소멸되는 것'이다. 왜냐하면 원형물(물질적 원인)과 변형물 사이에 차이가 없음으로 말미암아 마음이 흙이고 또 생기가 물이기 때문이다.[10]

이러한 귀결에서 우리는 말한다.

[후론]: 외적인 기관의 기능을 붙들고 있는 바로 그 마음은 오직 기능을 매개로 하여 생기에 소멸된다고 뒤따르는 문장을 통해 이해해야만 한다. 그러한 증거로서, 잠자고자 하는 자나 막 죽으려고 하는 자에게서 움직임을 특징으로 하는 '생기의 기능'이 지속하는 동안에 마음의 기능들이 정지하는 것이 경험된다. 그리고 마음이 그 자체로 생기에 되들어가는 것은 가능하지 않다. 그것(생기)을 물질적 원인으로 하지 않기 때문이다.

[전론]: 마음이 생기를 물질적 원인으로 한다고 밝혔지 않는가?

[후론]: 그건 올바르지 않다. 왜냐하면 '어떤 것을 물질적 원인으로 한다는 그와 같은 간접 추리'에 따라 마음이 생기에 융합될 수는 없기 때문이다. 실로 그렇다고 할지라도, 마음이 흙에, 흙이 물에, 또 생기가 바로 그 물에 융합되어야 한다.[11] 왜냐하면 바로 그 입장에서는 '생기

9_ <찬도 6.2.4>의 본래 문장은 "그(물)는 흙(음식)을 창조했다."이다.

10_ <찬도 6.5.4>에 따르면 흙이 원인이고 마음이 결과이다. 또 물이 원인이고 생기가 결과이다. 그런데 원형물과 변형물 사이에 차이가 없기 때문에 '마음=흙, 생기=물'이 성립된다. 그리고 <찬도 6.2.4>에 따르면 물이 원인이고 흙이 결과이다. 따라서 '마음이 생기에 융합되는 것'은 '흙이 물에 융합되는 것'과 다르지 않다. 결론적으로 흙 자체가 물 자체에 소멸되기 때문에, 기능이 아니라 기능을 가지는 실체적인 것이 소멸된다.

11_ 물질적 원인과 결과의 관계에 의해 융합이 있다손 치더라도, <찬도 6.5.4>에 따라 마음이 흙에, 생기가 물에 융합되어야 하고, <찬도 6.2.4>에 따라 흙이 물

의 상태로 전변된 물'로부터 마음이 생성된다는 데 그 어떤 증명수단도 없기 때문이다. 따라서 마음이 그 자체로 생기에 되들어가지는 않는다.[12]

그리고 심지어 기능이 되들어가는 경우에도, '기능'과 '기능을 가지는 것'이 비유적 의미에서 차이가 없기 때문에 성언은 적절하다고 [이미] 밝혔다.‖3‖

{ 3. '지배자'라는 주제: 수뜨라 4-6 }

4. 그것(생기)은 지배자에 [즉 인식적 아뜨만에 머무른다(융합된다)]; 그것(개별자아)으로 다가가는 것 등 때문이다.

so 'dhyakṣe tadupagamādibhyaḥ ‖4‖

'어떤 것으로부터 생성되지 않은 것'은 그 어떤 것에서 기능이 소멸될 뿐 그 자체가 소멸되지는 않는다는 점을 확립했다.[13]

이제 "생기는 불에 … [융합된다]."〈찬도 6.8.6〉라는 곳에서는 이 점이 고민스럽다. 생기의 기능은 계시된 바대로 불 자체에 철회되는가

에 융합되어야 한다.

12_ 전론자가 주장한 대로 마음 그 자체가 생기에 융합된다면, 생기로부터 마음 그 자체가 생성되어야 한다. 그리고 전론자는 실체적인 것의 소멸을 논증하면서 '마음이 생기에 융합되는 것'과 '흙이 물에 융합되는 것'이 다르지 않다고 주장한 바 있다. 결국 전론자는 생기의 원인인 '물'로부터 흙의 결과인 '마음'이 생성된다는 것도 증명해야 한다. 하지만 그 어떤 수단으로도 생기가 된 물로부터 마음이 생성된다는 것을 증명할 수 없다.

13_ A라는 물질적 원인으로부터 생성되지 않은 B는, A에서 오직 그 기능이 소멸될 뿐 그 자체가 소멸되지는 않는다.

또는 신체 · 기관으로 [이루어진] 우리(새장)의 지배자인 개별자아에 철회되는가?

[전론]: 이 경우에 계시서가 의문시될 수 없음으로 말미암아 생기는 불 자체에 융합되어야 한다. 계시되지 않은 바를 가정하는 것은 정당하지 않기 때문이다.

이와 같은 귀결에서 "그것(생기)은 지배자에 [즉 인식적 아뜨만에 머무른다(융합된다)] …."라고 [수뜨라 저자는] 제시한다.

[후론]: 그것은 즉 논제인 생기는, 지배자에 즉 무지, 업, 이전의 잠재성향을 한정자로 가지는 인식적 아뜨만에 머무른다. 그것(개별자아)이 주(主)가 된 채로 생기의 기능이 존재한다는 뜻이다.

어떤 근거에서? 그것(개별자아)으로 다가가는 것 등 때문이다. 예를 들어 어떤 계시서는 "바로 그와 같이 마지막 시간에 그의 숨이 위로 빠져나가게 될 때 모든 생기들이 이 아뜨만에 함께 들어갑니다."〈브리 4.3.38〉라며 모든 생기들이 한결같이 지배자에 다가가는 것을 보여준다. 또한 특별히 "그것(개별자아)이 떠날 때는 생기가 좇아 떠나고"〈브리 4.4.2〉라며 다섯 기능을 가지는 생기가 지배자를 따라가는 것을 보여주고, "생기가 좇아 떠날 때는 모든 생기들이 좇아 떠납니다."〈브리 4.4.2〉라며 다른 것들이 그것(생기)을 따라가는 것을 보여준다. 그리고 "[그러고서 개별자아는 결과에 대한] 인식을 가지게 되고"〈브리 4.4.2〉라며 지배자가 내적인 인식을 가진다는 것을 밝힘으로써 '되들어온 기관의 집합을 가지는 생기'가 그것(개별자아)에 머무른다는 것을 이해하게끔 한다.

[전론]: "생기는 불에 … [융합된다]."라고 계시되지 않는가? 어떻게 생기가 지배자에 [융합된다고] 의도확대를 한다는 말인가?

[후론]: 그러한 결함은 없다. 지배자가 주(主)가 된 채로 떠남(이탈) 등의 작용이 있기 때문이고, 또 바로 그 다른 계시서에 실린[14] 특정적 진

술을 주목해야만 하기 때문이다.‖4‖

[전론]: 그러면 "생기는 불에 … [융합된다]."〈찬도 6.8.6〉라는 계시는 무엇이란 말인가?

이로부터 [수뜨라 저자는] 말한다.

5. [만약 생기가 불에 융합된다는 계시는 무엇이냐고 한다면, 생기와 연계된 그 지배자가 미시적인] 원소들에 [머무른다고 이해해야만 한다]; 그렇게 계시되기 때문이다.

bhūteṣu tacchruteḥ ‖5‖

[후론]: 생기와 연계된 그 지배자가 '불에 동반되고 육체의 씨앗(원천)으로 존재하는 미시적인 원소들'에 머무른다고 이해해야만 한다. "생기는 불에 … [융합된다]."라고 계시되기 때문이다.

[전론]: 하지만 그 계시는 생기가 불에 머무른다는 것을 보여줄 뿐 생기와 연계된 지배자가 불에 머무른다는 것을 보여주지는 않지 않는가?

[후론]: 그러한 결함은 없다. "그것(생기)은 지배자에 [즉 인식적 아뜨만에 머무른다(융합된다)] …."〈수뜨라 4.2.4〉에서 바로 그 지배자가 [생기와 불] 사이에 추가되기 때문이다. 예를 들어 비록 스루그나로부터 마투라로 간 뒤에 마투라로부터 빠딸리뿌뜨라로 나아갈지라도, 그에 대해 스루그나로부터 빠딸리뿌뜨라로 간다고 말할 수 있다.[15]

그러므로 "생기는 불에 … [융합된다]."라는 것은 생기와 연계된 바

14_ 다른 계시서에 실린=<브리 4.3.38>과 <브리 4.4.2>에 실린.

15_ 따라서 <찬도 6.8.6>에서는 생기가 지배자에 융합되고 지배자가 불(미시적인 원소들)에 머무르는 것을 생기가 불에 융합된다고 축약해서 말한다. 참고로 스루그나와 빠딸리뿌뜨라는 하루 걸리는 거리이다.

로 그 지배자가 불에 동반되는 원소들에 머무른다는 것이다.‖5‖

[전론]: "생기는 불에 … [융합된다]."〈찬도 6.8.6〉라며 오직 하나인 불이 계시되는 이상, 어떻게 '불에 동반되는 원소들에' [머무른다고] 말한다는 말인가?

이로부터 [수뜨라 저자는] 말한다.

6. [만약 하나인 불이 계시되는 이상 '불에 동반되는 원소들'에 머무른다고 말해서는 안 된다고 한다면, 개별자아는 단지] 하나인 [불에 머무르지는] 않는다; 왜냐하면 [계시서와 전승서가] 보여주기 때문이다.

naikasmin darśayato hi ‖6‖

[후론]: 다른 육체를 얻고자 하는 시간에 개별자아는 단지 하나인 불에 머무르지는 않는다. 결과로서의 육체가 복합성(다수성)을 본질로 한다고 보여주기 때문이다. 실로 이러한 내용을, "물이 사람으로 불리게"〈찬도 5.3.3〉[16]에서는 질문과 대답이 보여준다. 이는 "하지만, [만약 '물'이라는 말이 계시되기 때문에 오로지 물에 의해 둘러싸인 채로 움직인다고 한다면, 물은] '셋으로 이루어진 것'임으로 말미암아 [오로지 물에 의해 둘러싸이지는 않는다]; ['물'이라는 말이 사용되는 것은 육체에서 물의] 우세함 때문이다."〈수뜨라 3.1.2〉라는 곳에서 [이미] 설명했다.

또한 이러한 내용을 계시서와 전승서는 보여준다. 계시서는 "흙으로

16_ 온전한 문장은 이러하다: "다섯 번째 공물이 제공될 때 어떻게 물이 사람으로 불리게 되는지 당신은 압니까?"

이루어지고 물로 이루어지고 공기로 이루어지고 에테르로 이루어진 것이고, 불로 이루어지고"〈브리 4.4.5〉라는 등에서, 전승서 또한 "소멸하지 않는 지극히 미세한 요소들은 실로 다섯이라고 전승된다. 그것들과 함께 이 모든 것이 차례로 산출된다."〈마누 1.27〉라는 등에서 [보여준다].

[전론]: 하지만 다른 육체를 얻고자 하는 시간에, 발성기관 등의 기관들이 철회될 때 "그러면 그 사람은 어디에 존재합니까?"〈브리 3.2.13〉라고 시작한 뒤에, 어떤 계시는 "실로 그 둘이 말한 것은 바로 그 행위였다. 그리고 그 둘이 찬양한 것은 바로 그 행위였다."〈브리 3.2.13〉라며 [개별자아가] 업(행위)을 처소로 한다는 것을 확정하지 않는가?[17]

이에 대하여 말한다.

[후론]: 그 경우에는 업에 의해 주어진 속박이, 즉 '붙잡는 자'와 '붙잡는 자를 넘어서는 것'이라는 이름의 기관과 대상을 본질로 하는 속박이,[18] 업을 처소로 하여 작동한다는 것을 언급한다. 한편 이 경우에는, 원소라는 물질적 원인으로부터 다른 육체가 생성되므로, 원소를 처소로 한다는 것을 언급한다.[19] 그 경우에는, 다만 '찬양'이라는 말을 통해 단순히 주된 것으로서의 업을 제시할 뿐이고, [결코] 다른 처소를 배제하지는 않는다.

그러므로 모순은 없다.[20]‖6‖

17_ '업(행위)을 처소로 한다는 것을'이라는 표현을 '업(행위)에 의존한다는 것을'이라고 이해해도 된다. 전론자는 개별자아가 원소들을 처소로 하지 않고 업을 처소로 한다는 것을 확정하는 계시가 있다고 주장한다.

18_ <브리 3.2.1> 참조: "붙잡는 자가 여덟이고, 붙잡는 자를 넘어서는 것이 여덟입니다." '붙잡는 자'는 기관이고, '붙잡는 자를 넘어서는 것'은 대상이다.

19_ 그 경우에 '개별자아가 업을 처소로 하는 것'의 취지가 무엇인지, 그리고 이 경우에 '개별자아가 원소를 처소로 하는 것'의 취지가 무엇인지, 주석가는 그 차이점을 밝힌다.

20_ 전론자가 제시한 <브리 3.2.13>은 후론자의 주장과 서로 모순되지 않는다.

{ 4. '길의 시작에 이르기까지'라는 주제: 수뜨라 7 }

7. 또한 [그 떠남은 지식을 가진 자와 지식이 없는 자 사이에서] 길의 시작에 이르기까지 공통적이다; 그리고 [지식을 가진 어떤 자는 무지 등의 번뇌들을 완전하게] 태우지 못함으로써 [상대적인] 불멸성을 [얻고자 한다].

samānā cā sṛtyupakramād amṛtatvaṃ cānupoṣya ‖7‖

그러한 그 떠남은 지식을 가진 자와 지식이 없는 자 사이에서 공통적인지 또는 차별적인지 의문이 생긴다.

[전론]: 먼저 차별적이라고 귀결된다. 왜냐하면 그것(떠남)은 원소 의존성을 가지기 때문이다.[21] 실로 원소들에 의존하는 것은 다시 태어나기 위해서이다. 또한 다시 태어나는 것은 지식이 있는 자에게서 가능하지 않다. 왜냐하면 지식을 가진 자는 불멸성을 얻는다고 [계시서에서] 확립되기 때문이다. 따라서 그 떠남은 오직 지식이 없는 자의 것이다.

[반박]: [떠남이] 지식에 대한 장절에서 전해짐으로 말미암아 그것은 오직 지식이 있는 자의 것이지 않겠는가?

[전론]: 아니다. 수면 등과 같이 [떠남은] 확립된 것으로 서술되기 때문이다.[22] 그러한 증거로서, "이 사람이 '잠잔다'라고 말할 때"〈찬도 6.8.1〉, "'먹고 싶어 한다'라고 말할"〈찬도 6.8.3〉, "'마시고 싶어 한다'라고 말할"〈찬도 6.8.5〉에서는, 심지어 지식에 대한 장절에서도 다만

21_ 원소 의존성을 가지기 때문이다=원소를 처소로 삼기 때문이다.

22_ 지식에 대한 장절에서는 떠남(utkrānti)을 확립하기 위해 그것을 다루지 않고 이미 다른 곳에서 다른 지식수단에 의해 확립되어 있는 그것을 다룰 뿐이다.

모든 생명체에 공통적인 수면 등이 '제시하고자 하는 대상을 제시하는 데 도움을 주는 것'으로 서술될 뿐, 지식이 있는 자가 [수면 등의] 특징을 가진다고 명령(규정)되지는 않는다. 마찬가지로 다만 모든 사람들에게 존재하는 그 떠남마저, '떠나는 사람의 불이 융합되는 지고한 신'이 아뜨만이고 [또] 그것이 '너'라는 점을 제시하기 위해 서술된다. 또한 지식이 있는 자에게서 그것(떠남)은 부정된다. "[아뜨만을 욕망하는] 자의 생기(기관)들은 떠나지 않습니다."〈브리 4.4.6〉에서이다. 따라서 그것은 오직 지식이 없는 자의 것이다.

이러한 귀결에서 우리는 말한다.

[후론]: 또한 "발성기관(언어)은 마음에 [융합된다]."〈찬도 6.8.6〉라는 등에서 [언급되는] 그 떠남은 지식을 가진 자와 지식이 없는 자 사이에서 길의 시작에 이르기까지 공통적이어야만 한다. 차별점이 계시되지 않기 때문이다. 지식을 가지지 않은 자는 업에 의해 부추겨지고 '육체의 씨앗으로 존재하는 미시적인 원소들'에 의존한 채로 육체를 취하는 것을 경험하기 위해 나아간다. 반면에 지식을 가진 자는 지식에 의해 비춰지는 '해탈로 [이끄는] 경맥의 경로'에 의존한다. 그래서 [수뜨라 저자는] '길의 시작에 이르기까지'라는 것을 말한다.[23]

[전론]: 지식이 있는 자는 불멸성을 획득해야만 하고 또 그것(불멸성)은 어떤 장소에 의존하지 않지 않는가?[24] 그 경우에 어찌하여 원소에 의존하거나 길의 시작을 가지겠는가?

이에 대하여 말한다.

23_ 지식을 가진 자와 지식이 없는 자 사이에서 그 떠남은 '길의 시작에 이르기까지' 공통적이어야 한다. 즉 신의 길과 조상의 길이 분리되기 시작하는 바로 그 지점까지 양자가 떠나는 경로는 공통적이다. 길이 시작하는 지점에서 전자가 정수리에 위치한 경맥을 경로로 삼는 반면에 후자는 그 아래의 열등한 경맥들을 경로로 삼는다.

24_ 한 장소에 의존한 채로 다른 장소로 가는 것은 불멸성이 아니지 않는가?

[후론]: 그리고 그것을 '태우지 못함으로써' 즉 무지 등의 번뇌들을 완전하게 태우지 못함으로써, [어떤 자는] 하위 지식의 효력을 통해 상대적인 불멸성을 얻고자 한다. 그 경우에는 길의 시작이 가능하고 원소 의존성도 가능하다. 실로 기관(생기)들의 움직임은 의존하는 것이 없이 가능하지 않다.

그러므로 결함은 없다.‖7‖

{ 5. '윤회를 언급함'이라는 주제: 수뜨라 8-11 }

8. 그것은 [즉 불 등의 미시적인 원소들은] 되들어갈 때까지 [즉 윤회로부터의 해탈에 이르기까지 남아 있다]; [계시서에서] 윤회를 언급하기 때문이다.

tad āpīteḥ saṃsāravyapadeśāt ‖8‖

[지금까지] 말한 바는 이러하다: "불은 지고한 신에 [융합된다]."〈찬도 6.8.6〉라는 곳에서 그것은 즉 논제인 '떠나는 사람의 불'은 맥락의 효력으로 말미암아 지배자(개별자아)와 함께 생기와 함께 또 기관의 집합과 함께 다른 [미시적인] 원소들을 동반한 채로 지고한 신에 융합된다. 이제 그러한 융합이 어떤 종류일 것인지 논의한다.

[전론]: 이 경우에 먼저 [융합이란] 실로 절대적인 '그 자체의 완전한 소멸'이라고 귀결된다. [불이] 그것(지고한 신)을 물질적 원인으로 하는 것은 합당하기 때문이다. 실로 지고한 신은 발생을 가지는 모든 총체적 대상의 물질적 원인이라고 정초되었다. 따라서 그렇게 '분리되지 않는 상태가 되는 것'(융합)은 절대적이다.

이러한 귀결에서 우리는 말한다.

[후론]: 귀 등의 기관들의 근저로 존재하는 그것은 즉 불 등의 미시적인 원소들은, 되돌아갈 때까지 즉 참된 지식을 기인으로 하는 '윤회로부터의 해탈'에 이르기까지 남아 있다. "[각각의] 행위(업)에 따라 식견에 따라, 어떤 영혼들은 육화되기 위해 자궁으로 나아가고, 어떤 영혼들은 정물을 좇아간다."〈까타 5.7〉라는 등에서 윤회를 언급하기 때문이다. 실로 그렇지 않은 경우 바로 그 죽음의 시간에 [모든] 한정자가 중지됨으로 말미암아 모든 것이 브라흐만에 완전하게 융합될 것이다. 그 경우에 명령에 대한 성전이 무용해지고 지식에 대한 성전도 무용해질 것이다. 게다가 거짓된 지식을 기인으로 하는 속박은 참된 지식이 없이는 풀릴 수 없다.

그러므로 비록 그것(지고한 신)을 물질적 원인으로 할지라도 숙면과 대(大)소멸에서처럼 그러한 '존재와의 융합'은 잠재적 상태로 남아 있을 따름이다.[25]‖8‖

9. [다른 원소들과 함께 그 불은 고유성에서] 또 부피에서 미시적이어야만 [한다]; [계시로부터] 그렇게 알려지기 때문이다.

sūkṣmaṃ pramāṇataś ca tathopalabdheḥ ‖9‖

그리고 다른 원소들과 함께 그 불은 이 육체로부터 떠나는 개별자아의 처소(근저)인 것으로서 그 고유성에서 또 그 부피에서 미시적이어야만 한다. 왜냐하면 '경맥을 통해 빠져나오는 것'에 대한 계시 등으로부터 그것이 미시적이라고 그렇게 알려지기 때문이다. 그 경우에[26] 매우

25_ 죽음과 관계하는 '존재(sat)와의 융합'에서 미시적인 원소들, 지배자(개별자아), 생기, 기관의 집합은 모두 절대적으로 소멸되지 않고 잠재적 상태로 남겨진다.

작음으로 말미암아 [경맥을] 통과하는 것이 가능하다. 또한 깨끗함으로 말미암아 장애 없음이 가능하다.[27]

또한 바로 이로부터 육체를 빠져나가는 [그것은] 근처에 있는 자들에 의해 지각되지 않는다.‖9‖

10. 이로부터 [즉 미시적이기 때문에, 가시적인 육체가] 소멸된다고 해서 [미시적인 육체가 소멸되지는] 않는다.

nopamardenātaḥ ‖10‖

또한 바로 이로부터 즉 미시적이기 때문에, 그 가시적인 육체가 화장 등을 기인으로 하여 소멸된다고 해서 다른 미시적인 육체가 소멸되지는 않는다.‖10‖

11. 또한 바로 그 [미시적인 육체는] 그러한 온기를 [즉 살아 있는 육체에 접촉함으로써 알게 되는 온기를] 가진다; [온기가 미시적인 육체에 의존한다는 것은] 합당하기 때문이다.

asyaiva copapatter eṣa ūṣmā ‖11‖

또한 바로 그 미시적인 육체는 그러한 온기를, 즉 [사람들이] 그 살아 있는 육체에 접촉함으로써 알게 되는 온기를 가진다. 그러한 증거로서, 죽은 상태에서 다만 육체가 남아 있을 때에는 비록 형태(색깔) 등 육체의 속성들이 존재할지라도 온기가 지각되지 않는다. 그와 달리 오

26_ 그 경우에=미시적인 경우에.

27_ 불 등의 원소들은 그 고유성에서 미시적이기 때문에 즉 '깨끗하기'(svaccha) 때문에 '장애 없음'(apratīghāta)이 가능하다. 또 그것들은 그 부피에서 미시적이기 때문에 즉 '매우 작기'(tanu) 때문에 '통과하는 것'(saṃcāra)이 가능하다.

직 살아 있는 상태에서만 [온기가] 지각되므로, 이로부터 그러한 온기가 '잘 알려져 있는 육체와는 구별되는 [육체'에][28] 의존할 뿐이라는 것은 합당하다.

또한 그와 같이 계시서는 "살아가는 동안 따스할 뿐이고, 죽으면 차가워진다."라고 한다.‖11‖

{ 6. '부정'이라는 주제: 수뜨라 12-14 }

12. 만약 [상위 지식과 관계하여 떠남이] 부정되기 때문에 [상위 브라흐만을 아는 자에게는 육체로부터 기관들이 떠나지 않는다고] 한다면, 아니다; [이는] 육화된 [아뜨만으로부터 기관들이 떠나는 것에 대한 부정이기 때문이다].

pratiṣedhād iti cen na śārīrāt ‖12‖

"… 그리고 [지식을 가진 어떤 자는 무지 등의 번뇌들을 완전하게] 태우지 못함으로써 [상대적인] 불멸성을 [얻고자 한다]."〈수뜨라 4.2.7〉라는 그러한 한정을 통해, 절대적인 불멸성에는 움직임과 떠남이 부재한다고 용인된다.[29] 심지어 그 경우에도 그 어떤 이유에 의해 떠남이 [가능하다고] 생각한다면, "이제 욕망하지 않는 자에 대해서입니다. 욕망이 없고 욕망을 벗어나고 욕망이 충족되고 아뜨만을 욕망하는 자의

28_ '잘 알려져 있는 육체와는 구별되는 [육체'에]=잘 알려져 있는 가시적인 육체와는 구별되는 미시적인 육체에.

29_ 움직임과 떠남이 있는 상대적인 불멸성을 한정함으로써 움직임과 떠남이 없는 절대적인 불멸성이 알려진다.

생기(기관)들은 떠나지 않습니다. 브라흐만 자체로 존재하면서 브라흐만에 되들어갑니다."〈브리 4.4.6〉에서는 [그 떠남을] 부정한다. 이로부터 상위 지식과 관계하여 [떠남이] 부정되기 때문에 상위 브라흐만을 아는 자에게는 육체로부터 기관들이 떠나지 않는다고 [용인된다].

[전론]: 아니라고 말한다. 이는 육화된 아뜨만으로부터 기관들이 떠나는 것에 대한 부정일 뿐 육체로부터 기관들이 떠나는 것에 대한 부정은 아닌 까닭에서이다.

[반박]: 어떻게 해서 알려지는가?

[전론]: "… 자로부터 생기(기관)들은 떠나지 않습니다."라며 다른 분파에서 5격을 사용하기 때문이다.[30] 실로 '일반적인 관계'와 관계하는 6격이 다른 분파에 존재하는 5격에 의해 '특별한 관계'에 놓이게 된다.[31] 그리고 '… 자로부터'에서는 [육화된 자가 그 장절의] 주된 것임으로 말미암아 번영과 지고선에 대해 자격을 가지는 육화된 자가 관계될 뿐 육체가 관계되지는 않는다. '… 자로부터' 즉 떠나고자 하는 개별자아로부터 '기관들은 떠나지(분리되지) 않는다'는 것이 즉 [기관들은] 실로 그것(개별자아)과 함께 존재한다는 것이 [그 문장의] 뜻이다.‖12‖

결국 육체로부터 떠나는 [개별자아는] 기관과 함께 떠나게 된다. 이러한 귀결에서 [수뜨라 저자는] 대답한다.

30_ <브리 4.4.6>에 대해, 깐바 분파에서 "… 아뜨만을 욕망하는 자의 생기(기관)들은 떠나지 않습니다."라고 읽는 것과 달리 마드얀디나 분파에서는 "… 자로부터(그것으로부터) 생기(기관)들은 떠나지 않습니다."라고 읽는다. 전자에서 '자의'는 'tasya'로서 6격(소유격)이다. 반면에 후자에서 '자로부터'는 'tasmāt'로서 5격(탈격)이다.

31_ '… 욕망하는 자의 생기들은'에서 6격인 '자의'는 앞뒤 말 사이의 일반적인 관계를 지시한다. 그 6격이 마드얀디나 이본의 5격인 '자로부터'에 힘입어 특별한 관계로 한정된다.

13. [이와 같이 주장한 것은, 그렇지 않다]; 왜냐하면 [육체로부터의 떠남에 대한 부정이] 어떤 [편집자들에게서] 명백하게 [알려지기] 때문이다.

spaṣṭo hy ekeṣām ‖13‖

[후론]: 떠남에 대한 부정이 육화된 자를 이탈의 지점으로 삼기 때문에[32] 심지어 상위(지고한) 브라흐만을 아는 자에게도 육체로부터의 떠남이 있다고 주장한 것은, 그렇지 않다. '육체를 이탈의 지점으로 삼을 뿐인 떠남'에 대한 부정이, 어떤 편집자들에게서 명백하게 알려지는 까닭에서이다. 그러한 증거로서, "그러한 사람이 죽는 경우에 그것으로부터 기관(생기)들이 떠납니까, 아니면 떠나지 않습니까?"〈브리 3.2.11〉라는 곳에서는 아르따바가의 질문에 대해 "'아니오'라고 야즈냐발끄야는 말했다:"〈브리 3.2.11〉라며 떠나지 않는다는 입장을 수용한 뒤에, 그 경우에 '기관들이 떠나지 않으면 그가 죽지 않는다'는 그러한 의심과 관계하여 "그것들은 바로 그곳(육체)에 잠겨 들어갑니다."〈브리 3.2.11〉라며 기관들의 완전한 소멸을 확언하고 나서, 이를 확립하기 위해 "그것(육체)은 부풀어 오르고 팽창합니다. 팽창한 채로 죽어 잠잡니다."〈브리 3.2.11〉라며 '그것은'이라는 말로 지시되는 논제가 떠나는(죽는) 동안에 부풀어 오르는 것 등을 전한다. 결국 이것들은 육체에 속할 수 있을 뿐 육화된 자에 속할 수 없다.[33]

이와 유사함으로 말미암아, 5격으로 읽는 자들의 "… 자로부터(그것

32_ 이탈의 지점을 지시하는 '자로부터'(tasmāt)라는 5격이 '육체로부터'가 아닌 '육화된 자로부터'를 의미하기 때문에.

33_ '부풀어 오르는 것, 팽창하는 것'은 육체와 관련될 뿐 육화된 영혼과 관련되지 않는다. 따라서 <브리 3.2.11>에서 논제인 '그것은'이라는 말은 육체를 가리킨다. 결론적으로 "그러한 사람이 죽는 경우에 그것으로부터 기관(생기)들이 떠납니까 …"에서 '그것으로부터'는 '육체로부터'이다.

으로부터) 생기(기관)들은 떠나지 않습니다. 그것들은 바로 그곳(육체)에 잠겨 들어갑니다."라는 곳에서마저, 비록 [그 장절에서] 주된 것이 육화된 자일지라도 [육화된 자와 육체가] 비유적으로 차이 없이 사용됨으로써 '육체를 이탈의 지점으로 삼을 뿐인 떠남'이 부정된다고 설명해야만 한다.[34] 반면에 6격으로 읽는 자들에게서는 지식을 가진 자와 관계하는 떠남이 부정되므로 [세상에서 잘] 확립된 떠남을 부정하는 내용이기 때문에, 그 문장에서는 '육체를 이탈의 지점으로 삼을 뿐인 그것(떠남)'이 부정된다. [세상에서 잘] 확립된 것은 육화된 자로부터의 떠남이 아니라 육체로부터의 떠남이다.

더 나아가 "눈을 통해서나 머리(정수리)를 통해서나 육체의 다른 부위들을 통해 그것(개별자아)이 떠날 때는 생기가 좇아 떠나고, 생기가 좇아 떠날 때는 모든 생기들이 좇아 떠납니다."〈브리 4.4.2〉에서 이와 같이 지식을 가지지 못한 자와 관계하는 '떠남'과 '윤회로 나아감'을 상세하게 보여준 뒤에 "이상이 실로 욕망하는 자에 대해서입니다."〈브리 4.4.6〉라며 지식을 가지지 못한 자에 대한 논의를 끝맺고 나서 "이제 욕망하지 않는 자에 대해서입니다."〈브리 4.4.6〉라며 지식이 있는 자를 언급하기 때문에, 만약 [뒷부분에서] 심지어 그와 관계하는 떠남 자

34_ 주석가는 <브리 4.4.6>에 대해 마드얀디나 분파가 5격을 적용한 것도 '육체를 이탈의 지점으로 삼을 뿐인 떠남'을 부정할 뿐이라고 논증한다. <브리 4.4.6>을 깐바 분파에서는 "… [아뜨만을 욕망하는] 자의 생기(기관)들은 떠나지 않습니다. 브라흐만 자체로 존재하면서 브라흐만에 되들어갑니다."라고 읽는다. 그런데 마드얀디나 분파에서는 "브라흐만 자체로 존재하면서 브라흐만에 되들어갑니다."라는 문장 대신에 <브리 3.2.11>의 "그것들은 바로 그곳(육체)에 잠겨 들어갑니다."라는 문장을 가져와서 읽는다. 결국 마드얀디나 이본에서 '… 자로부터'가 5격이고 '개별자아(육화된 자)로부터'라는 의미일 수 있지만, 그럼에도 '개별자아로부터'라는 의미는 '육체로부터'라는 의미라고 이해할 수 있다. 왜냐하면 개별자아(육화된 자)와 육체는 비유적으로 차이가 없이 사용되기 때문이다. 요컨대 마드얀디나의 <브리 4.4.6>에서도 육체를 이탈의 지점으로 삼는 떠남이 부정된다.

체를 전한다면 [그렇게 별도로] 언급하는 것은 분명 이치에 맞지 않을 것이다.[35] 따라서 [그렇게] 언급하는 것이 의의를 가지기 위해서는, 지식을 가지지 못한 자와 관계하는 곳에서 확립된 움직임과 떠남이 지식을 가진 자와 관계하는 곳에서 부정된다고 바로 이와 같이 설명해야만 한다.

게다가 편재하는 브라흐만을 아뜨만으로 삼고 욕망과 행위(업)를 근절한 '브라흐만을 아는 자'에게는 움직임이나 떠남이 합당하지 않다. [움직임이나 떠남의] 기인이 없기 때문이다. 더욱이 "그는 그곳에서 브라흐만을 획득하리라."〈브리 4.4.7〉라는 이러한 유형의 계시들은 움직임과 떠남이 부재하다는 것을 암시한다.‖13‖

14. 또한 [『마하바라따』에서는 움직임과 떠남이 부재한다고] 전승하기 [때문에, 지고한 브라흐만을 아는 자에게는 움직임과 떠남이 부재한다].

smaryate ca ‖14‖

더 나아가 『마하바라따』에서는 움직임과 떠남이 부재한다고 전승한다. "모든 존재들을 아뜨만으로 삼고 [모든] 존재들을 참되게 직관하는 자의 길에 관해서는, 심지어 신격들도 행로가 없는 [그의] 행로를 찾으면서 당혹스러워 합니다."〈마하〉에서이다.

[전론]: 편재하는 브라흐만을 아뜨만으로 삼는 '브라흐만을 아는 자'가 심지어 움직임을 가진다고 전승하지 않는가? "전해지듯이, 브야사의 아들인 슈까가 해탈을 욕구하면서 태양의 구체로 나아갔을 때, 따

35_ 심지어 그와 관계하는=심지어 그 지식이 있는 자와 관계하는. [그렇게 별도로] 언급하는 것은=지식이 있는 자와 관계하여 별도로 언급하는 것은.

라오던 아버지가 부름으로써 '네!'라고 대답했다."에서이다.

[후론]: 아니다. 이는 단지 육체를 가지는 [슈까가] 요가의 힘을 통해 특정한 장소에 도달하고 그 이후에 육체를 버리는 것이라고 이해해야만 한다.[36] 모든 존재들이 [그를] 본다는 진술 때문이다. 실로 모든 존재들은 육체가 없이 가는 자를 볼 수 없다. 또한 마찬가지로 바로 그곳에서는 "하지만 슈까는 바람보다 더 빠르게 움직이면서 공간을 가로질러 자신의 힘을 보여주고 나서 모든 존재들에 들어가게 되었다."라고 끝맺는다.

그러므로 지고한 브라흐만을 아는 자에게는 움직임과 떠남이 부재한다. 한편 움직임에 대한 계시들이 대상으로 삼는 것은 나중에 우리가 설명할 것이다.[37] ‖14‖

{ 7. '발성기관 등이 소멸됨'이라는 주제: 수뜨라 15 }

15. [지고한 브라흐만을 아는 자에게는] 그러한 [기관들과 또 원소들이] 지고한 [아뜨만에 소멸된다]; 왜냐하면 [계시서가] 그렇게 말하기 때문이다.

tāni pare tathā hy āha ‖15‖

[후론]: 또다시, 지고한 브라흐만을 아는 자에게는, '생기'라는 말로 불리는 그러한 기관들과 또 [미시적인] 원소들이 바로 그 지고한 아뜨

36_ 특히 이 경우는 상위의 지식이 아니라 하위의 지식을 가진 자와 관계하는 움직임이나 떠남에 지나지 않는다.

37_ <수뜨라 4.3.7> 참조.

만에 소멸된다.

무엇 때문에? 왜냐하면 계시서가 그렇게 말하기 때문이다. "바로 그와 같이 그 두루 보는 자(뿌루샤)의 그 열여섯 부분들은 뿌루샤로 가는 것들로서 뿌루샤에 도달한 뒤에 소멸된다."〈쁘라 6.5〉에서이다.

[반박]: "열다섯 부분들은 바탕(원소)으로 들어가고"〈문다 3.2.7〉라며 다른 계시서는 오직 지식을 가진 자와 관계하여 부분들이 심지어 지고한 아뜨만과는 다른 곳에서 소멸된다고 말했지 않는가?

[후론]: 아니다. 흙에서 나온 것 등의 부분들이 그 자체의 물질적 원인인 바로 그 흙 등으로 되들어간다는 그 [계시는], 실로 경험적 견지에서이다. 반면에 지고한 브라흐만을 아는 자에게서 부분의 총체가 전적으로 브라흐만 자체에 융합된다는 다른 [계시는], '지식을 가진 자의 이해(깨우침)'라는 견지에서이다.

그러므로 결함은 없다.‖15‖

{ 8. '분리되지 않음'이라는 주제: 수뜨라 16 }

16. [지식을 가진 자에게서 부분들의 소멸은 브라흐만과] 분리되지 않는 [상태가 되는 것이다]; [계시서의] 글귀 때문이다.
avibhāgo vacanāt ‖16‖

또 다시, 지식이 있는 자에게서 부분들의 그러한 소멸은 다른 자들처럼 [무언가를] 남긴 채로 일어나는가 그렇지 않으면 남김없이 일어나는가?

[전론]: 이 경우에 소멸이 공통적임으로 말미암아 내재력을 남긴다.[38]

[이러한] 결말에서 [수뜨라 저자는] 말한다.

[후론]: 실로 [소멸은 브라흐만과] 분리되지 않는 상태가 되는 것이다. 어떤 근거에서? [계시서의] 글귀 때문이다. 그러한 증거로서, [계시서는] 부분들의 소멸을 말한 뒤에 "그리고 그것들의 명칭과 형태는 소실된다. [그러면] '뿌루샤'라고 그와 같이 불린다. 그러한 그는 부분이 없게 되고 불멸이 된다."〈쁘라 6.5〉라고 말한다. 또한 무지를 기인으로 하는 부분들은 지식을 기인으로 하는 소멸에서 [무언가를] 남기는 것이 가능하지 않다.

그러므로 [브라흐만과] 분리되지 않을 뿐이다.‖16‖

{ 9. '그 거처'라는 주제: 수뜨라 17 }

17. [비록 지식을 가진 자와 지식이 없는 자에게서] 그 [개별자아의] 거처인 [심장의] 끄트머리가 타오르고(빛나고) 그것(빛)에 의해 비춰지는 관문을 가지는 것이 [공통적일지라도, 지식을 가진 자는 단지 머리(정수리)를 통해 빠져나온다]; 지식의 효력 때문이고, 또 '그것(지식)에 부차적인 여로'에 대한 지속적 상기(명상)가 적용되기 때문이다; [따라서] 심장에 있는 [브라흐만의] 은총을 입은 채 [지식을 가진 자는 머리(정수리)에 있는] 백을 넘어서는 [즉 백한 번째인 경맥을 통해 빠져나온다].

tadoko 'grajvalanaṃ tatprakāśitadvāro vidyāsāmarthyāt taccheṣagatyanusmṛtiyogāc ca hārdānugṛhītaḥ śatādhikayā ‖17‖

38_ 지식이 있다고 하더라도 소멸 자체는 한결같기 때문에, 소멸은 다른 자들처럼 내재력(śakti)을 남긴 채로 일어난다.

상위 지식과 관계하는 우발적인 논의가 끝났다. 그리고 이제는 오직 하위 지식과 관계하는 논의로 방향을 바꾼다.

실로 떠남은 지식을 가진 자와 지식이 없는 자 사이에서 길의 시작에 이르기까지 공통적이라고 언급했다. 이제는 그러한 '길의 시작'을 제시한다.

인식적 아뜨만은 발성기관 등 [기관의] 다발을 [그 자체로] 철회한 채 떠나고자 하는데, 그것의 거처 즉 의지처는 심장이다. "빛의 그 편린들을 함께 지닌 채로, 그것은 오직 심장으로 내려갑니다."〈브리 4.4.1〉라고 계시되기 때문이다. 그리고 그것(심장)의 끄트머리가 타오르고(빛나고) 그 이후에 눈 등의 자리를 이탈의 지점으로 하여 [아뜨만이] 떠난다고 계시된다. "정녕 이러한 그에게서 심장의 끄트머리가 빛납니다. 그 빛에 의해 이 아뜨만은 빠져나옵니다. 눈을 통해서나 머리(정수리)를 통해서나 육체의 다른 부위들을 통해"〈브리 4.4.2〉에서이다.

그것(떠남)은 지식을 가진 자와 지식이 없는 자 사이에 실로 제한이 없이[39] 존재하는지 아니면 지식이 있는 자에게는 어떤 특정한 제한이 존재하는지, [이 점이] 의문시된다.

[전론]: 계시가 한결같음으로 말미암아 제한이 없다고 귀결된다.

[이에 대하여 수뜨라 저자는] 말한다.

[후론]: 실로 비록 지식을 가진 자와 지식이 없는 자에게서 심장의 끄트머리가 빛나는 것과 또 그것(빛)에 의해 비춰지는 관문을 가지는 것이 공통적일지라도, 지식을 가진 자는 단지 머리(정수리)라는 자리를 통해 빠져나오지만 다른 자들은 다른 자리들을 통해 빠져나온다.

어떤 근거에서? 지식의 효력 때문이다. 만약 지식을 가진 자마저 다른 자들처럼 그 무엇이든지 육체의 어떤 부위를 통해 떠난다면, 결코

39_ 제한이 없이=차이가 없이 동일한 방식으로.

우등한 세상을 얻지 못할 것이다. 그 경우에 지식은 실로 무용하게 될 것이다. 또한 '그것(지식)에 부차적인 여로'에 대한 지속적 상기(명상)가 적용되기 때문이다. 실로 지식에 부차적인 것으로 존재하고[40] 머리(정수리)에 있는 경맥과 연계되는 여로가 '부단히 실행(명상)해야만 하는 것'으로 특정한 명상적 지식들과 관계해서 명령된다. 실행하는 바로 그것(명상적 지식)에 따라 나아간다는 것이 합리적이다.[41]

따라서 '잘 명상되는 것이자 심장을 거처로 하는 브라흐만'의 은총을 입은 채 [브라흐만과의] 동일함에 다다른 '지식을 가진 자'는, 바로 그 머리(정수리)에 있는 '백을 넘어서는' 즉 '백에 더해지는 백한 번째인' 경맥을 통해 빠져나오고, 다른 자들은 다른 것들을 통해 빠져나온다. 그러한 증거로서, '하르다(심장에 있는 것)의 명상적 지식'을 주제로 삼은 후 "심장에는 백한 개의 경맥들이 있으리라. 이것들 가운데 하나는 머리(정수리)로 빠져나가리라. 그는 그것을 따라 위로 가면서 불멸성에 도달하리라. 다른 자들은 떠날 때에 모든 쪽으로 [빠져나가게] 되리라."〈찬도 8.6.6; 까타 6.16〉라고 전한다.‖17‖

{ 10. '광선들'이라는 주제: 수뜨라 18-19 }

18. [지식을 가진 자의 개별자아는 백을 넘어서는 경맥을 통해 빠져나오면서] 광선들을 좇아 [빠져나온다].

raśmyanusārī ‖18‖

40_ 지식에 부차적인 것으로 존재하고=명상적 지식의 일부로서 존재하고.

41_ 어떤 명상적 지식을 실행하느냐에 따라 또는 명상대상이 무엇이냐에 따라, 떠남에서도 바로 그 명상적 지식에 호응하여 특정한 길로 나아간다.

“이제, 여기에는 그 ‘브라흐만의 마을’에 연꽃인 작은 거처.”〈찬도 8.1.1〉라고 시작하면서 명령되는 ‘하르다(심장에 있는 것)의 명상적 지식’이 있다. 이 장절에서는 “이제 심장의 그러한 경맥들은”〈찬도 8.6.1〉이라고 시작하면서 경맥과 광선의 관계를 상세하게 말한 뒤에 “이제 그렇게 이 육체로부터 떠나는 경우에, 그러면 바로 이러한 광선들을 따라 위쪽으로 올라간다.”〈찬도 8.6.5〉라고 말한다. 한층 나아가 “그는 그것을 따라 위로 가면서 불멸성에 도달하리라.”〈찬도 8.6.6〉라고 말한다. 따라서 [지식을 가진 자의 개별자아는] 백을 넘어서는 경맥을 통해 빠져나오면서 광선들을 좇아 빠져나온다고 알려진다.

이 경우에 [개별자아가 태양의] 광선들을 좇는 것은, 낮에 죽는 자나 밤에 죽는 자에 대해 실로 한결같은지 그렇지 않으면 오직 낮에 죽는 자에 대해서인지, 의문이 생긴다.

[후론]: 특정하지 않은 채로 계시되기 때문에 실로 한결같이 광선들을 좇는다고 [수뜨라 저자는] 먼저 주장한다.‖18‖

19. 만약 밤에 [죽은 자는 광선들을 좇을 수] 없다고 한다면, 아니다; 육체가 존재할 동안 [경맥과 광선의] 관계가 [존재할 것이기] 때문이다; 또한 [계시서는 이를] 보여준다.

niśi neti cen na saṃbandhasya yāvad dehabhāvitvād darśayati ca ‖19‖

[전론]: 낮에 경맥과 광선의 관계가 있으므로 낮에 죽은 자는 광선들을 좇을 수 있지만, 밤에 죽은 자는 광선들을 좇을 수 없다. [밤에는] 경맥과 광선의 관계가 단절되기 때문이다.

[후론]: 아니다. 육체가 존재할 동안 경맥과 광선의 관계가 [존재할 것이기] 때문이다. 실로 육체가 존재할 동안 경맥과 광선은 연계된다. 또

한 계시서는 이러한 내용을 보여준다. "저 태양으로부터 펼쳐지는 것들은 이 경맥들에 들어간다. 이 경맥들로부터 펼쳐지는 것들은 저 태양에 들어간다."〈찬도 8.6.2〉에서이다.

게다가 여름에는 심지어 밤에도 광선들이 존속한다고 알려진다. 열 등의 결과를 경험하기 때문이다.[42] 반면에 다른 계절의 밤에는 [광선들이] 미약하게 존속함으로 말미암아 겨울의 흐린 날들에서처럼 식별하기 어렵다. 실로 "[태양은] 바로 그 하루 동안 [심지어] 밤에도 그것을 만든다."[43]라는 [문장은] 바로 이것을 보여준다.

더욱이 만약 밤에 죽은 자가 결코 광선들을 좇지 않은 채 위쪽으로 올라간다면, 광선을 좇는 것은 무의미하게 될 것이다.[44] 실로 [계시서는], 낮에 죽은 자는 광선들에 의존한 채 위쪽으로 올라가지만 밤에 죽은 자는 광선들에 전혀 의존하지 않은 채 위쪽으로 올라간다고, 이 [둘을] 구별하여 가르치지 않는다. 그리고 만약 심지어 지식을 가진 자가 단지 밤에 죽었다는 결함에 의해 위쪽으로 올라가지 못한다면, 지식의 결과가 선택적이므로[45] [그 누구도] 결코 그것(지식)에 종사하지 않을 것이다. 죽음의 시간은 조절되지 않기 때문이다. 그리고 이제 만약 밤에 죽은 자가 낮이 다가오기를 기다린다면, 비록 낮이 다가올지라도 그의 육체는 불 등과 접촉됨으로 말미암아[46] 어느 때라도 광선과 관계하기에 적합하지 않을 것이다. 그리고 "그는 [잠시] 마음을 놓아야 하는 동안에 태양으로 간다."〈찬도 8.6.5〉라는 계시는 기다림이 없다는

42_ 여름밤에는 낮의 뜨거운 광선들이 낳은 결과인 열 등을 경험한다.

43_ 원문은 'ahar evaitad rātrau dadhāti'이다. 이 문장을 "[태양은] 바로 그 하루를 밤에 만든다."라고 읽을 수도 있다.

44_ <찬도 8.6.5>에서 광선들을 따라 위쪽으로 올라간다고 일반적인 진술로 계시된 것은 무의미해질 것이다.

45_ 선택적(pākṣika)이므로=편파적이거나 불확실하므로.

46_ 불 등과 접촉됨으로 말미암아=화장됨으로 말미암아.

것을 보여준다.[47]

그러므로 밤이거나 낮이거나 실로 한결같이 그렇게 광선들을 좇는다.‖19‖

{ 11. '태양의 남진'이라는 주제: 수뜨라 20-21 }

20. 또한 이로부터 [즉 기다림이 가능하지 않고 지식의 결과가 선택적이지 않고 죽음의 시간이 조절되지 않기 때문에, 지식을 가진 자는] 심지어 태양의 남진에서 [죽더라도 지식의 결과를 얻는다].

ataś cāyane 'pi dakṣiṇe ‖20‖

[후론]: 또한 바로 이로부터, 즉 기다림이 가능하지 않기 때문에 또 지식의 결과가 선택적이지 않기 때문에 또 죽음의 시간이 조절되지 않기 때문에, 지식을 가진 자는 심지어 태양의 남진[48]에서 죽더라도 지식의 결과를 분명 얻는다.

태양의 북진에서 죽는 것이 고귀하다고 잘 알려져 있기 때문에, 비슈마[49]의 기다림을 보기 때문에, 또 "달이 차오르는 보름으로부터 [태양이] 북쪽으로 가는 그 여섯 달들에"〈찬도 4.15.5〉라고 계시되기 때문에 태양의 북진이 요청되어야만 한다는 그러한 의심을, 이 수뜨라는

47_ <찬도 8.6.5>는 지식을 가진 자가 죽음 이후에 그 마음을 잠시 추스르는 사이에 금방 태양에 도달한다는 것을 보여준다. 따라서 밤에 죽은 자가 낮이 다가오기를 기다릴 만한 시간이 없다.

48_ 태양의 남진(dakṣiṇa-ayana)=주로 겨울 동안에 태양이 적도의 남쪽에서 움직이는 경로.

49_ <마하>의 위대한 영웅이다.

제거한다. 고귀하다고 잘 알려져 있는 것은 지식을 가지지 못한 자와 관계한다. 비슈마의 기다림은 행위규범을 보호하기 위해서이고 또 아버지의 은총을 통해 획득한 죽음의 자기결정권을 표명하기 위해서이다. 한편 계시의 의미는[50] "[빛 등은 오직] 안내자이다; 그러한 표징 때문이다."〈수뜨라 4.3.4〉에서 말할 것이다.‖20‖

[전론]: 하지만 "이제, 바라따의 으뜸이여, 죽은 요가 수행자들이 되돌아오지 않음과 또 되돌아옴으로 나아가는 그러한 시간들에 관해, 나는 말할 것입니다."〈기따 8.23〉라며 특별히 시간을 [주제로] 시작한 뒤에, 전승서는 '다시 되돌아오지 않음'을 위해 낮 등의 특정한 시간을 규정하지 않는가? 어떻게 밤에 혹은 태양의 남진에서 죽은 자가 되돌아오지 않음으로 나아갈 수 있다는 말인가?

이에 대하여 말한다.

21. 또한, [만약 요가 수행자들의 예시로부터 밤이나 태양의 남진에서 죽은 자가 되돌아오지 않음으로 나아갈 수 없다고 한다면], 요가 수행자들에 관해서는 [낮 등의 시간을 적용하는 것이] 전승된다; 그리고 이러한 [요가나 상크야는] 전승서에 근거한 것일 [뿐 계시서에 근거한 것이 아니다].

yoginaḥ prati ca smaryate smārte caite ‖21‖

[후론]: 또한 요가 수행자들에 관해서는, 되돌아오지 않음을 위해 낮 등의 시간을 그렇게 적용하는 것이 전승된다. 그리고 이러한 요가나 상크야[51]는 전승서에 근거한 것일 뿐 계시서에 근거한 것이 아니다.[52]

50_ 계시의 의미는=인용된 계시 <찬도 4.15.5>의 의미는.

따라서 [계시서와 전승서 사이에] 주제(영역)가 차이 있기 때문에 또 권위가 차별적이기 때문에, 전승서에 근거하여 시간을 그렇게 적용하는 것은 계시서에 근거하는 지식들과 관계하여 여지가 없다.

[전론]: 그러한 '신의 길'과 '조상의 길'이 계시서에 근거하여 인지되고, "불과 빛과 낮과, 달이 차오르는 보름과, 태양이 북진하는 여섯 달."〈기따 8.24〉, "연기와 밤과, 달이 사그라지는 보름과, 태양이 남진하는 여섯 달."〈기따 8.25〉이라며 전승서에서마저 인지되지 않는가?

[이에 대하여] 대답한다.

[후론]: "그러한 시간들에 관해, 나는 말할 것입니다."〈기따 8.23〉라며 전승서에서 시간을 확언함으로 말미암아 [수뜨라 저자는 계시서와의] 모순을 염려함으로써 [이 수뜨라를 통해 모순의] 제거를 이렇게 언급한다. 한편 전승서에서마저 불 등의 신격들 자체가 [죽은 자에 대한] 안내자로 파악되는 경우에는 그 어떤 모순도 없다.[53]‖21‖

51_ 여기서 '상크야'는 지식 · 이론 · 원리 등의 의미로, '요가'는 행위 · 실천 · 적용 등의 의미로 받아들일 만하다. 이띠하사, 뿌라나 등의 전승서에서는 '상크야', '요가'라는 말이 쌍으로 등장하는 경우가 종종 있는데, 이 말들은 학파로서의 상크야, 요가와 단지 간접적으로 관계를 가진다고 알려져 있다.

52_ '전승서에 근거한 것'과 '계시서에 근거한 것'의 원어는 각각 'smārta'와 'śrauta'이다.

53_ 베단따에서 계시서와 전승서는 명목적으로 위상의 차이를 가지지만 실질적으로는 그렇지 않은 편이다. 그런데 여기서는 계시서와 전승서의 권위에 명백한 차이가 있다고 언급한다. 또한 전승서의 특정한 지식이 계시서의 지식과 관계하여 여지가 없다는 것을 보여준다. 그럼에도 주석가는 마지막 발언을 통하여 계시서와 전승서 사이에 모순이 있을 가능성을 철저하게 배제한다.

제3절

{ 1. '빛을 시작으로 함'이라는 주제: 수뜨라 1 }

1. [브라흐만을 얻고자 하는 모든 개별자아들은] 빛을 시작으로 하는 [행로를 따라 움직인다]; 그렇게 널리 알려져 있기 때문이다.

arcirādinā tatprathiteḥ ‖1‖

길의 시작에 이르기까지 떠남은 공통적이라고 말했다.

하지만 길은 여러 계시서들에서 다양한 방식으로 계시된다. 어떤 [계시서는] 경맥과 광선의 관계를 통해 "그러면 바로 이러한 광선들을 따라 위쪽으로 올라간다."〈찬도 8.6.5〉라고 한다. 어떤 [계시서는] "[그러한] 자들은 빛에 도달합니다. 빛으로부터 낮에"〈브리 6.2.15〉라며 빛을 시작으로 한다. 다른 [계시서는] "그는 '신의 길'이라는 이 길에 도달한 뒤에 불의 세상으로 옵니다."〈까우 1.3〉라고 한다. 다른 [계시서는] "실로 사람이 이 세상으로부터 떠날 때, 그는 공기(바람)로 온다."〈브리 5.10.1〉라고 한다. 또한 다른 [계시서는] "… 자들은 더럼이 없어진 채 태양의 관문을 통해 … 떠난다."〈문다 1.2.11〉라고 한다.

이 경우에 의문이 생긴다. 이러한 길들은 각각 상이한가, 또는 오직 하나의 [길이] 다양한 특징을 가지는가?

[전론]: 이 경우에 먼저 이러한 길들은 상이하다고 귀결된다. [이것들이] 상이한 맥락을 가지기 때문이다. 또한 [이것들이] 상이한 계속적 명상들에 부차적이기 때문이다. 더 나아가 '빛'을 시작으로 하는 [하나의 길을] 고려하는 경우에 "그러면 바로 이러한 광선들을 따라"라고 확정(강조)하는 것은 교란될 것이다.[1] 또한 "그는 [잠시] 마음을 놓아야 하는

1_ <찬도 8.6.5>에서 "그러면 바로 이러한 광선들을 따라"라는 표현은 '바로'(eva)

동안에 태양으로 간다."〈찬도 8.6.5〉라는 빠름에 대한 글귀는 침해당할 것이다. 따라서 이러한 길들은 서로 상이할 뿐이다.

이러한 귀결에서 "… 빛을 시작으로 하는"이라고 우리는 말한다.

[후론]: 브라흐만을 얻고자 하는 모든 이는 오직 빛을 시작으로 하는 행로를 따라 움직인다고 우리는 주장한다.

어떤 근거에서? 그렇게 널리 알려져 있기 때문이다. 실로 이러한 길은 모든 식자들에게 널리 알려져 있다. 그러한 증거로서, '빤짜그니(다섯 불)의 명상적 지식'에 대한 장절에서는 "믿음으로 삼림에서 존재를 계속 명상하는 그러한 자들은 [빛에 도달합니다]."〈브리 6.2.15〉라며 다른 명상적 지식을 실행하는 자들까지 빛을 시작으로 하는 길을 가진다는 것을 들려준다.

[전론]: 이러할 수도 있다. 그 어떤 여로도 말하지 않는 그러한 명상적 지식들은 빛을 시작으로 하는 그것(길)을 제공받을 수 있다. 하지만 다른 [여로를 분명] 말하는 그러한 명상적 지식들은, 도대체 왜 빛을 시작으로 하는 [길을] 받아들이는가!

이에 대하여 말한다.

[후론]: 만약 이러한 길들이 완전히 상이할 뿐이라면, 그건 그러할 것이다. 하지만 브라흐만 세상으로 나아가는 오직 하나의 이러한 길이, [이와 같이] 다양한 특징을 가지면서 그 어떤 곳에서 그 어떤 특징으로 지시된다고, 우리는 말한다. 모든 곳에서 하나의 부분(자리)이 인지됨으로 말미암아 각각 특징과 본체의 관계가 합당하기 때문이다.[2] 실로

라는 확정 또는 강조를 보여준다. 따라서 빛을 시작으로 하는 하나의 길만을 받아들이는 경우에 광선을 시작으로 하는 길을 확정하는 이 계시는 그 권위를 잃어버릴 것이다.

2_ 인용한 모든 계시들에서는 각각 광선, 빛, 불, 공기 등 단지 하나의 부분(자리)만이 언급된다. 따라서 모든 계시들에 대해 '특징을 가지는 하나의 본체(viśeṣya)'와 '다양한 특징(viśeṣaṇa)'의 관계가 충분히 적용 가능하다고 말할 수 있다. 결

맥락이 상이하더라도 명상적 지식이 하나인 경우에는 각각 특징(세부사항)들을 공유하듯이 여로(길)의 특징들까지 공유한다. 그리고 명상적 지식이 상이한 경우마저 [동일한] 여로의 한 부분(자리)이 인지되기 때문에 또 목적지가 동일하기 때문에, 여로는 동일할 따름이다. 그러한 예시로서, "그들은 그 브라흐만 세상들에서 지고한 자로 영구히 삽니다."〈브리 6.2.15〉, "그곳에서 영원한 해를 산다."〈브리 5.10.1〉, "브라흐만의 어떤 승리이든 그는 그 승리를 얻고, 브라흐만의 어떤 결과(성공)이든 그는 그 결과(성공)를 얻습니다."〈까우 1.7〉, "그래서 금욕(학습)을 통해 그러한 브라흐만 세상을 찾은 바로 그들은"〈찬도 8.4.3〉이라며, 여기저기에서 '브라흐만 세상에 도달하는 것'으로 지시되는 바로 그러한 하나의 결과가 제시된다.

한편 빛을 시작으로 하는 [길을] 받아들이는 경우에 "바로 이러한"이라며 확정(강조)하는 것이 불가능하다는 것에 관해서는, 그러한 결함이 없다. 이는 광선의 획득을 의도하기 때문이다.[3] 실로 '바로'라는 하나의 말이 광선을 전하는 [동시에] 빛을 시작으로 하는 것을 배제할 수는 없다. 따라서 그것은 오직 광선과의 관계를 강조한다고 간주해야만 한다.

한편 빠름에 대한 글귀는, 심지어 빛을 시작으로 하는 [길을] 고려하는 경우에도 다른 목적지와 비교해서 빠르다는 것을 의미하기 때문에, 부인되지 않는다. 예컨대 '눈 깜박할 사이에 그곳에 도착한다'에서이다.[4]

더 나아가 "이제 이 두 길의 어느 하나도 [따르지] 않는 그들은"〈찬도

국 다양한 특징을 가지는 하나의 길이 계시된다.

3_ 〈찬도 8.6.5〉에서 '바로'를 통해 광선을 언급하는 것은 개별자아가 밤에 죽더라도 광선을 획득할 수 있다는 점을 강조하기 위해서이다. 결국 광선의 획득을 의도하는 강조일 뿐이기에 '빛을 시작으로 하는 길'과 모순되지 않는다.

4_ 실제로 눈 깜박할 사이에 도착한다는 의미가 아니라 상대적으로 매우 빨리 도착한다는 의미이다.

5.10.8〉[5]이라며 두 개의 길을 벗어나버린 자들이 얻는 가혹한 제3의 상태를 전함으로써, '조상의 길'과는 구별되는 오직 하나의 '신의 길'을 즉 빛 등의 단계를 가지는 길을 드러낸다. 빛을 시작으로 하는 길을 [언급하는 계시에는] 길의 단계들이 더 많지만, 다른 곳들에는 더 적다. 그리고 더 많은 것에 호응하여 더 적은 것을 다루는 것이 정당하므로, 이로부터 또한 [수뜨라 저자는] "[브라흐만을 얻고자 하는 모든 개별자아들은] 빛을 시작으로 하는 [행로를 따라 움직인다]; 그렇게 널리 알려져 있기 때문이다."라고 말한다.‖1‖

{ 2. '공기'라는 주제: 수뜨라 2 }

2. [그들은] '한 해'로부터 '공기'에 [도달한다]; 비(非)특정적 진술과 특정적 진술 때문이다.

vāyum abdād aviśeṣaviśeṣābhyām ‖2‖

그렇다면 그 어떤 특정한 배열에 따라 여로(길)의 특징들이 각각 특징과 본체의 관계를 가지는가? 그래서 이에 대해 대스승은 호의적인 채로 매듭짓는다.

까우쉬따낀들은 "그는 '신의 길'이라는 이 길에 도달한 뒤에 불의 세상으로 옵니다. 그는 공기의 세상으로 옵니다. 그는 바루나의 세상으

5_ 보다 온전한 내용은 다음과 같다: "이제 이 두 길의 어느 하나도 [따르지] 않는 그들은 반복적으로 되돌아오는(윤회하는) 그러한 매우 작은 존재들입니다. '태어나라! 죽으라!'라는 그것이 제3의 상태입니다. 이 때문에 저 세상은 가득 채워지지 않습니다. 따라서 [그것을] 혐오해야 합니다."

로 옵니다. 그는 인드라의 세상으로 옵니다. 그는 쁘라자빠띠(비라뜨)의 세상으로 옵니다. 그는 브라흐만 세상으로 옵니다."〈까우 1.3〉라며 '신의 길'이라는 길을 언급한다.

이러한 사정에서 먼저 '빛'과 '불의 세상'이라는 말은 [모두] 타오름을 의미함으로 말미암아 같은 의미를 가지므로, 이 경우에는 그 어떤 배열의 순서라도 찾을 필요가 없다. 하지만 빛을 시작으로 하는 [찬도그야의] 경로에서 계시되지 않는[6] 공기는 어느 자리에 놓여야만 하는가?[7]

[이에 대하여] 대답한다.

[후론]: "[그러한] 자들은, 바로 그 빛에 도달합니다.[8] 빛으로부터 낮에, 낮으로부터 달이 차오르는 보름에, 달이 차오르는 보름으로부터 [태양이] 북쪽으로 가는 그 여섯 달들에, [여섯] 달들로부터 한 해에, 한 해로부터 태양에"〈찬도 5.10.1-2〉라는 곳에서 [그들은] 한 해의 뒤에 있고 태양의 앞에 있는 공기에 도달한다.

무엇 때문에? 비특정적 진술과 특정적 진술 때문이다. 그러한 예시로서, "그는 공기의 세상으로 옵니다."라는 곳에서 특정하지 않은 채로 가르친 공기를, 다른 계시서에서 "실로 사람이 이 세상으로부터 떠날 때, 그는 공기(바람)로 온다. 그를 위해 그것(공기)은 수레바퀴의 구멍처럼 그곳에 구멍을 낸다. 그것(구멍)을 통해 그는 위쪽으로 올라간다. 그는 태양으로 온다."〈브리 5.10.1〉라며 특정한 채로 가르친다고 알려진다. 태양에 앞서 공기가 보이는 이러한 특정적 진술로 말미암아 한 해와 태양의 사이에 공기가 놓여야만 한다.

[반박]: 그렇다면 불 다음에 [공기가] 보이는 특정적 진술을 통해, 왜

6_ * '계시되지 않는'(na śrutaḥ)이라는 표현은 Nirnaya에만 추가로 등장한다.

7_ <까우 1.3>에서 빛(불) 다음에 언급되는 공기는 <찬도>에서 언급되지 않는다.

8_ <찬도 5.10.1>의 원문에는 '바로 그'(eva)라는 표현이 없다. 그럼에도 주석가는 강조를 위해 이 표현을 사용한다.

빛에 곧 이어서 공기가 놓이지는 않는가?

[후론]: 그러한 특정적 진술이 없다고 우리는 말한다.

[반박]: "그는 '신의 길'이라는 이 길에 도달한 뒤에 불의 세상으로 옵니다. 그는 공기의 세상으로 옵니다. 그는 바루나의 세상으로 옵니다." 라는 계시가 [특정적 진술로] 인용되었지 않는가?

[이에 대하여] 대답한다.

[후론]: 그 경우에 원문(原文) 읽기는 오로지 전후관계로 한정된다.[9] 그 경우에는 순서를 의미하는 그 어떤 말도 없다. 왜냐하면 그 경우에는 '이것으로 또 이것으로 옵니다'라며 단지 대상을 보여주는 데 그치기 때문이다. 한편 다른 경우에는, 공기에 의해 주어진 수레바퀴 크기의 열린 구멍을 통해 위쪽으로 올라간 뒤에 태양으로 온다는 순서가 알려진다. 따라서 "비특정적 진술과 특정적 진술 때문이다."라고 말하는 것은 적절하다.

한편 바자사네인들은 "[여섯] 달들로부터 신격의 세상에, 신격의 세상으로부터 태양에"〈브리 6.2.15〉라고 전한다. 이 경우에 태양과의 연속성을 위해 [그들은] 신격의 세상으로부터 공기에 [먼저] 도달해야 한다.[10] 하지만 [수뜨라 저자는] "[그들은] '한 해'로부터 '공기'에 [도달한다] …"라며 찬도갸의 계시와 관련하여 언급한다. 결국 찬도그야와 바자사네야까에서는 [각각] 한 곳에서 신격의 세상이 존재하지 않고 다른 곳에서 한 해가 존재하지 않는다. 그 경우에 두 개의 계시에 근거하여 두 가지 모두가 두 곳에서 재조정되어야만 한다. 다만 그 경우에도 한 해는 달(여섯 달들)과 연계됨으로 말미암아 앞서고 신격의 세상은 나중이라고 분별해야만 한다.[11] ‖2‖

9_ <까우 1.3>의 원문은 각각의 대상들이 단지 앞뒤로 놓여 있는 관계일 뿐이라고 한정된 채로 읽힌다.

10_ 앞서 공기는 태양 바로 앞의 순서라고 결론이 났기 때문이다.

{ 3. '번개'라는 주제: 수뜨라 3 }

3. 번개보다 위에(나중에) 바루나가 [제시된다]; [번개와 바루나의] 관계 때문이다.

tad̤ito 'dhi varuṇaḥ saṃbandhāt ‖3‖

[후론]: "태양으로부터 달에, 달로부터 번개에 [그들은 도달한다]."〈찬도 4.15.5〉의 그 번개보다 나중에 "그는 바루나의 세상으로 옵니다."〈까우 1.3〉의 그 바루나가 제시되어야 한다. 왜냐하면 번개와 바루나는 관계를 가지기 때문이다. 실로 구름의 내부에서 날카로운 천둥소리를 가지는 거대한 번개들이 춤출 때에, 그러면 물(비)이 떨어진다. 또한 "'번개가 친다. 천둥이 울린다. 실로 비가 내릴 것이다.'"〈찬도 7.11.1〉라는 브라흐마나가 있다. 그리고 바루나는 물의 지배자라고 계시서와 전승서에서 잘 알려져 있다.[12]

바루나보다 위에(나중에)는 인드라와 쁘라자빠띠가 있다. [그들을 위한] 다른 자리가 없기 때문이고, 또 원문의 효력 때문이다. 바루나 등은 다만 우연적인 것임으로 말미암아 오직 마지막에 자리 잡는다. 특정한 자리가 없기 때문이다.[13] 결국 빛을 시작으로 하는 경로(길)에서는 번개가 마지막이다.‖3‖

11_ 따라서 최종적인 순서는 '여섯 달들, 한 해, 신격의 세상, 공기, 태양'이다.

12_ 바루나(Varuṇa)=가장 오래된 베다의 신들 가운데 하나로서 하늘, 구름, 물, 강, 바다와 연계된 신이다. 여기서는 바루나를 비의 신으로 이해한다. 바루나는 공기(Vāyu)를 움직여 비와 곡물을 제공한다고 한다.

13_ 이러한 까닭에 <찬도 4.15.5>, <브리 6.2.15> 등지에서는 바루나 등을 언급하지 않는다.

{ 4. '안내자'라는 주제: 수뜨라 4-6 }

4. [빛 등은 오직] 안내자이다; 그러한 표징 때문이다.

ātivāhikās talliṅgāt ‖4‖

빛을 시작으로 하는 바로 이것들과 관계하여 의문이 생긴다. 이것들은 길의 표지인가, 아니면 향유의 장소인가, 아니면 움직이는 자(영혼)들의 길잡이(안내자)인가?

[전론]: 이 경우에 먼저 빛 등은 길의 징표인 것들이라고 귀결된다. 본질적으로 그것(징표)을 가르치기 때문이다. 실로 예컨대, 이 세상에서 마을 혹은 도시로 나아가고자 하는 누군가에게 '그대는 이곳으로부터 저 언덕으로 가시오. 그곳으로부터 무화과나무로, 그곳으로부터 강으로 가시오. 그대는, 그곳으로부터 마을에 혹은 그곳으로부터 도시에 도달할 것이오.'라고 가르치듯이, 마찬가지로 이 경우에도 '빛으로부터 낮에, 낮으로부터 달이 차오르는 보름에'라는 등을 말한다.

또 다른 해설로서, [빛 등은] 향유의 장소라고 귀결된다. 그러한 증거로서, 불 등은 '세상'이라는 말과 결부된다. "불의 세상으로 옵니다."〈까우 1.3〉라는 등에서이다. 또한 '세상'이라는 말은 생명체들이 향유하는 처소들과 관계하여 언급된다. "인간의 세상, 조상의 세상, 신격의 세상"〈브리 1.5.16〉에서이다. 또한 그와 같이 "그들은 낮과 밤의 세상들에 매달린다."[14]〈샤따-브 10.2.6.8〉라는 등의 브라흐마나도 있다.

14_ 제의의 결과를 낮의 세상에 비유하고 계속적 명상의 결과를 밤의 세상에 비유한다.

따라서 빛 등은 안내자가 아니다. 또한 이것들은 의식체가 아님으로 말미암아 안내자로 합당하지 않다. 왜냐하면 이 세상에서는 왕에 의해 고용된 의식체인 사람들이 '가기 어려운 길'들에서 여행자(사신)들을 안내하기 때문이다.

이러한 귀결에서 우리는 말한다.

[후론]: 이것들은 오직 안내자여야만 한다.

어떤 근거에서? 그러한 표징 때문이다. 그러한 증거로서, "태양으로부터 달에, 달로부터 번개에 [그들은 도달한다]. 그때에 그 초인간적인 뿌루샤가 그들을 브라흐만으로 이끈다."〈찬도 4.15.5〉에서는 확립된 것으로서 '이끄는(안내하는) 자'를 보여준다.

[전론]: 그 글귀는 오직 그것과 관계하여 쓰인다.[15]

[후론]: 아니다. ['초인간적인'이라는] 한정어는 [앞서] 확립된 '인간이라는 것'을 배제하려는 의도이기 때문이다.[16] 만약 빛 등과 관계하여 이끄는 자들이 뿌루샤라고 확립되었고 또 이것들이 인간이라고 확립되었다면, 그 경우에 이를 배제하기 위해 뿌루샤의 한정어로서 '초인간적인'이라는 [표현을 쓰는 것은] 합리적이다.[17]‖4‖

15_ <찬도 4.15.5>에서 "그때에 그 초인간적인 뿌루샤가 그들을 브라흐만으로 이끈다."라는 글귀는 오직 초인간적인(마누의 세상에서 태어나지 않은) 뿌루샤가 '이끄는 자'라는 것을 보여줄 뿐이다. 그 앞의 번개 등마저 '이끄는 자'라는 것을 보여주지는 않는다. 다시 말해, 그 글귀는 오직 초인간적인 뿌루샤와 관계하여 소모된다. 번개 등으로 확대적용되지 않는다.

16_ '초인간적인'(amānava)이라는 한정어는, 앞서 제시된 '빛에서 시작하여 번개로 끝나는 것들'이 인간(mānava)이라고 확립되었기 때문에 브라흐만으로 이끄는 뿌루샤마저 인간에 지나지 않는다고 간주하는 것을 배제하려는 의도이다.

17_ 이를 배제하기 위해=이끄는 자라고 확립된 인간적인 뿌루샤를 배제하기 위해. 이러한 해석에서는, 인간으로서의 뿌루샤이든 초인간으로서의 뿌루샤이든 모두 의식체로서의 뿌루샤이기 때문에, 결과적으로 빛 등은 안내자일 수 있다.

[전론]: 논리가 없음으로 말미암아 그러한 표징 그 자체는 증표(증명수단)가 아니지 않는가?[18]

[후론]: 그러한 결함은 없다.

5. [만약 그러한 표징 그 자체는 증명수단이 아니라고 한다면, 그러한 결함은 없다]; 양자에서의 [즉 '길을 가는 자들'과 '빛 등'에서의] 곤란함으로 말미암아[19] [신격들이 안내자로 고용됨으로써] 그렇게 실증되기 때문이다.

ubhayavyāmohāt tatsiddheḥ ‖5‖

먼저 빛을 시작으로 하는 길을 가는 자들은 육체와 분리됨으로 말미암아 기관의 집합이 오그라들므로 자립적이지 않다.[20] 심지어 빛 등도 비의식체임으로 말미암아 자립적이지 않다. 그래서 결국 빛 등을 자기로 가정하는 '의식체로서의 특별한 신격들'이 [브라흐만 세상으로] 넘어가는 일에 고용된다고 알려진다.[21] 실로 이 세상에서마저 술 취한 자, 기절한 자 등은 기관들이 오그라든 채로 타인이 이끄는 길을 따른다.

또한 빛 등은 일정하지 않기 때문에[22] 길의 징표(표지)로 합당하지 않

18_ 빛 등이 안내자라는 논리(논증)가 없는 이상, 표징이 그 자체만으로 증표(gamaka) 즉 증명수단일 수는 없지 않는가?

19_ 수뜨라에서 'vyāmoha'라는 말을 '의식이 없음'으로 읽는 경우가 많지만, 주석가의 주석을 고려하고 이 말의 본래 의미를 최대한 살려서 '곤란함'으로 읽는다.

20_ 자립적이지 않다(asvatantra)=다른 것에 의존해서 움직일 수 있을 뿐 독립적으로 움직일 수 없다.

21_ 신격들이 안내자로 고용되는 이유는 '길을 가는 자들'과 '빛 등'이 모두 자립적이지 않기 때문이다. 바로 이 '자립적이지 않음'이 수뜨라에서 말하는 '곤란함'이다.

22_ 일정하지 않기 때문에=항상 존재하지는 않기 때문에.

다. 실로 밤에 죽은 자가 낮 그 자체에 도달하는 것은 가능하지 않다. 그리고 [낮이 다가오는 것에 대한] 기다림도 없다고 앞서 언급했다.[23] 반면에 신격을 본질로 하는 [빛 등은] 항구적이기 때문에 이러한 결함이 생기지 않는다. 게다가 그(신격)들이 빛 등을 자기로 가정함으로 말미암아 그들에 대해 '빛' 등의 말이 [사용되는 것은] 합당하다.

물론 "빛으로부터 낮에"〈찬도 4.15.5; 5.10.1〉라는 등의 언급은 심지어 [빛 등이] 안내자인 경우에도 모순되지 않는다. 빛이라는 수단에 의해[24] 낮에 도달하고, 낮이라는 수단에 의해 달이 차오르는 보름에 도달한다는 [뜻이기 때문이다]. 또한 그와 같이 이 세상에서는, 다만 잘 알려져 있는 안내자들과 관계하여, 다음과 같은 종류의 가르침이 살펴진다: '그대는 이곳으로부터 발라바르만에게 가시오. 그로부터 자야싱하에게 가고, 그로부터 끄리슈나굽따에게 가시오.'

더 나아가 시작에서는 "[그러한] 자들은 빛에 도달합니다."〈브리 6.2.15〉라며 단지 [일반적인] 관계를 언급할 뿐 그 어떤 특정한 관계를 언급하지 않는다. 하지만 끝에서는 "[그 초인간적인 뿌루샤가] 그들을 브라흐만으로 이끈다."〈찬도 4.15.5〉라며 여행자와 안내자로 지시되는 특정한 관계를 언급한다.[25] 이로부터 시작에서마저 바로 그것(특정한 관계)을 [언급한다고] 확정된다.

23_ <주석 4.2.19> 참조.

24_ 빛이라는 수단에 의해=빛이라는 안내자에 의해.

25_ 주석가는 상이한 계시서의 계시들인 <브리 6.2.15>와 <찬도 4.15.5>를 각각 한 맥락(장절)에서의 '시작'과 '끝'으로 간주한다. 아마도 <찬도 4.15.5>의 시작되는 문장에서 "실로 그들은 빛에 도달한다."라는 것을 인용해야 하는데 "[그러한] 자들은 빛에 도달합니다."<브리 6.2.15>라는 것을 잘못 인용한 듯하다. 어떤 경우이든지, 이 맥락의 시작에서는 '그들'과 '빛' 사이에 일반적인 관계만 드러난다. 반면에 끝에서는 '브라흐만으로 이끈다'라는 특정한 내용이 들어감으로써 '그들'과 '초인간적인 뿌루샤' 사이에 각각 '여행자'와 '안내자'라는 특정한 관계가 드러난다.

더욱이 실로 기관들이 오그라들기 때문에 움직이는 자들이 그곳에서 향유하는 것이란 불가능하다. 그리고 '세상'이라는 말은 심지어 향유하지 않으면서 움직이는 자들과 관계하여 설명될 수 있다. [각각의 세상은] 그 세상에 사는 다른 [생명체가] 향유하는 장소이기 때문이다.[26] 결국 불(신격)이 주인인 세상에 도달한 자는 불에 의해 안내되고, 공기가 주인인 세상에 도달한 자는 공기에 의해 안내된다고 해석할 수 있다.‖5‖

[전론]: 그렇다면 안내자라는 입장에서는, 어떻게 바루나 등에 관해 그 [입장이] 적합하다는 말인가? 왜냐하면 번개보다 위에(나중에) 바루나 등이 언급되지만 번개에 곧 이어서 브라흐만에 도달할 때까지 바로 그 초인간적인 뿌루샤가 '이끄는 자'(안내자)라고 계시되기 때문이다.[27]

이로부터 답변을 한다.

6. [만약 번개에 곧 이어서 초인간적인 뿌루샤가 안내자인 경우에 바루나 등이 적합하지 않다고 한다면, 그들은] 그로부터 [즉 번개에 도달한 다음에], 바로 그 '번개에서 나오는 자'에 의해 [바루나의 세상 등에 안내된다]; 그렇게 계시되기 때문이다; [따라서 빛 등은 안내자

26_ 비록 빛 등에 대해 '세상'(향유하는 처소)이라는 말이 사용될지라도, 그 각각의 세상은 그곳에 사는 특정한 생명체가 향유하는 장소이기 때문에, 개별자아는 그 각각의 세상에서 향유하지 않은 채 그저 그 세상을 지나갈 뿐이라고 간주할 수 있다.

27_ <찬도 4.15.5> 참조: "태양으로부터 달에, 달로부터 번개에 [그들은 도달한다]. 그때에 그 초인간적인 뿌루샤가 그들을 브라흐만으로 이끈다." <까우 1.3> 참조: "그는 '신의 길'이라는 이 길에 도달한 뒤에 불의 세상으로 옵니다. 그는 공기의 세상으로 옵니다. 그는 바루나의 세상으로 옵니다. 그는 인드라의 세상으로 옵니다. 그는 쁘라자빠띠(비라뜨)의 세상으로 옵니다. 그는 브라흐만 세상으로 옵니다."

이다].

vaidyutenaiva tatas tacchruteḥ ‖6‖

[후론]: [그들은] '그로부터' 즉 번개에 도달한 다음에, 바로 그 번개에 곧 이어서 존재하는 '초인간적인 뿌루샤'에 의해 바루나의 세상 등에 안내됨으로써, 브라흐만 세상으로 간다고 이해해야만 한다. '그 초인간적인 뿌루샤가 [번개로] 와서 그들을 번개에 속하는 곳으로부터 브라흐만 세상으로 이끈다.'[28]라며, 바로 그가 '이끄는 자'라고 계시되기 때문이다. 물론 바루나 등은 장애를 만들지 않거나 그 어떤 조력을 행함으로써 바로 그에게 호의적이라고 이해해야만 한다.

그러므로 빛 등이 신격을 본질로 하는 안내자라고 말하는 것은 온당하다.‖6‖

{ 5. '결과'라는 주제: 수뜨라 7-14 }

7. [초인간적인 뿌루샤는 그들을] 결과 [그 자체인 하위 브라흐만으로 이끈다고] 바다리는 [생각한다]; 그것에 대해 '가는 것'이 합당하기 때문이다.

kāryaṃ bādarir asya gatyupapatteḥ ‖7‖

"그 [초인간적인 뿌루샤가] 그들을 브라흐만으로 이끈다."〈찬도

28_ <찬도 4.15.5>의 "태양으로부터 달에, 달로부터 번개에 [그들은 도달한다]. 그때에 그 초인간적인 뿌루샤가 그들을 브라흐만으로 이끈다."라는 문장을 주석가가 논리적으로 정리한 것으로 보인다.

4.15.5〉라는 것에 대하여 의문이 생긴다. [그는 그들을] 결과로서의 하위 브라흐만으로 이끄는가, 그렇지 않으면 변형되지 않고 오직 지고하며 으뜸인 브라흐만으로 이끄는가?

의문의 근거는? '브라흐만'이라는 말이 사용되기 때문이고, 또 '가는 것'이 계시되기 때문이다.[29]

[후론]: 이 경우에 초인간적인 뿌루샤는 그들을 '결과 그 자체이고 유속성인 하위 브라흐만'으로 이끈다고 대스승 바다리는 생각한다.

어떤 근거에서? 그것에 대해 '가는 것'이 합당하기 때문이다. 실로 그것이 즉 결과인 브라흐만이 '가는 곳'(목적지)이라는 것은 합당하다. 장소를 가지기 때문이다. 반면에 상위 브라흐만에 대해서는 '가는 자'나 '가는 곳'이나 '가는 것'이 가능하지 않다. 편재하기 때문이고, 또 가는(움직이는) 자들의 내재적 아뜨만이기 때문이다.‖7‖

8. 또한 [다른 계시서에서] 한정되기 때문에, ['가는 것'은 오직 결과로서의 브라흐만과 관계한다].

viśeṣitatvāc ca ‖8‖

또한 "브라흐만 세상들로 이끕니다. 그들은 그 브라흐만 세상들에서 지고한 자로 영구히 삽니다."〈브리 6.2.15〉라며 다른 계시서에서 한정되기 때문에, '가는 것'은 오직 결과로서의 브라흐만과 관계한다고 이해된다. 실로 ['세상들'이라는] 복수(複數)인 한정어는 상위 브라흐만에 대해 가능하지 않다. 반면에 결과로서의 [브라흐만에] 대해서는 상태의 차이가 합당하기 때문에 복수인 [한정어가] 가능하다.

29_ '브라흐만'이라는 말이 애매하게 사용되기 때문이고, 또 '브라흐만으로 이끈다'에서 브라흐만을 향해 '가는 것'(gati)이 계시되기 때문이다.

심지어 '세상'이라는 계시어는, 단지 변형물의 영역에 속하고 '들어가는 곳'이라는 특징을 가지는 '향유의 장소'와 직접적으로 관계한다. 반면에 다른 경우에는[30] "황제시여, 이것이 바로 그 브라흐만 세상입니다."〈브리 4.4.23〉라는 등에서와 [같이] 비유적(이차적) 의미이다. 또한 거처와 거주자를 지시하는 것마저 상위 브라흐만과 직접적으로 관계하지 않을 것이다.[31]

그러므로 그렇게 이끄는 것은 결과로서의 [하위 브라흐만과] 관계할 뿐이다.‖8‖

[전론]: 심지어 결과로서의 [하위 브라흐만과] 관계하는 경우에도 '브라흐만'이라는 말은 합당하지 않지 않는가? 왜냐하면 '조화'의 [장에서][32] 브라흐만이 전 세계의 생성 등에 대한 원인이라고 확립되었기 때문이다.

이에 대하여 말한다.

9. 하지만, [만약 결과로서의 하위 브라흐만과 관계하는 경우에도 '브라흐만'이라는 말이 합당하지 않다고 한다면, 하위 브라흐만이 상위 브라흐만과] 근사함으로 말미암아 ['브라흐만'이라는 말은] 그것(하위 브라흐만)을 지시한다.

sāmīpyāt tu tadvyapadeśaḥ ‖9‖

30_ 다른 경우에는=상위 브라흐만의 경우에는 '세상'이라는 말이.

31_ "그들은 그 브라흐만 세상들에서 지고한 자로 영구히 삽니다."<브리 6.2.15> 라는 계시에서는 거처(adhikaraṇa)와 거주자(adhikartavya)의 관계를 지시하지만, 상위 브라흐만은 결코 그러한 관계를 직접적으로 가질 수 없기 때문에 그 계시는 상위 브라흐만과 무관할 뿐이다.

32_ '조화'의 [장에서]=제1장에서.

[후론]: '하지만'이라는 말은 의문을 배제하기 위해서이다. 하위 브라흐만이 상위 브라흐만과 근사함으로 말미암아 심지어 그것(하위 브라흐만)에 대해 '브라흐만'이라는 말을 사용하는 것은 모순되지 않는다. 실로 바로 그 지고한 브라흐만이 순수한 한정자[33]와 연계된 채로 어떤 경우에 '마음으로 이루어진 것' 등과 [같은] '변형물의 그 어떤 특성들'을 가지는 것이라고 계속적 명상을 위해 가르쳐지는데, [그것이] 하위 [브라흐만이라고] 확립된다.‖9‖

[전론]: 결과로서의 [브라흐만에] 도달하는 경우에 '되돌아오지 않음'에 대한 계시는 적합하지 않지 않는가? 왜냐하면 상위 브라흐만을 제외한 채로는 그 어디에도 영원성이 속하지 않기 때문이다. 그리고 [계시서는] '신의 길'이라는 길을 따라 떠난 자들이 되돌아오지 않음을 보여준다. "이를 통해 도달한 자들은 이 '인간의 순환'으로 되돌아오지 않는다."〈찬도 4.15.5〉, "그들은 이 세상으로 다시 되돌아오지 않게 된다.",[34] "그는 그것을 따라 위로 가면서 불멸성에 도달하리라."〈찬도 8.6.6; 까타 6.16〉에서이다.

이에 대하여 우리는 말한다.

10. [만약 결과로서의 브라흐만에 도달하는 경우에 '되돌아오지 않음'에 대한 계시가 적합하지 않다고 한다면], 결과로서의 [브라흐만

33_ 주석가는 한정자에 대해 '순수한'(viśuddha)이라는 표현을 쓴다. 비록 하위(유속성) 브라흐만이 한정자와 연계된 것에 지나지 않을지라도, 그 브라흐만이 상대적으로 순수한 한정자와 연계된다는 점을 암시한다.

34_ <브리 6.2.15>의 마지막 문장인 "그들은 다시 되돌아오지 않습니다."라는 것과 유사하다. 이 문장을 인용으로 보지 않을 수도 있지만, 그 경우에 다음 인용문인 <찬도 8.6.6>과의 연결이 부자연스럽기 때문에 인용으로 보는 편이 더 낫다.

세상이] 사라질 때에 [그곳에서 참된 직관이 생긴 개별자아들은] '그것(세상)의 지배자'(히란야가르바)와 함께 그것보다 더 지고한 ['비슈누의 거처'로 나아간다]; ['되돌아오지 않음'에 대한 계시가] 언급되기 때문에 [점진적 해탈은 용인되어야만 한다].

kāryātyaye tadadhyakṣeṇa sahātaḥ param abhidhānāt ‖10‖

[후론]: 결과로서의 브라흐만 세상이 막 소멸되려고 할 때에, 바로 그곳에서 참된 직관이 생긴 [개별자아들은] 그것(세상)의 지배자인 히란야가르바와 함께 그것보다 더 지고한 '비슈누의 거처'로 즉 매우 순수하고 가장 높은 '비슈누의 거처'로 나아간다. '되돌아오지 않음' 등에 대한 계시가 언급됨으로써 이와 같은 점진적 해탈은 용인되어야만 한다. 왜냐하면 '가는 것'(감)을 내세운 채로 상위 [브라흐만에] 직접적으로 도달하는 것은 결코 가능하지 않다고 제시했기 때문이다.‖10‖

11. 또한 전승되기 때문에, ['가는 것'에 대한 계시들은 단지 결과로서의 브라흐만과 관계한다].

smṛteś ca ‖11‖

또한 전승서는 이러한 내용에 동의한다. "지고한 자(히란야가르바)의 종말에서 귀환이 다가올 때, 마음이 순화된 그들 모두는 브라흐마와 함께 지고한 거처로 들어간다."에서이다.

그러므로 '가는 것'에 대한 계시들은 단지 결과로서의 브라흐만과 관계한다는 것이 정론이다.‖11‖

[전론]: 그렇다면 어떤 전론을 의문시한 뒤에, "[초인간적인 뿌루샤는 그들을] 결과 [그 자체인 하위 브라흐만으로 이끈다고] 바다리는 [생각

한다] ⋯."〈수뜨라 4.3.7〉라는 등의 [수뜨라들을] 통해 이러한 정론을 정초했는가?

이제 [수뜨라 저자는] 그것(전론)을 [다음의] 수뜨라들 자체를 통해 보여준다.[35]

12. [반면에] 상위 [브라흐만을 전한다고] 자이미니는 [생각한다]; [상위 브라흐만이 '브라흐만'이라는 말의] 일차적 의미이기 때문이다.

paraṃ jaiminir mukhyatvāt ‖12‖

반면에 대스승 자이미니는 "그 [초인간적인 뿌루샤가] 그들을 브라흐만으로 이끈다."〈찬도 4.15.5〉라는 곳에서 바로 그 상위 브라흐만을 전한다고 생각한다.

어떤 근거에서? 일차적 의미이기 때문이다. 실로 상위 브라흐만이 '브라흐만'이라는 말의 일차적 의미이자 지시대상이다. 하위 [브라흐만은] 이차적 의미이다. 그리고 일차적 의미와 이차적 의미 가운데 일차적 의미에 동의하게 된다.‖12‖

13. 또한 [계시서에서 '가는 것'을 기인으로 하는 불멸성을] 보여주기 때문에, [상위 브라흐만을 전한다].

darśanāc ca ‖13‖

35_ 일반적으로 각 '주제'에서는 전론이 앞에 등장하고 후론이 뒤에 등장한다. 그와 달리 이 '주제'에서는 후론(정론)이 먼저 등장한 뒤에 전론이 등장한다. 즉 <수뜨라 4.3.7-11>이 후론과 정론이고, 이어질 <수뜨라 4.3.12-14>가 전론이다. <주석 4.3.11>의 마지막 문장에서 '정론'(siddhānta)이라는 말이 이를 뒷받침해 준다. 물론 주석가는 또 다시 <주석 4.3.14>에서 후론자의 입장을 보여준다.

또한 "그는 그것을 따라 위로 가면서 불멸성에 도달하리라."〈찬도 8.6.6; 까타 6.16〉에서는 '가는 것'을 기인으로 하는 불멸성을 보여준다. 그리고 불멸성은 상위 브라흐만에 대해 합당할 뿐 결과로서의 [브라흐만에] 대해 합당하지 않다. 결과인 [브라흐만은] 소멸하기 때문이다. "그리고 다른 것을 보고 … 경우에, 그것이 극소(極小)입니다. … [그리고 극소인] 것은 사멸입니다."〈찬도 7.24.1〉라고 가르치기 때문이다. 또한 까타발리에서는 그 '가는 것'이 오직 상위 [브라흐만과] 관계하여 언급된다. 실로 그곳에서 논의되는 바는 다른 지식이 아니다. "'다르마'와는 다른 것이라고 '다르마가 아닌 것'과는 다른 것이라고"〈까타 2.14〉라며 바로 그 상위 브라흐만을 논의되는 것으로 삼기 때문이다.[36]‖13‖

14. 또한 들어가려고 마음먹는 것은 '결과로서의 [브라흐만'과] 관계하지 않는다; [따라서 '가는 것'에 대한 계시들은 상위 브라흐만과 관계한다].

na ca kārye pratipattyabhisaṃdhiḥ ‖14‖

더 나아가 "나는 쁘라자빠띠의 회당(회합 장소)으로 들어가리라."〈찬도 8.14.1〉에서 그렇게 들어가려고 마음먹는 것은 '결과로서의 [브라흐만'과] 관계하지 않는다. "… 명칭과 형태의 산출자이다. 안에 그것들을 가지는 것은 브라흐만이다."〈찬도 8.14.1〉에서, 결과로서의 [브라흐만과는] 상이한 바로 그 상위 브라흐만이 논제이기 때문이다. 그리고 [그 논제가] "나는 영광이 되리라. 브라흐마나들의 [영광]"〈찬도

36_ <까타>는 <까타 2.14>에서 상위 브라흐만을 논제로 삼고 나서 그 이후에 상위 브라흐만에 대한 지식이 아닌 다른 지식을 별도로 논의하지 않는다. 따라서 <까타 6.16>에서 그 '가는 것'마저 오직 상위 브라흐만과 관계할 뿐이다.

8.14.1〉에서 '모든 것을 아뜨만으로 하는 것'으로 소개되기 때문이다.[37] 실로 "이름이 '위대한 영광'인 그에 대해서는, 닮은꼴이란 존재하지 않는다."〈슈베 4.19〉에서 오직 상위 브라흐만이 '영광'이라는 이름을 가진다고 잘 알려져 있기 때문이다.

게다가 '가는 것'을 기인으로 하여 [회합] 장소로 그렇게 들어가는 것은 '하르다(심장에 있는 것)의 명상적 지식'에서 언급된다. "그곳에는 '아빠라지따'(정복되지 않은)라는 브라흐만의 도시가, 주님께서 만든 황금으로 이루어진 [회당이 있다]."〈찬도 8.5.3〉라는 곳에서이다. 더욱이 '가다'(들어가다)라는 동사마저[38] '가는 것'을 의미함으로 말미암아 길을 필요로 한다고 이해된다.

따라서 '가는 것'에 대한 계시들은 상위 브라흐만과 관계한다는 것이 다른 입장(전론)이다.

[후론]: 대스승은 이러한 그 두 입장을 두 수뜨라들을 통해 말한다.[39] 하나의 [수뜨라들은] '가는 것이 합당함' 등이고, 다른 [수뜨라들은] '일차적 의미임' 등이다. 이 경우에 '가는 것이 합당함' 등이 '일차적 의미임' 등을 사이비로 만들 수 있을 뿐 '일차적 의미임' 등이 '가는 것이 합당함' 등을 사이비로 만들 수는 없으므로, 바로 그 전자가 정론이고 후자가 전론이라고 설명했다.

왜냐하면 다만 일차적 의미가 가능하지 않는 경우에, 바로 그 일차적 의미가 파악된다고는 그 누구도 [우리에게] 보증하지 않기 때문이

37_ <찬도 8.14.1>에서 인용된 문장들은 온전하게 다음과 같다: "'허공'이라고 불리는 것은 명칭과 형태의 산출자이다. 안에 그것들을 가지는 것은 브라흐만이다. 그것은 불멸이다. 그것은 아뜨만이다. 나는 쁘라자빠띠의 회당으로 들어가리라. 나는 영광이 되리라. 브라흐마나들의 [영광]"

38_ <찬도 8.14.1>에서 사용된 동사는 'prapadye'(들어가리라)이다. 이 동사는 접두사 pra와 √pad가 결합된 형태인데, √pad는 대개 '가다'라는 뜻을 가진다.

39_ 두 수뜨라들을 통해 말한다=두 개의 수뜨라 무리들을 통해 말한다.

다.[40] 또한 심지어 상위 지식의 맥락에서도 그것을 찬양할 목적으로 다른(하위) 지식과 관련되는 '가는 것'을 서술하는 것이 합당하다. "다른 자들은 떠날 때에 모든 쪽으로 [빠져나가게] 되리라."〈찬도 8.6.6; 까타 6.16〉에서와 같다.[41] 그리고 "나는 쁘라자빠띠의 회당(회합 장소)으로 들어가리라."라는 것이 앞선 문장과 단절됨으로써,[42] '들어가려고 마음먹는 것'은 다만 결과로서의 [브라흐만과] 관계해서도 모순되지 않는다. 또한 심지어 유(有)속성 브라흐만에 대해서 '모든 것을 아뜨만으로 하는 것'이라고 언급하는 것은 "모든 행위를 하고, 모든 욕망을 가지며"〈찬도 3.14.2; 3.14.4〉라는 등과 같이 가능하다.

따라서 '가는 것'에 대한 계시들은 단지 하위 [브라흐만과] 관계한다.

한편 혹자들은, 앞의 것들이 전론에 대한 수뜨라들이고 뒤의 것들이 정론에 대한 수뜨라들이므로, 그러한 꼴(모양새)에 호응하면서, '가는 것'에 대한 계시들이 상위 [브라흐만과] 관계할 뿐이라고 정초한다. 브라흐만이 '가는 곳'(목적지)으로 합당하지 않기 때문에 이는 합당하지 않다. 상위 브라흐만은 "허공(에테르)처럼 편재하고 영원한", "직접적일 뿐 간접적이지 않은 브라흐만이자 모든 것의 안에 있는 아뜨만."〈브리 3.4.1〉, "정녕 아뜨만은 이 모든 것입니다."〈찬도 7.25.2〉, "실로 브라흐만은 이 모든 것이고 그 제일의 것이다."〈문다 2.2.11〉라는 등의 계시들에서 모든 것에 널리 미치고 모든 것의 안에 있으며 모든 것을 아

40_ 주석가는 "그 초인간적인 뿌루샤가 그들을 브라흐만으로 이끈다."<찬도 4.15.5>라는 계시에서 '브라흐만'이라는 말의 일차적 의미가 전적으로 불가능하다는 점을 에둘러 표현한다.

41_ <찬도 8.6.6>은 '상위 지식을 가진 채로 정수리로 빠져나가는 개별자아'를 논제로 삼는다. 그래서 정수리가 아닌 다른 곳들로 빠져나가는 것에 관한 서술은 오직 상위 지식을 찬양하기 위해서일 뿐이다.

42_ "… 명칭과 형태의 산출자이다. 안에 그것들을 가지는 것은 브라흐만이다."라며 상위 브라흐만을 논제로 삼는 앞선 문장과 단절됨으로써.

뜨만으로 한다고 확정된 특성을 가지며, 그 어떤 경우라도 그것에 대해 '가는 곳'이란 합당하지 않다. 왜냐하면 이미 간 것(곳)으로 가지는 못하기 때문이다.[43] 실로 이 세상에서는 어떤 것이 [그 자체와는] 다른 것으로 간다고 잘 알려져 있다.

[전론]: 이 세상에서는 심지어 [이미] 간 곳이 다른 공간이라고 한정됨으로써 '가는 곳'(목적지)이 된다고 알려지지 않는가?[44] 예컨대 다만 지상에 머무는 자는, [지상의] 다른 공간을 매개로 하여 [바로 그] 지상으로 간다.[45] 그리고 소년이 [미래의 노인과] 동일함에도 '오직 자기 자신으로 존재하고 다른 시간에 의해 한정된 노년'을 '가는 곳'으로 한다고 알려지듯이, 그와 마찬가지로 브라흐만도 전능함을 가짐으로 말미암아 어쨌든 '가는 곳'일 수 있다.

[후론]: 아니다. 브라흐만에 대해서는 모든 특성들이 부정되기 때문이다. "부분이 없고 동작이 없으며 평온이고 과실이 없으며 오점이 없는 그를!"〈슈베 6.19〉, "그것은 광대하지도 않고 미세하지도 않으며, 짧지도 않고 길지도 않으며"〈브리 3.8.8〉, "실로 안과 밖 모두이고 생성되지 않은 것이며"〈문다 2.1.2〉, "실로 그러한 그 위대하고 생성되지 않은 아뜨만은, 늙음이 없는 것이고, 죽음이 없는 것이며, 불멸이고, 두려움이 없는 것이며, 브라흐만이다."〈브리 4.4.25〉, "그러한 이 아뜨만은 이러한 것도 아니고 그러한 것도 아닙니다."〈브리 3.9.26〉라는 등의 계시서 · 전승서 · 논리로 말미암아, 지고한 아뜨만이 특정한 공간 · 시간 등과[46] 연계되는 것을 생각할 수는 없다. [만약 그렇게 연

43_ 왜냐하면 이미 도달해 있는 것(곳)에 도달하지는 못하기 때문이다.

44_ 이미 간 곳조차도 그 어떤 변화나 조건에 따라 다른 공간이라고 한정된다면 마치 새로운 곳을 가는 경우인 양 목적지로서 '가는 곳'이 될 수 있지 않는가?

45_ 이미 지상에 머무는 자가 지상의 다른 공간으로 간다면 그는 바로 그 동일한 지상으로 간 셈이 된다.

46_ 'deśakālādi-viśeṣa-'(특정한 공간 · 시간 등과)라는 표현을 '공간 · 시간 등에

계된다면], '지상의 장소'나 '연령대의 상태'라는 논리에 따라, 그것(지고한 아뜨만)은 '가는 곳'일 수 있다.[47] 반면에 지상이나 연령대는 특정한 장소나 특정한 상태 등과 연계되기 때문에 공간이나 시간에 의해 한정됨으로써 가는 곳으로 합당하다.

[전론]: 브라흐만은 세계의 생성 · 유지 · 소멸의 원인인 것이라고 계시됨으로 말미암아 다양한 힘(권능)을 가진다.

[후론]: 아니다. 특성을 부정하는 계시들은 다른 의미를 가지지 않기 때문이다.[48]

[전론]: 생성 등에 대한 계시들마저 다른 의미를 가지지 않는 것은 똑같다.

[후론]: 아니다. 그것들은[49] [브라흐만의] 유일성을 제시하려는 의도를 가지기 때문이다. 실로 찰흙 등의 예시들을 통해 '유일하게 존재하는 브라흐만'이 실재(진실)이고 변형이 비실재(허위)라는 것을 제시함으로써, 성전은 생성 등을 의도하는 것일 수가 없다.

[전론]: 그렇다면 왜 생성 등에 대한 계시들이 특성을 부정하는 계시들에 부차적이고, 그 반대로 후자가 전자에 부차적이지는 않는가?

[이에 대하여] 대답한다.

[후론]: 특성을 부정하는 계시들은 '기대하는 것이 없어짐'[50]을 목적으로 하기 때문이다. 실로 아뜨만의 유일성, 영원성, 순수성 등이 알려져

서의 특성들과'라고 읽을 수도 있다. '특정한 공간 · 시간 등과'라고 읽는 이유는 뒤따르는 문장을 살펴보면 쉽게 알 수 있다. '공간 · 시간 등에서의 특성들과'라고 읽을 수도 있는 이유는, 바로 앞의 문장에서 모든 특성들의 부정을 언급하기 때문이다.

47_ 하지만 그렇게 연계되는 것을 생각조차 할 수 없으므로, 지고한 아뜨만은 '가는 곳'일 수 없다.

48_ 특성을 부정하는 계시들은 오직 특성을 부정하는 의미만을 가지기 때문이다.

49_ 그것들은=생성 등에 대한 계시들은.

50_ '기대하는 것이 없어짐'의 원어는 'nirākāṅkṣā'이다.

있는 경우에는 좀 더 기대하는 그 어떤 것도 생기지 않는다. 인간의 목표가 종결되었다는 생각이 발생하기 때문이다. “그 경우에 [아뜨만의] 유일성을 바라다보는 자에게 무슨 미혹이 있겠고 무슨 슬픔이 있겠는가!”〈이샤 7〉, “자나까여, 당신은 실로 두려움이 없음에 도달했습니다.”〈브리 4.2.4〉, “… 아는 자는 아무것도 두려워하지 않으리라. ‘나는 왜 선을 행하지 않았는가? 나는 왜 악(죄)을 행했는가?’라는 것은, 실로 그에게 고통을 주지 못한다.”〈따잇 2.9.1〉라는 등의 계시들에서이다. 그리고 바로 그와 같이, 지식이 있는 자들이 만족을 경험하는 것 등을 보기 때문이다. 또한 변형인 비실재(허위)를 목표로 삼는 것을 힐난하기 때문이다. “이곳에 마치 다양함이 있는 듯이 보는 자는, 죽음으로부터 죽음으로 향한다.”〈까타 4.10〉에서이다. 따라서 특성을 부정하는 계시들이 다른 [계시들에] 부차적이라고 이해할 수는 없다.

그와 달리 생성 등에 대한 계시들은 ‘기대하는 것이 없어짐’이라는 목적을 제시하는 데 적절하지 못하다. 그리고 명백하게 그것들은 다른 목적을 가지게 된다. 그러한 증거로서, “이러하기에, 얘야, 그것(육체)이 솟아난 싹임을 알도록 해라. 그것은 뿌리가 없이 가능하지 않다.”〈찬도 6.8.3〉라고 제시한 뒤에, 결론에서는[51] 세계의 뿌리(근원)로서 유일한 존재 자체가 ‘알아야만 하는 것’임을 보여준다. 또한 “정녕 그 무엇으로부터 이러한 존재들이 태어난다. 그 무엇에 의해서 태어난 것들이 살아간다. 그 무엇으로 [태어난 것들이] 나아가고 되들어간다. 그것을 알고자 욕구하라. 그것이 브라흐만이다.”〈따잇 3.1.1〉라고 [보여준다].

이와 같이 생성 등에 대한 계시들이 아뜨만의 유일성에 대한 직접적 앎을 목적으로 하기 때문에 브라흐만은 다양한 힘을 가지는 것이 아니

51_ 결론에서는=〈찬도 6.8.6-7〉에서는.

다. 따라서 또한 [상위 브라흐만은] '가는 곳'으로 합당하지 않다. 그리고 "[아뜨만을 욕망하는] 자의 생기(기관)들은 떠나지 않습니다. 브라흐만 자체로 존재하면서 브라흐만에 되들어갑니다."〈브리 4.4.6〉라며 상위 브라흐만에 대해서는 '가는 것'을 배제한다. 이는 "[이와 같이 주장한 것은, 그렇지 않다]; 왜냐하면 [육체로부터의 떠남에 대한 부정이] 어떤 [편집자들에게서] 명백하게 [알려지기] 때문이다."〈수뜨라 4.2.13〉라는 곳에서 [이미] 설명했다.

또한 '가는 것'을 가정하는 경우에 '가는 자'인 개별자아는 '가는 곳'(목적지)인 브라흐만의 부분이거나 변형이거나 혹은 그것(브라흐만)과는 다른 것이어야 한다. 절대적인 '본질의 동일성'이라면 '가는 것'은 가능하지 않기 때문이다.

[전론]: 만약 이와 같다면, 그 경우에 무엇이겠는가?

이로부터 말한다.

[후론]: 만약 한 부분이라면, 그것(부분)이 전체에 영원히 도달되었기 때문에,[52] 또다시 브라흐만으로 가는 것은 가능하지 않다. 그리고 브라흐만에 대해 '한 부분'과 '[그 한 부분을 가지는] 전체'를 가정하는 것은 합당하지 않다. 부분이 없다고 잘 알려져 있기 때문이다. 또한 변형이라는 입장에서도 이는 마찬가지이다. 변형마저도 원형에 영원히 도달되었기 때문이다. 예를 들어 항아리는 찰흙이라는 본질을 폐기한 채로 존재하지 못한다. 폐기한 경우에는 또 비존재로 귀결되기 때문이다. 그리고 부분이라거나 변형이라는 입장에서는 그것을 가지는 브라흐만이 지속적임(불변함)으로 말미암아 [개별자아가] 윤회로 가는 것마저 가능하지 않게 된다.[53]

52_ 그것(부분)이 전체에 영원히 도달되었기 때문에=부분이라는 것이 항시적으로 전체에 존재하고 있을 뿐이기 때문에.

53_ 예컨대 불변하는 거대한 바위의 그 어떤 부분도 움직일 수 없는 것과 같다.

이제 만약 개별자아가 브라흐만과 다를 뿐이라면, 그것은 지극히 미세한 것이거나 고루 미치는 것이거나 중간의 부피를 가지는 것이어야만 한다. 고루 미치는 것인 경우에는 가는 것이 합당하지 않다. 그리고 중간의 부피를 가지는 것인 경우에는 무상하다는 부조리한 결말이 생긴다.[54] 지극히 미세한 것인 경우에는 육체 전체에서의 감각이 합당하지 않다.[55] 게다가 지극히 미세한 것과 중간의 부피를 가지는 것에 대해서는 앞에서 자세하게 부정했다.[56] 더욱이 개별자아가 지고한 것(브라흐만)과 다른 경우에는 "그것이 너이다."〈찬도 6.8.7〉라는 등의 성전이 지양되는 부조리한 결말이 생긴다. 이러한 결함은 부분이라거나 변형이라는 입장에서마저 공통적이다.

[전론]: 부분이나 변형의 경우에는 그것을 가지는 [브라흐만과] 다르지 않기 때문에 결함이 없다.[57]

[후론]: 아니다. 일차적 의미의 동일성이 불가능하기 때문이다.[58]

그리고 이러한 모든 입장들에서는 해탈이 불가능해지는 부조리한 결말이 생긴다. '윤회하는 자가 곧 아뜨만이라는 것'이 파기되지 않기 때문이다. 혹은 파기되는 경우에 [개별자아의] 본질(고유성)이 소멸되는 부조리한 결말이 생긴다.[59] 또한 '브라흐만이 곧 아뜨만이라는 것'

54_ 개별자아가 중간의 부피라는 것은 육체의 크기에 따라 가변적이라는 의미이기 때문에 개별자아가 무상하다는 부조리한 결말이 생긴다.

55_ 개별자아가 지극히 미세하다면 육체 전체를 채울 수 없으므로 육체의 일부에서는 감각이 불가능하다. 하지만 실제로는 육체 전체에서 감각이 가능하다. 따라서 개별자아는 지극히 미세한 것이 아니다.

56_ <수뜨라 2.3.29>와 <주석 2.3.29> 참조.

57_ 부분은 전체인 브라흐만과 다르지 않고, 변형은 원형인 브라흐만과 다르지 않다. 따라서 "그것이 너이다."라는 등의 성전이 지양되지 않는다.

58_ 부분과 전체, 변형과 원형은 일차적 의미의 동일성(ekatva)이 아니다. 즉 본질의 동일성이 아니다.

59_ 부분이 전체에 융합되고 변형이 원형에 융합되기 때문에 '부분이나 변형으로서의 개별자아'가 그 고유한 본질을 잃게 된다. 이는 본질의 동일성을 통한 해탈

이 용인되지 않기 때문이다.

한편 혹자들은 이렇게 떠든다. 상시적이거나 임시적인 행위(의례)들은 죄가 생기지 않도록 하기 위해 실행된다. 그리고 선택적이거나 금지적인 행위들은 천국이나 지옥에 도달하지 않도록 하기 위해 회피된다. 또한 현재 육체의 향유대상인 행위(업)들은 향유 자체에 의해 소멸된다. 그래서 결국 현존하는 육체가 소멸된 이후에 다른(새로운) 육체와 연결하는 원인이 없음으로 말미암아, 이와 같이 행한 자는, 비록 브라흐만이 곧 아뜨만이라는 [지식이] 없을지라도 '본질에 머무르는 것[60]을 특징으로 하는 독존'을 성취할 것이다.

이는 사실이 아니다. 증명수단이 없기 때문이다. 실로 해탈을 열망하는 자가 이러한 방식으로 행해야 한다는 것은 그 어떤 성전을 통해서도 확립되지 않는다. 결국 '윤회가 행위를 원인으로 하기 때문에 원인(행위)이 부재하다는 것으로부터 [윤회가] 존재하지 않을 것이다'라는 그 추리는 자의적이다. 실로 이는 추리될 수조차 없다. [윤회의] 원인이 부재하다는 것은 알기 어렵기 때문이다.

실로 그 하나하나의 생명체에게는 좋거나 나쁜 과보를 낳는 '전생에서 축적된 많은 행위(업)들'이 가능하다. 그것들 가운데 모순적인 결과들이 동시적으로 향유되는 것은 불가능함으로 말미암아, 기회를 얻은 어떤 것들은 이 생애를 야기하지만 다른 것들은 [적절한] 공간・시간・계기에 대한 기다림을 계속하므로, 이로부터 그것들 가운데 남은 것들이 현재의 향유에 의해 소모되는 것은 불가능함으로 말미암아 비록 묘사된 바대로 행한 자일지라도 현존하는 육체가 소멸될 때에 [그

이 아니다.

60_ '본질에 머무르는 것'(svarūpa-avasthāna)이라는 표현은 <요가-수 1.3>의 "그 경우에 보는 자는 본질에 머무른다."(tadā draṣṭuḥ svarūpe 'vasthānam)에서 발견된다.

에게] 다른 육체를 [야기하는 모든] 원인이 부재하다는 것은 확정될 수 없다. 그리고 남은 업이 존재한다는 것은 "그 경우에 이곳에서 고귀한 행동을 한 그들은"〈찬도 5.10.7〉, "그로부터 남은 것을 통해"라는 등의 계시와 전승으로부터 실증된다.

[전론]: 이러할 수도 있다. 상시적이거나 임시적인 것들이 그것들(남은 것들)을 몰아내게 될 것이다.

[후론]: 그렇지 않다. 모순이 없기 때문이다. 실로 모순이 있는 경우에 '몰아내지고 몰아내는 관계'가 생긴다. 그러나 전생에서 축적된 선행들은 상시적이거나 임시적인 [행위들과] 모순되지 않는다. [양자가] 청정함의 양상이라는 것은 똑같기 때문이다. 반면에 죄악들은[61] 불순함의 양상임으로 말미암아 [상시적이거나 임시적인 행위들과] 모순되는 경우에 물리침(몰아냄)이 있을지도 모른다. 하지만 이러한 만큼에 의해 다른 육체를 [야기하는 모든] 원인이 부재하다는 것은 실증되지 않는다. 선행이 그 원인이 되는 것은 가능하기 때문이다. 악행마저 남김없이 물리쳐진다고는 알려지지 않기 때문이다.[62]

게다가 상시적이거나 임시적인 [행위들을] 실행함으로써 '죄가 생기지 않을 뿐이고 새로이 다른 결과가 생기지 않는다는 것'에 대해서는 증명수단이 존재하지 않는다. 심지어 부산물로서의 다른 결과가 산출되기 때문이다. 실로 아빠스땀바는 "그래서 예컨대 열매를 위해 망고나무를 심었을 때 [열매와] 더불어 그늘과 향기가 생기듯이, 마찬가지로 다르마를 행함으로써 [결과와] 더불어 무언가가 생긴다."라고 전승한다.

더욱이 참된 직관이 없는 경우에 태어나서 죽을 때까지 선택적이거

61_ 죄악들은=전생에서 축적된 악행들은.

62_ 따라서 완전히 물리쳐지지 않고 남겨진 악행마저 다른 육체를 야기하는 원인이 될 수 있다.

나 금지적인 [행위들을] 전적으로 삼간다고는, 아무도 확언할 수 없다. 매우 능수능란한 자들마저 미미한 결함을 가지는 것을 보기 때문이다.

[이상과 같은 것들은] 실로 의문스러운 문제이다. 그렇다고 할지라도 [윤회의] 원인이 부재하다는 것은 분명 알기 어렵다.

또한 지식을 통해 획득할 수 있는 '브라흐만이 곧 아뜨만이라는 것'을 용인하지 않는 경우에 행위주체와 향유주체를 그 본성으로 하는 아뜨만(개별자아)은 독존(해탈)을 기대할 수 없다. 불과 열처럼 본성은 물리칠 수 없는 것이기 때문이다.[63]

[전론]: 이러할 수도 있다. 행위주체와 향유주체라는 결과는 해악이지만 그것의 내재력은 해악이 아니다.[64] 이로부터, 비록 내재력이 남아 있을지라도, [나타난] 결과를 물리치는 것을 통해 해탈은 가능하다.

[후론]: 그 또한 그렇지 않다. 내재력이 존재하는 경우에 그 결과가 산출되는 것은 불가피하기 때문이다.

[전론]: 한편 이러할 수 있다. 다른 원인들[65]에 의존하지 않은 채 내재력이 단독으로 결과를 산출하지는 않는다. 따라서 비록 그것(내재력)이 홀로 머무를지라도 결함을 낳지는 않는다.

[후론]: 그 또한 그렇지 않다. 심지어 [다른] 원인들도 '내재력으로 지시되는 것'과 연계됨으로써 [개별자아와] 영원히 연계되기 때문이다.[66] 따라서 지식을 통해 '브라흐만이 곧 아뜨만이라는 것'이 획득되지 않은

63_ 개별자아가 곧 브라흐만이 아니라면, 불이 그 자체의 본성인 열을 물리칠 수 없듯이 개별자아도 그 자체의 본성인 행위주체, 향유주체 등을 물리칠 수 없다. 따라서 독존 또는 해탈이 불가능하다.

64_ 개별자아가 실제로 행위주체와 향유주체라는 결과로 나타난 상태는 해악이지만 행위주체와 향유주체로서의 내재력만 가지는 상태는 해악이 아니다.

65_ 예를 들어 '보이지 않는 힘'(adṛṣṭa), 잠재업 같은 것들이다.

66_ 함께 작동하는 다른 원인들마저도 '행위주체와 향유주체의 내재력'과 연계되고, 그 연계를 통해 개별자아와 영원히 지속되는 관계를 가지기 때문이다.

경우에, 아뜨만(개별자아)이 행위주체와 향유주체를 그 본성으로 하는 한, 해탈에 관해서라면 어쨌든 기대하지 못한다. 또한 계시서는 "가야 할 다른 길은 없다."〈슈베 3.8〉라며 지식 이외에 '해탈의 길'을 부인한다.

[전론]: 심지어 개별자아가 지고한 [브라흐만과] 동일한 경우에 모든 경험작용의 철폐가 수반된다. 지각 등의 지식수단이 작동하지 않기 때문이다.

[후론]: 아니다. 꿈속의 경험작용처럼 깨우침 이전에는 그것(경험작용)이 가능하기 때문이다. 그리고 성전은 "실로, 소위 이원성이 있을 경우에, 그러면 하나가 다른 하나를 보고"〈브리 4.5.15〉라는 등으로써 깨우치지 못한 자의 영역에서 [작동하는] 지각 등의 경험작용을 말한 뒤에, 또다시 "하지만 모든 것이 오직 '그의 아뜨만'이 될 경우에, 그러면, 무엇을 통해 무엇을 보아야 하겠습니까?"〈브리 4.5.15〉라는 등으로써 깨우친 자의 영역에서 그것(경험작용)이 부재하다는 것을 보여준다.

이러한 연관에서 지고한 브라흐만을 아는 자에게는 '가는 곳'(목적지) 등에 대한 인식이 지양됨으로 말미암아 아무래도 '가는 것'이 제시될 수 없다.

[전론]: 그렇다면 '가는 것'에 대한 계시들은 무엇을 영역으로 삼는가?

[이에 대하여] 대답한다.

[후론]: 유속성의 명상적 지식을 영역으로 삼을 것이다. 그러한 증거로서, 어떤 곳에서는 '빤짜그니(다섯 불)의 명상적 지식'을 어떤 곳에서는 '빠르양까(침상)의 명상적 지식'을 어떤 곳에서는 '바이슈바나라의 명상적 지식'을 주제로 삼은 후 '가는 것'을 말한다. 비록, 예컨대 "생기가 브라흐만이다. 환희('까')가 브라흐만이다. 하늘('카')이 브라흐만이다."〈찬도 4.10.4〉에서 또 "이제, 여기에는 그 '브라흐만의 마을'에 연꽃인 작은 거처."〈찬도 8.1.1〉에서 브라흐만을 주제로 삼은 후 '가는

것'을 말할지라도,[67] 그 경우에는 '근사한 것들을 가져오는 자' 등과 '진실한 욕망' 등의 속성들로 말미암아[68] 유속성 그 자체가 명상대상이기 때문에 '가는 것'이 가능하다.

'가는 것'은 그 어떤 경우에도 지고한 브라흐만과 관계하지 않는다고 계시된다. 예컨대 "[아뜨만을 욕망하는] 자의 생기(기관)들은 떠나지 않습니다."〈브리 4.4.6〉에서는 '가는 것'에 대한 부정을 가르친다. 그리고 "브라흐만을 아는 자는 지고함을 얻는다."〈따잇 2.1.1〉라는 등에서는 비록 '얻다'(도달하다)라는 동사가 '가는 것'이라는 의미를 가질지라도, 설명된 바에 따라 다른 공간에 도달하는 것이 불가능하기 때문에, 이는 "브라흐만 자체로 존재하면서 브라흐만에 되들어갑니다."〈브리 4.4.6〉라는 등에서처럼 '무지에 의해 덧얹힌 명칭과 형태의 완전한 소멸'이라는 견지에서 '본질에 대한 이해' 그 자체를 언급하는 것이라고 간주해야만 한다.

더 나아가 '가는 것'이 상위 [브라흐만과] 관계한다고 설명하는 것은, 흥미 유발을 위해서이거나 명상을 위해서이다. 이 가운데 먼저 브라흐만을 아는 자에게는 '가는 것'을 말함으로써 흥미 유발이 이루어지지 않는다. 실로 자기를 인식할 수 있고, 매개가 없으며,[69] 지식에 의해 주

67_ 인용된 <찬도 4.10.4>의 문장으로 시작한 뒤에 <찬도 4.15.5>에서는 "이제, 그저 그리고 만약, 이 경우에 장례식을 행하든지 혹은 또 행하지 않든지, 실로 그들은 빛에 도달한다."라며 '가는 것'을 말한다. 또한 인용된 <찬도 8.1.1>의 문장으로 시작한 뒤에 <찬도 8.6.5>에서는 "이제 그렇게 이 육체로부터 떠나는 경우에, 그러면 바로 이러한 광선들을 따라 위쪽으로 올라간다."라며 '가는 것'을 말한다.

68_ '근사한 것들을 가져오는 자'(vāmanī)라는 속성은 <찬도 4.15.3>("또한 그것은 실로 '근사한 것들을 가져오는 자'이다.")에 등장하고, '진실한 욕망'(satyakāma)이라는 속성은 <찬도 8.7.1>("아뜨만은 죄악으로부터 자유롭고 … 진실한 욕망과 진실한 결의를 가진다.")에 등장한다.

69_ 매개가 없으며=간접적이지 않고 직접적이며.

어지는 '자기 본래성'을 통해, 그것(홍미 유발)이 이루어지기 때문이다.[70] 또한 지식은 영원히 확립된 것인 지고선(해탈)을 제시할 뿐 성취해야만 하는 결과를 가지지 않는데, [그것이] '가는 것'에 대한 명상에 어쨌거나 필요하다는 것은 합당하지 않다. 따라서 '가는 것'은 하위 브라흐만과[71] 관계한다. 이러한 사정에서, 하위 브라흐만과 관계하여 의미를 가지는 '가는 것'에 대한 계시들이 상위 [브라흐만에] 덧얹히는 이유는[72] 상위와 하위 브라흐만에 대한 분별이 확정되지 않은 데 있다.

[전론]: 브라흐만은 상위와 하위라는 둘인가?

[후론]: 정말 둘이다. "사뜨야까마여, 실로 음절 '옴'은 상위이고 또 하위인 브라흐만이다."〈쁘라 5.2〉라는 등을 보기 때문이다.

[전론]: 그렇다면 어느 것이 상위 브라흐만이고 어느 것이 하위 브라흐만인가?

[이에 대하여] 대답한다.

[후론]: '광대하지 않음' 등의 말들로써[73] '무지에 의해 야기된 명칭과 형태 등의 특수성'을 부정하는 것을 통해 브라흐만을 가르치는 경우에, 그것은 상위 [브라흐만이다]. 바로 그것을, 계속적 명상을 위해 "'마음으로 이루어진 것'은 생기를 육체로 하고, 빛의 형태이며"〈찬도 3.14.2〉라는 등의 말들로써 명칭과 형태 등의 그 어떤 특수성에 의해 한정된 것이라고 가르치는 경우에, 그것은 하위 [브라흐만이다].

[전론]: 이렇게 하여 '제2자를 가지지 않음'에 대한 계시가 모순되지

70_ 실제로 브라흐만을 아는 자는 이미 '자기 본래성'(svāsthya)의 상태이기 때문에 그에게는 자기 본래성을 통한 홍미 유발도 불가능하다.

71_ * '브라흐만과'(-brahma-)라는 표현은 Nirnaya에만 추가로 등장한다.

72_ 상위 [브라흐만에] 덧얹히는 이유는=상위 브라흐만과 관계한다고 거짓으로 귀속되는 이유는.

73_ <브리 3.8.8> 참조: "그것은 광대하지도 않고 미세하지도 않으며, 짧지도 않고 길지도 않으며, 붉지도 않고 기름지지도 않으며 …."

않겠는가?

[후론]: 아니다. [그러한 반박은] 명칭과 형태의 한정자가 무지에 의해 야기된다는 것을 통해 논박되기 때문이다. 실로 하위 브라흐만에 대한 그러한 계속적 명상의 결과는 그것(계속적 명상)에 근접한 채로 계시되는데, “만약 그가 조상의 세상을 바라고 있다면”〈찬도 8.2.1〉라는 등에서와 [같이] 세계에 대한 권능(권력)으로 지시되면서 ‘윤회세계의 영역’에 속할 뿐이다. 파기되지 않은 무지 때문이다. 또한 그것(결과)은 특정한 공간과 결부됨으로 말미암아 [개별자아가] 그것에 도달하기 위해 ‘가는 것’(움직임)과 모순되지 않는다. 그리고 비록 아뜨만이 편재할지라도, 항아리 등이 움직일 때에 공간이 [움직이는 것과] 같이 지성 등의 한정자가 움직일 때에 [아뜨만이] 움직이는 것은 확립된다고, 우리는 “하지만 [아뜨만은 원자의 부피가 아니다]; [개별자아가] 그것(지성)의 성질들을 핵심으로 하기 때문에 ….”〈수뜨라 2.3.29〉라는 곳에서 언급했다.

그러므로 “[초인간적인 뿌루샤는 그들을] 결과 [그 자체인 하위 브라흐만으로 이끈다고] 바다리는 [생각한다] ….”〈수뜨라 4.3.7〉라는 바로 그것이 확립된 입장이다. 결국 [배우는 자의] 앎을 넓히기 위해 “[반면에] 상위 [브라흐만을 전한다고] 자이미니는 [생각한다] ….”〈수뜨라 4.3.12〉라며 다른 입장을 단지 명료하게 보여준다고 이해해야만 한다. ‖14‖

{ 6. ‘상징을 근저로 삼지 않음’이라는 주제: 수뜨라 15-16 }

15. [초인간적인 뿌루샤는] 상징을 [명상의] 근저로 삼지 않는 자들을

[브라흐만 세상으로] 이끈다고 바다라야나는 [생각한다]; 두 가지 경우로 [적용하는 데] 결함이 없기 때문이다; 또한 '어떤 것(브라흐만)에 대한 결의'는 [두 가지 경우로 적용하는 것을 실증하는 근거이다].

apratīkālambanān nayatīti bādarāyaṇa ubhayathā 'doṣāt tatkratuś ca ‖15‖

'가는 것'이 결과로서의 [하위 브라흐만과] 관계할 뿐 상위 [브라흐만과] 관계하지 않는다는 점을 확립했다.

이제 이것이 의문스럽다. 초인간적인 뿌루샤는 브라흐만 세상으로 '변형으로서의 [브라흐만을 명상의] 근저로 삼는 모든 자들'을 실로 차등 없이 도달하게끔 하는가, 아니면 단지 어떤 자들만을 도달하게끔 하는가?

실로 무엇으로 귀결되는가?

[전론]: 실로 지식이 있는 그 모든 자들이[74] 지고한 브라흐만과는 다른 곳을 목적지로 가진다. 왜냐하면 그렇게 "[여로는] 제한되지 않고, 모든 [유속성의 명상적 지식들에 대해 적용되어야만 한다] …."〈수뜨라 3.3.31〉라는 곳에서 그것이[75] 여러 명상적 지식들에 대해 실로 차등 없이 통용되었기 때문이다.

이러한 귀결에서 [수뜨라 저자는] "[초인간적인 뿌루샤는] 상징을 [명상의] 근저로 삼지 않는 자들을 …"이라고 대답한다.

[후론]: 상징을 [명상의] 근저로 삼는 자들을 배제한 채로 '변형으로서

74_ 지식이 있는 그 모든 자들이=하위 브라흐만에 대해 명상적 지식을 가진 모든 자들이.

75_ 여기서 '그것이'를 '그 여로가'라고 이해해도 되고 '그 목적지가'라고 이해해도 된다.

의 [브라흐만을 명상의] 근저로 삼는 다른 모든 자들'을, 브라흐만 세상으로 이끈다고 대스승 바다라야나는 생각한다. 실로 이와 같이 두 가지 경우로 적용(구분)하는 것을 용인하는 데 그 어떤 결함도 없다. [여로가] 제한되지 않는다는 논리는[76] 다만 상징과는 별도의 계속적 명상들에 대해서 합당하기 때문이다.

또한 '어떤 것(브라흐만)에 대한 결의'는 그렇게 두 가지 경우로 적용하는 것을 실증하는 근거라고 간주해야만 한다. 실로 브라흐만에 대한 결의를 가진 자가 '브라흐만에 속하는 권능'에 도달해야 하는 것은 온당하다. "그 무엇이든 계속 명상하는 바대로, 바로 그것이 된다."라고 계시되기 때문이다. 하지만 상징들의 경우에는 브라흐만에 대한 결의를 가지는 것이 존재하지 않는다. 계속적 명상이 상징을 주된 것으로 하기 때문이다.

[전론]: 브라흐만에 대한 결의를 가지지 않은 자조차 브라흐만으로 간다고 계시되지 않는가? 예컨대 '빤짜그니(다섯 불)의 명상적 지식'에서는 "[초인간적인 뿌루샤가] 그들을 브라흐만으로 이끈다."〈찬도 4.15.5〉라고 한다.

[후론]: 그와 같이 [예외적으로] 명시적 진술이 보이는 경우에는 그러할지도 모른다. 하지만 그것이 없는 경우에는, 일반적 원칙에 따라 즉 '어떤 것에 대한 결의'라는 논리에 따라, 오직 브라흐만에 대한 결의를 가진 자들이 그것(브라흐만)에 도달할 뿐 다른 자들은 도달하지 못한다고 알려진다.‖15‖

16. 또한 [상징을 통한 계속적 명상들과 관계하여 계시서는 결과의] 차이가 [있다고] 보여준다; [따라서 상징을 명상의 근저로 삼는 자들

76_ <수뜨라 3.3.31>에서 여로(목적지)가 제한되지 않는다고 주장하는 논리는.

은 브라흐만을 명상의 근저로 삼는 자들과 동일한 결과를 가지지 않는다].

viśeṣaṃ ca darśayati ‖16‖

명칭 등의 상징을 통한 계속적 명상들과 관계하여, [계시서는] 각각 그 이전과 각각 그 이후의 계속적 명상에서 결과의 차이가 있다고 보여준다. "… 그는, 명칭이 도달하는 곳만큼 뜻하는 대로 움직이게 됩니다."〈찬도 7.1.5〉, "실로 언어가 명칭보다 더 위대합니다."〈찬도 7.2.1〉, "… 그는, 언어가 도달하는 곳만큼 뜻하는 대로 움직이게 됩니다."〈찬도 7.2.2〉, "실로 마음이 언어보다 더 위대합니다."〈찬도 7.3.1〉라는 등을 통해서이다. 그리고 이러한 그 결과의 차이란 계속적 명상들이 상징에 의존함으로 말미암아 가능하다. 그와 달리 [계속적 명상들이] 브라흐만에 의존하는 경우에는, 브라흐만에 차이가 없는 이상, 어떻게 결과의 차이가 가능하다는 말인가!

그러므로 상징을 [명상의] 근저로 삼는 자들은 다른 자들과[77] 동일한 결과를 가지지 않는다.‖16‖

77_ 다른 자들과=변형으로서의 브라흐만을 명상의 근저로 삼는 자들과 비교해서.

제4절

{ 1. '도달하고 나서 나타남'이라는 주제: 수뜨라 1-3 }

1. [그 적정(개별자아)은 지고한 빛에] 도달하고 나서 [그 자체로] 나타날 [뿐 다른 특징으로 나타나지 않는다]; '그 자체의'라는 말 때문이다.

   saṃpadyāvirbhāvaḥ svenaśabdāt ‖1‖

"바로 이와 같이, 그 적정은 이 육체로부터 솟아오른 후, 지고한 빛에 도달하고 나서 그 자체의 형태로 현시한다."〈찬도 8.12.3〉라고 계시된다.

이 경우에 의문이 생긴다. [그것은] 신의 세상 등 향유의 장소들에서 [그러했던] 것처럼 그 어떤 우연적인 특징으로 현시하는가, 그렇지 않으면 단순히 그 자체(아뜨만)로 현시하는가?

실로 무엇으로 귀결되는가?

[전론]: 다른 장소들에서처럼 그 어떤 우연적인 형태로 현시해야 한다. 해탈마저 '결과'라고 잘 알려져 있기 때문이다. 그리고 '현시한다'라는 것은 '생성'의 유의어이기 때문이다. 만약 단순히 그 자체 형태로 현시한다면, 자체 형태란 [결코] 소실되지 않음으로 말미암아 이전의 상태들에서 현현되어야 한다.[1] 따라서 [그것은] 그 어떤 특징으로 현시한다.

이러한 귀결에서 우리는 말한다.

1_ 만약 '단순히 그 자체 형태'(svarūpamātra)로 즉 '단순히 그 자체(아뜨만)'(ātmamātra)로 현시한다면, 자체 형태라는 것 또는 본질이라는 것은 그 어떤 경우에도 소실되지 않기 때문에, 그 이전의 여러 상태들에서 그 자체 형태는 미리 현현되었어야 했다.

[후론]: 오직 유일하게 그 자체로 나타날 뿐 다른 특징으로 나타나지 않는다.

어떤 근거에서? '그 자체의 형태로 현시한다'에서 '그 자체의'라는 말 때문이다. 실로 그렇지 않은 경우 '그 자체의'라는 말은 즉 그 한정어는 부적절한 것이어야 한다.

[전론]: '그 자체의'라는 말은 '그 자체에 속하는'을 의도하지 않겠는가?

[후론]: 아니다. 그것은 말할 필요가 없는 것이기 때문이다.[2] 실로 무언가가 그 어떤 형태로 현시하든지 [그 형태는] 바로 그 무언가의 '그 자체에 속하는' 것이라는 [논리가] 합당함으로 말미암아 '그 자체의'라는 한정어는 무의미하게 될 것이다. 반면에 ['그 자체의'라는 말이] '그 자체'를 의미하는 경우에는 '오직 그 자체 형태로 현시할 뿐만 아니라 또한 우연적인 다른 형태로 현시하지도 않는다'라는 의미가 있다.‖1‖

[전론]: 그렇다면 이전의 상태들과 이곳에서 '그 자체 형태가 소실되지 않는 것'이 일치하는 경우에 어떤 차이가 있는가?

이로부터 [수뜨라 저자는] 말한다.

2. [만약 그 자체로 나타나는 경우에 이전의 상태들과 어떤 차이가 있느냐고 한다면, 현시하는 그것은 모든 속박으로부터] 자유로워지고 [순수한 아뜨만으로 존재한다]; [계시서에서] 확언하기 때문이다.

muktaḥ pratijñānāt ‖2‖

2_ 그것은 즉 '그 자체에 속하는'(ātmīya)이라는 뜻을 가지는 '그 자체의'라는 말은, <찬도 8.12.3>에서 굳이 그런 뜻으로 말할 필요가 없는 것 즉 <찬도 8.12.3>에서 관련성이 없는 것이다.

[후론]: 이곳에서 현시한다고 언급되는 그것은 모든 속박으로부터 자유로워지고 바로 그 순수한 아뜨만으로 존재한다. 반면에 앞의 경우에는 "장님이 되고"〈찬도 8.9.1〉, "또한 그는 우는 듯하다."〈찬도 8.10.2〉, "그는 소멸되는 듯이 사라지게 된다."〈찬도 8.11.1〉에서 [보여주듯이] 세 가지 상태에 의해 혼탁된 아뜨만으로 [존재한다].[3] 이러한 점이 그 차이이다.

[전론]: 그렇다면 그것이 이 경우에 자유롭게 된다고 어떻게 알려진다는 말인가?

[후론]: "[계시서에서] 확언하기 때문이다."라고 [수뜨라 저자는] 말한다. 그러한 증거로서, "나는 바로 그것을 그대에게 다시 설명할 것이다."〈찬도 8.9.3; 8.10.4; 8.11.3〉라며 세 가지 상태에서의 결함을 결여하는 아뜨만을 '설명해야만 하는 것'으로 확언한 뒤에, "호감(즐거움)과 반감(괴로움)은 육화(肉化)를 탈피하여 존재하는 자에게 결코 접촉하지 않는다."〈찬도 8.12.1〉라고 제시하고 나서 또 "그 자체의 형태로 현시한다. 그것(적정)은 최상의 뿌루샤이다."〈찬도 8.12.3〉라고 끝맺는다. 마찬가지로 심지어 이야기의 서두에서도 "아뜨만은 죄악으로부터 자유롭고"〈찬도 8.7.1〉라는 등은 오직 자유로운 아뜨만과 관계하는 확언이다.

또한 해탈이 '결과'라고 잘 알려져 있는 것도, 단지 속박의 파기라는 견지에서일 뿐 새로운 것의 생성이라는 견지에서가 아니다. [따라서] 비록 '현시한다'라는 것이 '생성'의 유의어일지라도, 그 또한 [파기된] 이전 상태와의 관련에서이다.[4] 예컨대 병(病)이 파기될 때에 무병(無病)

3_ <찬도 8.9.1>은 생시 상태, <찬도 8.10.2>는 꿈 상태, <찬도 8.11.1>은 숙면 상태와 각각 관련되는 내용이다.

4_ * Nirnaya에 '[파기된] 이전 상태와의 관련에서이다'(pūrvāvasthāpekṣaṃ)라는 표현이 등장하는 것과 달리, Samata에는 '새로운 상태의 [생성이라는] 견지

이 '현시한다'라고 하듯이,[5] 그와 마찬가지이다.

그러므로 결함은 없다.‖2‖

3. [만약 결과의 영역에 속하는 빛에 도달하는 경우에 어떻게 자유로워지느냐고 한다면, 빛은 오직] 아뜨만이다; 맥락 때문이다.

ātmā prakaraṇāt ‖3‖

[전론]: 그렇다면 "지고한 빛에 도달하고 나서"〈찬도 8.12.3〉라며 그것이 단지 결과의 영역에 속한다고 들려주는 이상, 어떻게 [그것이] 자유로워진다고 말한다는 말인가? '빛'이라는 말은 관습적으로 원소로 이루어진 빛을 의미하기 때문이다. 그리고 변형의 영역을 넘어서지 못한 자는 그 누구도 자유롭게 될 수 없다. 변형은 고통스러운 것[6]이라고 잘 알려져 있기 때문이다.

[후론]: 그러한 결함은 없다. 이곳에서는 '빛'이라는 말을 통해 오직 아뜨만이 알려지는 까닭에서이다. 맥락 때문이다. 실로 "아뜨만은 죄악으로부터 자유롭고, 늙지 않고 죽지 않으며"〈찬도 8.7.1〉에서 논제인 지고한 아뜨만과 관계하여 느닷없이 원소로 이루어진 빛을 받아들일 수는 없다. 논제를 폐기하고 논제가 아닌 것을 소개하는 부조리한 결말이 생기기 때문이다.

그리고 '빛'이라는 말은 심지어 아뜨만에 대해 [사용된다고] 알려진다. "그것을 신격들은 빛들의 빛으로, [불멸의 삶으로 계속 명상하리

에서가 아니다'(na apūrvāvasthāpekṣam)라는 표현이 등장한다. 뜻의 차이는 거의 없다.

5_ '병이 파기될 때에 무병이 현시한다'라는 표현은, 쉽게 말해 '병이 사라질 때에 건강이 나타난다'라는 뜻이다.

6_ '고통스러운 것'을 뜻하는 원어인 'ārtatva'를 '소멸을 향하는 것'이라고 읽어도 무방하다.

라].”〈브리 4.4.16〉에서이다. 그리고 이는 “빛은 [지고한 브라흐만이다]; [계시서가] 보여주기 때문이다.”〈수뜨라 1.3.40〉라는 곳에서 [이미] 상술했다.‖3‖

{ 2. '분리되지 않음, 알려짐'이라는 주제: 수뜨라 4 }

4. [지고한 빛에 도달하고 나서 자유로운 자는 지고한 아뜨만과] 분리되지 않은 채로 [존재한다]; [계시서에서] 알려지기 때문이다.
avibhāgena dṛṣṭatvāt ‖4‖

지고한 빛에 도달하고 나서 그 자체의 형태로 현시하는 것은 지고한 아뜨만과 실로 분리된 채로 존재하는지 아니면 실로 분리되지 않은 채로 존재하는지, [이 점을] 고찰한다.

이 경우에 “그는 그곳에서 … 돌아다닌다.”〈찬도 8.12.3〉에서 거처와 거주자가 지시됨으로 말미암아, 또 “빛에 도달하고 나서”〈찬도 8.12.3〉에서 행위주체와 행위대상이 지시됨으로 말미암아, 실로 차이 있는 채로 존재한다는 것이, 어떤 이의 견해이다.

[수뜨라 저자는] 이를 논의한다.

[후론]: 자유로운 자는 지고한 아뜨만과 실로 분리되지 않은 채로 존재한다.

어떤 근거에서? [계시서에서] 알려지기 때문이다. 그러한 예시로서, “그것이 너이다.”〈찬도 6.8.7〉, “나는 브라흐만이다.”〈브리 1.4.10〉, “다른 것을 보지 않고 … 경우에”〈찬도 7.24.1〉, “하지만 '볼 수 있는 그것'과는 구분(분리)되는 다른 자로서 제2자는 존재하지 않습니다.”

〈브리 4.3.23〉라고 이렇게 운운하는 문장들은 실로 '[다른 것과] 분리되지 않는 것'으로서 지고한 아뜨만을 보여준다. 그리고 '어떤 것에 대한 결의'라는 논리로부터,[7] 실로 직관하는 바대로의 결과란 합리적이다. 게다가 "가우따마여, 마치 깨끗한 [물에] 부은 깨끗한 물이 실로 같은 것이 되듯이, 마찬가지로 앎이 있는 현자의 아뜨만도 [그렇게] 된다."〈까타 4.15〉라고 이렇게 운운하며 자유로운 자의 본질을 확정하려고 의도하는 문장들은 실로 분리되지 않는다는 것을 보여준다. 더욱이 강과 바다 등의 예시들을 [보여준다].[8]

한편 차이(분리)를 지시하는 것은 다만 차이 없음에 대한 비유적 표현이다. "존경스러운 이여, 그것은 어디에서 확립됩니까? 스스로의 영광(위대성)에서!"〈찬도 7.24.1〉, "아뜨만에서 기뻐하고, 아뜨만에서 놀며"〈찬도 7.25.2〉라고 이렇게 운운하는 것들이 보여주기 때문이다.‖4‖

{ 3. '브라흐만에 속함'이라는 주제: 수뜨라 5-7 }

5. [자유로운 자는] 브라흐만에 속하는 [것을 자체의 형태로 가지고 바로 그 자체 형태로 현시한다고] 자이미니는 [생각한다]; 진술 등으로부터 [그와 같이 알려지기 때문이다].

brāhmeṇa jaiminir upanyāsādibhyaḥ ‖5‖

7_ <수뜨라 4.3.15>와 <주석 4.3.15> 참조.

8_ <문다 3.2.8> 참조: "흐르는 강들이 명칭과 형태를 버린 채로 바다에서 소멸되듯이, 마찬가지로 지식을 가진 자는 명칭과 형태로부터 자유로워지고, 지고한 것보다 더 지고한 신성의 뿌루샤에 도달한다."

"그 자체의 형태로"〈찬도 8.12.3〉라는 곳에서 확립된 바는 이러하다: 단지 그 자체(아뜨만)의 형태(본질)로 현시할 뿐 우연적인 다른 형태(본질)로 현시하지는 않는다.

이제 한편, 그것이[9] 가지는 특이점에 대해 알고자 하는 경우에 [수뜨라 저자는] 말한다.

[후론]: [자유로운 자는] '죄악으로부터 자유로움'에서 시작하여 '진실한 결의'로 끝나는 것과[10] 또 '전지함', '전능함'이라는 브라흐만에 속하는 것을 자체의 형태로 가지고, [바로] 그 자체 형태로 현시한다고 대스승 자이미니는 생각한다.

어떤 근거에서? 진술 등으로부터[11] 그와 같다고 알려지기 때문이다. 그러한 예시로서, [계시서는] "아뜨만은 죄악으로부터 자유롭고"〈찬도 8.7.1〉라고 시작하여 "진실한 욕망과 진실한 결의를 가진다."〈찬도 8.7.1〉라고 그렇게 끝나는 진술을 통해 아뜨만이 이와 같음을 본질로 한다는 것을 알려준다. 게다가 "그는 그곳에서 먹으면서 놀면서 즐거워하면서 … 돌아다닌다."〈찬도 8.12.3〉에서 권능(신성)의 형태를 알려준다. 또한 "그는 모든 세상들에서 자유자재하게 됩니다."〈찬도 7.25.2〉에서이다. 더욱이 "전지하고 전능하며"라는 등의 지시들은 이렇게 하여 합당하게 될 것이다.[12]‖5‖

9_ 그것이=그 자체의 형태로 현시하는 것이.

10_ <찬도 8.7.1>에서 이러한 형태(속성)가 열거된다.

11_ '진술(upanyāsa) 등'에서 '등'이 가리키는 바는 명령(vidhi)과 지시(vyapadeśa)이다.

12_ <찬도 8.7.1>은 '진술'이다. 이미 확립된 것에 대한 언급이기 때문에 그 자체가 명령은 아니지만 명령을 목적으로 한다. 즉 바로 이어지는 문장의 "그것을 추구해야만 하고, 그것을 탐구해야만 한다."라는 명령을 목적으로 한다. <찬도 8.12.3>과 <찬도 7.25.2>는 '명령'이다. 다른 곳에서 확립되지 않은 새로운 것을 확립하기 위한 언급들이다. 마지막으로 "전지하고 전능하며"라는 것은 '지시'이다. 이는 이미 확립된 것에 대한 언급으로서 그 자체가 명령이 아닐뿐더러

6. [자유로운 자는] 그것(순수의식)을 본질로 함으로 말미암아 순수의식과 관계하여 단지 그러한 [본질로 현시한다고] 아우둘로미는 [생각한다].

citi tanmātreṇa tadātmakatvād ity auḍulomiḥ ‖6‖

비록 '죄악으로부터 자유로움' 등의 특성들이 분명 상이한 것으로 언급될지라도, 이것들은 말의 가상성과 연관될 뿐이다.[13] 왜냐하면 이곳에서는 오직 죄악 등의 파기만이 알려지기 때문이다. 반면에 그 아뜨만의 본질은 순수의식 자체이므로 단지 그러한 본질(자체 형태)로 현시한다는 것이 합리적이다. 이와 같은 연관에서 "여보, 마찬가지로 이 아뜨만은 안이 없고 밖이 없으며 전적으로 지식 덩어리일 뿐입니다."〈브리 4.5.13〉라는 이러한 유형의 계시가 지지해 줄 것이다.

그리고 비록 '진실한 욕망' 등의 특성들이 '진실한 욕망들을 가지는 어떤 것'이라고 [풀이됨으로써] 단지 실재(브라흐만)의 본질이라고 말해질지라도,[14] 여전히 이것들은 한정자와의 연계에 의존함으로 말미암아 순수의식과는 달리 [실재의] 본질로 가능하지 않다. [브라흐만이] 다양한 양상을 가지는 것은 부정되기 때문이다. 실로 브라흐만이 다양한 양상을 가지는 것은 "지고한 [브라흐만이 그 자체로] 두 가지 표징을 가지는 것은 [합당하지] 않다; 심지어 조건으로부터도 [즉 한정자와 연계되는 것으로부터도 합당하지 않다] …."〈수뜨라 3.2.11〉라는 곳에서

명령을 목적으로 하지도 않는다.

13_ 말의 가상성과 연관될 뿐이다=가상적인 말(개념)들에 지나지 않는다.

14_ <찬도 8.7.1>의 "진실한 욕망과 진실한 결의를 가진다."에서 '진실한 욕망'(satyakāma)이라는 것은 소유복합어이기 때문에 '진실한 욕망들을 가지는 어떤 것'(satyāḥ kāmā asya) 즉 '[어떤 것이] 진실한 욕망들을 가진다'라고 풀이된다. 따라서 실재가 즉 브라흐만 또는 아뜨만이 '진실한 욕망'이라는 특성을 실제로 가지는 듯이 간주될 수도 있다.

[이미] 부정했다.

또한 바로 이로부터, '먹음' 등에 대한 언급조차[15] 단지 고통의 부재를 의도하고 찬양을 목적으로 한다. "아뜨만에서 기뻐하고"〈찬도 7.25.2〉라는 등에서와 같다. 실로 기뻐하기, 놀기, 교합하기란, 단지 일차적 의미에서는, 아뜨만과 관계해서[16] 묘사될 수 없다. 그것들은 제2자와 관계하기 때문이다.

그러므로 [자유로운 자는] 모든 복합현상계로부터 자유롭고 적정(寂靜)이며 언표될 수 없는 '의식을 본질로 하는 것'으로 현시한다고 대스승 아우둘로미는 생각한다.‖6‖

7. 이와 같다고 할지라도 [즉 비록 실재적으로 순수의식 자체를 본질로 용인할지라도], 진술로부터 [알려진] 이전의 [형태마저 경험적 견지에서] 존재함으로 말미암아 [둘 사이에] 모순이 없다고, 바다라야나는 [생각한다].

evam apy upanyāsāt pūrvabhāvād avirodhaṃ bādarāyaṇaḥ ‖7‖

이와 같다고 할지라도 즉 비록 실재적으로 순수의식 자체를 본질로 용인할지라도, 진술 등으로부터 알려진 이전의 [형태마저] 즉 '브라흐만에 속하는 권능의 형태'마저 경험적 견지에서 부정되지 않음으로 말미암아 [둘 사이에] 모순이 없다고, 대스승 바다라야나는 생각한다.‖7‖

15_ 〈찬도 8.12.3〉 참조: "그는 그곳에서 먹으면서 놀면서 즐거워하면서 … 돌아다닌다."

16_ * Nirnaya에 '아뜨만과 관계해서'(ātmani)라는 표현이 등장하는 것과 달리, Samata에는 '아뜨만에 의해 야기되는 것들로'(ātmanimittāni)라는 표현이 등장한다. 바로 이어지는 문장을 고려한다면 전자가 더 적합할 것이다.

{ 4. '결의'라는 주제: 수뜨라 8-9 }

8. 하지만, [만약 조상 등이 출현하는 데 결의뿐만 아니라 다른 원인들이 동반된다고 한다면, 조상 등은] 오직 결의로부터 [출현한다]; 그렇게 계시되기 때문이다.

saṃkalpād eva tu tacchruteḥ ‖8‖

'하르다(심장에 있는 것)의 명상적 지식'에서는 "만약 그가 조상의 세상을 바라고 있다면, 단지 그의 결의로부터 조상들이 출현한다."〈찬도 8.2.1〉라는 등이 계시된다.

이 경우에 의문이 생긴다. 조상 등이 출현하는 데 오직 결의만이 유일하게 원인인가 아니면 다른 원인이 동반되는가?

[전론]: 이곳에서는 비록 '단지 [그의] 결의로부터'라는 계시가 있을지라도, 세상에서처럼 다른 원인들이 필요하다는 것이 합리적이다. 예컨대 이 세상에서 '나' 등의 결의로부터 또 '가기' 등의 [다른] 원인들로부터 아버지 등과 만나게 되듯이, 자유로운 자도 마찬가지여야 한다. 이와 달리 [이 세상에서의] 경험과 상반되는 것은 상상하지 못할 것이다. 결국 '단지 [그의] 결의로부터'라는 것은 왕처럼 '결의한 대상을 이루게끔 하는 다른 여러 성취수단들을 쉽게 얻는다는 것'과 관련하여 언급된다.[17] 또한 단지 결의로부터 출현하는 조상 등은, '희망사항으로 제시된 것'처럼 불안정함으로 말미암아,[18] 온전한 향유를 제공할 수 없을

17_ * Nirnaya에 '언급된다'(ucyate)라는 표현이 등장하는 것과 달리, Samata에는 '사용될 것이다'(yokṣyate)라는 표현이 등장한다.

18_ '희망사항으로 제시된 것'(manoratha-vijṛmbhita)은 불안정하다. 현실에 기반을 두고 있지 않고 단지 상상된 것이기 때문이다.

것이다.[19]

이러한 귀결에서 우리는 말한다.

[후론]: 하지만 조상 등은 오직 유일하게 결의로부터 출현한다.

어떤 근거에서? 그렇게 계시되기 때문이다. 실로 다른 원인들이 필요한 경우에는 “단지 그의 결의로부터 조상들이 출현한다.”라는 등의 계시가 침해당할 것이다. 물론 다른 원인마저 결의에 순응할 뿐이라면, 아마 존재할지도 모른다. 하지만 다른 원인이 [결의를 위한] 그 어떤 노력을 통해 갖춰질 수 있다고는 간주되지 않는다. [그 경우에는 다른 원인이] 갖춰지기 이전에 결의가 쓸모없게 되는 부조리한 결말이 생기기 때문이다.[20]

게다가 계시서로부터 알려질 수 있는 대상과 관계하여 일반적으로 ‘세상에서처럼’[21]이라는 경험이 적용되지는 않는다. 더욱이 단지 [자유로운 자가 가지는] 결의의 위력을 통해서도, 목적이 있는 만큼, 그들(조상 등)이 안정적으로 [출현하는] 것은 가능하다. 자유로운 자의 결의는 통상적인 결의와 상이하기 때문이다.‖8‖

9. 또한 바로 이로부터 [즉 결의가 쓸모없게 되지 않기 때문에, 지식을 가진 자는] 다른 지배자를 가지지 않는다.

ata eva cānanyādhipatiḥ ‖9‖

19_ 온전한 향유를 제공할 수 없을 것이다=온전한 향유대상이 될 수 없을 것이다.

20_ 다른 원인은 결의를 위한 그 어떤 추가적인 노력을 통해 갖춰질 수 없다. 만약 다른 원인이 그러한 노력을 통해 갖춰질 수 있다면, 노력의 과정에서 결의 자체가 미리 작동함으로 말미암아, 다른 원인이 갖춰지기 이전에 결의 자체가 쓸모없어져 버리기 때문이다.

21_ 앞서 전론자가 언급한 ‘세상에서처럼’(lokavat)이라는 표현은 ‘통념적으로’라는 의미로 이해해도 무방하다.

또한 바로 이로부터 즉 결의가 쓸모없게 되지 않기 때문에, 지식을 가진 자는 다른 지배자를 가지지 않는다. 즉 그에게는 다른 지배자가 존재하지 않는다는 뜻이다. 왜냐하면 심지어 보통 사람도 [어떤 것을] 결의하는 동안에 여지가 있다면 자신이 다른 주인(지배자)을 가지는 것을 결의하지는 않기 때문이다. 또한 계시서는 이를 보여준다. "한편, 이 세상에서 아뜨만과 또 그러한 진실한 욕망들을 찾은 뒤에 떠나는 자들은, 모든 세상들에서 자유자재하게 된다."〈찬도 8.1.6〉에서이다. ‖9‖

{ 5. '존재하지 않음'이라는 주제: 수뜨라 10-14 }

10. [지식이 있는 자에게 육체와 기관들이] 존재하지 않는다고 바다리는 [생각한다]; 왜냐하면 그와 같이 [성전이] 말하기 때문이다.

abhāvaṃ bādarir āha hy evam ‖10‖

"단지 그의 결의로부터 조상들이 출현한다."〈찬도 8.2.1〉라는 등의 계시로부터 먼저 마음이 결의의 수단이라는 것을 정립했다.

이제 권능(신성)을 획득한 '지식이 있는 자'에게 육체와 기관들이 존재하는지 혹은 존재하지 않는지, [이 점을] 검토한다.

[후론]: 이 경우에 먼저, 지식이 있는 고양된 자에게 육체와 기관들이 존재하지 않는다고 대스승 바다리는 생각한다.

무엇 때문에? 왜냐하면 그와 같이 성전이 말하기 때문이다. "마음을 통해 브라흐만 세상에 있는 그러한 그 욕망대상들을 보면서 즐거워한다."〈찬도 8.12.5〉에서이다. 만약 마음을 통해 또 육체와 기관들을 통해 만끽한다면, '마음을 통해'라는 한정어가 없어야 한다.

그러므로 해탈에서는 육체와 기관들이 존재하지 않는다.‖10‖

11. [반면에 자유로운 자에게 마음처럼 심지어 육체와 기관들도] 존재한다고 자이미니는 [생각한다]; [성전에서 그가 다양한 종류의 상태를] 선택한다고 전하기 때문이다.

bhāvaṃ jaiminir vikalpāmananāt ‖11‖

반면에 자유로운 자에게 마음처럼 심지어 육체가 기관들과 함께 존재한다고 대스승 자이미니는 생각한다. "그것은 1종류가 되고, 3종류가 되고"〈찬도 7.26.2〉라는 등의 [성전에서 그가] 다양한 종류의 상태를 선택한다고 전하는 까닭에서이다. 실로 육체의 차이가 없이는 다양한 종류가 되는 것이 이치에 맞지 않을 것이다.

비록 무속성인 '부만(극대, 極大)의 명상적 지식'에서 다양한 종류의 상태를 선택한다는 [바로] 그것을 언급할지라도,[22] '부만의 명상적 지식'을 찬양하기 위해 유속성의 상태에서 존재할 뿐인 그 권능을 언급하므로, 그로부터 [다양한 종류의 상태를 선택한다는 그것은] 유속성의 명상적 지식에 대한 결과인 것으로서 제공된다.‖11‖

[이에 대하여] 말한다.

12. 이로부터 [즉 계시서에서 두 가지의 표징이 언급되기 때문에] 두 가지 방식이라고 바다라야나는 [생각한다]; 드바다샤하(12일 제의)와 같다.

22_ <찬도 7.23.1> 참조: "실로 극대(極大)인 것은 즐거움입니다. 극소(極小)에는 즐거움이 없습니다. 오직 극대만이 즐거움입니다."

dvādaśāhavad ubhayavidhaṃ bādarāyaṇo 'taḥ ‖12‖

이제 바로 이로부터 즉 계시서에서 두 가지의 표징이 언급되기 때문에 두 가지 방식이라는 것이 온당하다고 대스승 바다라야나는 생각한다. 육체를 가진다고 결의하는 경우에는 육체를 가지게 되지만, 육체를 가지지 않는다고 결의하는 경우에는 육체를 가지지 않게 된다. [그의] 결의가 진실하기 때문이다. 또한 [그의] 결의가 다양하기 때문이다. 드바다샤하(12일 제의)와 같다. 예컨대 계시서에서 두 가지의 표징이 언급되기 때문에[23] 드바다샤하가 사뜨라 또는 아히나가 되듯이,[24] 이 경우에도 마찬가지이다.‖12‖

13. 신체가 존재하지 않는 경우에, 꿈에서처럼 [해탈에서도 욕망대상들은 인식 그 자체에 지나지 않는다]; [이는 이와 같이] 합당하기 때문이다.

tanvabhāve saṃdhyavad upapatteḥ ‖13‖

신체가 즉 기관들과 함께 육체가 존재하지 않는 경우에, 예컨대 꿈의 상태에서 육체, 기관, 대상들이 다만 존재하지 않음으로써 조상 등의 욕망대상들이 인식 그 자체에 지나지 않듯이, 해탈에서도 마찬가지여야 한다. 왜냐하면 이는 이와 같이 합당하기 때문이다.‖13‖

23_ <미맘사-수 2.3.12-15> 참조.

24_ 여러 사제들이 집행하는 사뜨라(Satra)의 경우에는 'upayanti'(그들이 실행한다)라는 동사가 사용되고, 후손을 목적으로 하면서 특정한 사제가 명령되는 아히나(Ahīna)의 경우에는 'yājayet'(그가 제의를 행하게끔 해야 한다)라는 동사가 사용된다. 이처럼 하나의 드바다샤하가 두 가지 방식으로 실행된다.

14. [신체가] 존재하는 경우에는, 생시에서처럼 [자유로운 자에게도 욕망대상들이 존재한다].
bhāve jāgradvat ‖14‖

다른 한편 신체가 존재하는 경우에는, 예컨대 생시에서 조상 등의 욕망대상들이 분명 존재하듯이, 자유로운 자에게도 마찬가지라는 것은 합당하다.‖14‖

{ 6. '등불'이라는 주제: 수뜨라 15-16 }

15. 등불처럼, [비록 지식을 가진 자는 하나일지라도 모든 육체들에] 들어간다; 왜냐하면 [성전이] 그렇게 보여주기 때문이다.
pradīpavad āveśas tathā hi darśayati ‖15‖

"[반면에 자유로운 자에게 마음처럼 심지어 육체와 기관들도] 존재한다고 자이미니는 [생각한다]; [성전에서 그가 다양한 종류의 상태를] 선택한다고 전하기 때문이다."〈수뜨라 4.4.11〉라는 곳에서는 자유로운 자가 육체를 가진다는 것을 말했다.

이러한 사정에서 3종류가 되는 것 등과 관계하여[25] 무수한 육체들이 창조될 때에, 육체들은 나무 인형처럼 영혼(아뜨만)이 없는 채로 창조되는지 또는 우리(사람) 등의 육체처럼 영혼이 있는 채로 창조되는지, [이 점을] 고찰한다.

25_ <찬도 7.26.2> 참조: "그것은 1종류가 되고, 3종류가 되고"

[전론]: 실로 이 경우에 영혼과 마음 사이에 분리가 불가능함으로 말미암아 [그것들이] 하나의 육체와 연계되기 때문에 다른 육체들에는 영혼이 없다.[26]

이와 같은 귀결에서 [수뜨라 저자는] "등불처럼, [비록 지식을 가진 자는 하나일지라도 모든 육체들에] 들어간다 …."라고 나아간다.

[후론]: 예컨대 하나의 등불이 변형의 힘을 가짐으로 말미암아 무수한 등불의 상태로 되듯이,[27] 마찬가지로 비록 지식을 가진 자는 하나일지라도 그는 권능을 가짐으로 말미암아 무수한 상태로 된 채 모든 육체들에 들어간다.

어떤 근거에서? 왜냐하면 하나가 무수한 상태로 [되는] 것을 성전이 그렇게 보여주기 때문이다. "그것은 1종류가 되고, 3종류가 되고, 5종류와 7종류와 9종류가 된다."〈찬도 7.26.2〉라는 등에서이다. 이는 나무 인형의 유비가 용인되는 경우에 적절하지 않고, 또한 다른 개별자아가 들어가는 경우에 적절하지 않다.[28] 그리고 영혼이 없는 육체들에서는 동작이 가능하지 않다.

한편 영혼과 마음 사이에 분리가 불가능함으로 말미암아 무수한 육체들과의 연계가 불가능하다는 것에 관해서는, 그러한 결함이 없다. [그는] 진실한 결의를 가짐으로 말미암아, 하나의 마음을 따르고 바로 그 마음을 가지는 다른 육체들을 창조할 것이다.[29] 그리고 그것들(육체

26_ 하나의 영혼(아뜨만)은 잠재인상으로 이루어진 하나의 마음에서만 존재한다. 이처럼 서로 분리될 수 없는 영혼과 마음이 이미 존재하고 있는 하나의 육체와 연계되는 이상, 다른 육체들은 영혼이 없는 채로 창조된다.

27_ 하나의 등불을 여러 곳에 옮겨 붙일 수 있다.

28_ 왜냐하면 <찬도 7.26.2>에서는 분명 오직 하나의 개별자아(영혼)가 여러 육체들에 들어가는 것을 보여주기 때문이다.

29_ 자유로운 자가 결의한 것은 무엇이든지 이루어지기 때문에 그는 육체들을 창조하면서 각각의 육체가 각각의 마음을 가지도록 할 것이다. 이 경우에 각각의 마음은 애초에 영혼이 존재하던 그 하나의 마음과 일치한다. 결과적으로 각각

들)이 창조된 경우에 한정자의 차이로 말미암아 심지어 영혼이 [그것들에 대해 각각] 별도로 주재자(지배자)가 된다고 적용될 것이다.

또한 바로 이것은 요가 교서들에서 요가 수행자들이 무수한 육체들과 연계되는 방식이다.‖15‖

[전론]: 그렇다면 "그러면, 무엇을 통해 무엇을 보아야 하겠습니까?"〈브리 4.5.15〉, "하지만 '알 수 있는 그것'과는 구분(분리)되는 다른 자로서 제2자는 존재하지 않습니다."〈브리 4.3.30〉, "물(바다)과 [같이], 하나인 그것은 '보는 자'이고 '둘이 아닌 것'입니다."〈브리 4.3.32〉라는 이러한 유형의 계시들이 특정한 인식을 부인하는 이상, 어떻게 자유로운 자에게 '무수한 육체들에 들어가는 것 등'으로 지시되는 권능이 용인된다는 말인가?

이로부터 답변을 한다.

16. [만약 계시들이 특정한 인식을 부인하는 이상 어떻게 자유로운 자가 무수한 육체들에 들어가는 것으로 지시되는 권능을 가지느냐고 한다면], '자신에 되들어감'(숙면)과 융합(독존) 중의 어느 한 [상태와] 관련하여 [그렇게 특정한 인식이 부재한다고 말한다]; 왜냐하면 [계시서의 장절에 힘입어 이것이] 명백하기 때문이다.

svāpyayasaṃpattyor anyatarāpekṣam āviṣkṛtaṃ hi ‖16‖

[후론]: '자신에 되들어감'이란 숙면이다. "자신에 되들어가게 된다. 따라서 그에 대해 '잠잔다'라고 그들은 말한다."〈찬도 6.8.1〉라고 계시되기 때문이다. '융합'이란 독존이다. "브라흐만 자체로 존재하면서 브

의 육체마다 마음이 있는 이상 영혼도 그 육체에 들어갈 수 있게 된다.

라흐만에 되들어갑니다."〈브리 4.4.6〉라고 계시되기 때문이다. 이러한 둘 중의 어느 한 상태와 관련하여 그렇게 특정한 인식이 부재한다고 말한다. 어떤 경우에는 숙면 상태와 관련하여 말하고, 어떤 경우에는 독존 상태와 관련하여 말한다.

[전론]: 어떻게 해서 알려지는가?

[후론]: 바로 그 경우에 [계시서의] 장절(화제)에 힘입어 이것이 명백한 까닭에서이다.[30] "[아뜨만은] 이러한 원소들로부터 솟아오르고 나서 바로 그것들을 좇아 소멸합니다. 세상을 떠난 후에는 [특정한] 의식이 존재하지 않습니다."〈브리 2.4.12〉, "하지만 모든 것이 오직 '그의 아뜨만'이 될 경우에"〈브리 4.5.15〉, "잠자는 채로 그 어떤 욕망대상도 욕망하지 않고 그 어떤 꿈도 꾸지 않는 곳으로"〈브리 4.3.19〉[31]라는 등이 계시되기 때문이다.

한편 그러한 권능이 상세하게 기술되는 경우는 천국 등과 같은 다른 상태와 [관련되며], 그것은 유속성의 명상적 지식이 [낳은] 과보(果報)의 상태이다.

그러므로 결합은 없다.‖16‖

{ 7. '세계의 일'이라는 주제: 수뜨라 17-22 }

17. [신과의 합일로 나아간 자들은] 세계의 [생성 등에 대한] 일을 배제

30_ 특정한 인식이 부재한다고 말하는 바로 그 경우에, 그러한 내용을 다루는 장절의 맥락에 힘입어, 그 부재가 어떤 경우에는 숙면 상태와 관련되고 어떤 경우에는 독존 상태와 관련된다는 것이, 명백하기 때문이다.

31_ 이 문장은 *Māṇḍūkya-upaniṣad* 5에서도 등장한다. 참고로 주석가는 <주석>에서 *Māṇḍūkya-upaniṣad*를 전혀 인용하지 않는다.

한 채 [다른 모든 권능을 가질 수 있다]; [반면에 세계에 대한 일은 오직 신에게 속한다]; [그 계시들에서는 신이] 주제이기 때문이고, 또 [다른 자들은] 근접해 있지 않기 때문이다.

jagadvyāpāravarjaṃ prakaraṇād asaṃnihitatvāc ca ‖17‖

유속성 브라흐만에 대한 계속적 명상을 통해 실로 마음과 함께 신과의 합일로 나아간 자들은, 한계가 없는 권능을 가지는지 그렇지 않으면 한계가 있는 권능을 가지는지, 의문이 생긴다.

실로 무엇으로 귀결되는가?

[전론]: 그들의 권능은 실로 제한이 없는 것이어야만 한다. "그는 자치권을 얻는다."〈따잇 1.6.2〉, "모든 신격들은 그를 위해 공물을 가져온다."〈따잇 1.5.3〉, "… 자들은, 모든 세상들에서 자유자재하게 됩니다."〈찬도 7.25.2; 8.1.6〉라는 등이 계시되기 때문이다.

이러한 귀결에서 [수뜨라 저자는] "[신과의 합일로 나아간 자들은] 세계의 [생성 등에 대한] 일을 배제한 채 [다른 모든 권능을 가질 수 있다] …."라고 언급한다.

[후론]: 자유로운 자들은 '세계의 생성 등'에 대한 일을 배제한 채 '미세한 존재가 되는 것 등'을 특징으로 하는 다른 [모든] 권능을 가질 수 있다. 반면에 세계에 대한 일은 오직 영원히 존립하는 신에게 속한다.

어떤 근거에서? 이곳들에서는 그(신)가 논제이기 때문이고, 또 다른 자들은 근접해 있지 않기 때문이다. 실로 오직 지고한 신만이 세계에 대한 일에 자격을 가진다. 바로 그를 주제로 삼은 후 생성 등을 가르치기 때문이다. 또한 [신은] '영원한'이라는 말과 결부되기 때문이다. 반면에 다른 자들에 대해서는, 그(신)에 대한 추구와 탐구를 기인으로 하는 '미세한 존재가 되는 것 등의 권능'이 계시된다. 이로 말미암아 그들은 세계에 대한 일에 근접해 있지 않다.

게다가 [자유로운 자들이] 실로 마음을 가짐으로 말미암아 그들 사이에 의견일치가 없는 경우에, 혹자는 [세계의] 유지를 의도하고 혹자는 [세계의] 소멸을 의도하므로, 이와 같이 가끔씩 모순마저 생길 것이다. 만약 어떤 자의 결의를 좇아 다른 자가 결의하므로 모순이 없다고 생각한다면, 그 경우에 다른 자들은[32] [모두] 지고한 신의 의향에 의존할 뿐이라고 확립된다.‖17‖

18. 만약 직접적인 가르침으로 말미암아 [그들에게 한계가 없는 권능이 정당하다고] 한다면, 아니다; '자격을 다루는 자로서 [태양의] 구체 [등에] 머무는 [신'에 의존한 채로 그들이 자치권을 획득한다고] 언급되기 때문이다.

pratyakṣopadeśād iti cen nādhikārikamaṇḍalasthokteḥ ‖18‖

이제 "그는 자치권을 얻는다."〈따잇 1.6.2〉라는 등의 직접적인 가르침으로 말미암아 지식이 있는 자들에게 한계가 없는 권능이 정당하다고 주장한 것을 논박해야만 한다.

이에 대하여 말한다.

그러한 결함은 없다. "… 자격을 다루는 자로서 … 구체 … 머무는 … 언급되기 때문이다."

'자격을 다루는 자로서 태양의 구체 등 특정한 거주지들에 머무르는 지고한 신'에 오직 의존한 채로 [그들이] 자치권을 그렇게 획득한다고 언급된다.[33] [그 계시에] 곧 이어서 "그는 마음의 통치자를 얻는다."〈따

32_ 다른 자들은=자유로운 자들은.

33_ 지고한 신이 '자격을 다루는 자'(ādhikārika)라는 것은 그가 다른 자들에게 여러 영역들에 관한 주권을 각각 부여한다는 의미이다. 이로부터 다른 자들은 각각 자기 영역에 관한 자치권(svārājya)을 획득한다.

잇 1.6.2〉라고 말하는 까닭에서이다.[34] 실로 말한 바는, 그가 '모든 마음들의 통치자로서 이전부터 존립하는 신'을 얻는다는 것이다. 그리고 분명 이를 좇은 채로 곧 이어서 "언어의 통치자와 눈의 통치자, 귀의 통치자와 인식의 통치자"〈따잇 1.6.2〉가 된다고 말한다.

마찬가지로 다른 경우에도, 가능한 한, 영원히 존립하는 신에 오직 의존한 채로 다른 자들이 권능을 가진다고 해석해야만 한다.‖18‖

19. 또한 [신은 다만] 변형에서 머물지 않고 [영원히 자유로운 형태도 가진다]; 왜냐하면 [성전이 그가 두 형태로] 존속한다고 그렇게 말하기 때문이다; [따라서 그들은 한계가 있는 권능에 머무른다].

vikārāvarti ca tathā hi sthitim āha ‖19‖

또한 궁극적 신은 다만 변형에서 머물지 않고 영원히 자유로운 형태(양상)도 가진다. [그는] 태양의 구체 등을 거주지로 하는 [것과 같이] 오로지 단순한 변형만을 영역으로 삼지 않는다. 왜냐하면 성전이 그가 두 형태로 존속한다고 그렇게 말하기 때문이다. "그러한 만큼이 그(가야뜨리)의 위대성이지만, 그보다 더 위대한 것이 또 뿌루샤이도다. 모든 존재들은 그의 한 발이고, 천상에서 불멸인 그의 세 발."〈찬도 3.12.6〉이라고 이렇게 운운하는 것들에서이다. 그리고 다른 것을[35] [명상의] 근저로 삼는 자들이 변형되지 않는 이러한 형태를 얻는다고 말할 수는 없다. 그들은 이러한 결의를 가지지 않기 때문이다.

결국 이로부터, 실로 두 형태의 궁극적 신과 관계하여 [그들이] 무속성의 형태를 획득하지 못함으로써 바로 그 유속성의 형태에 머무르듯

34_ "그는 자치권을 얻는다."라는 문장의 바로 다음에 오는 문장이 "그는 마음의 통치자를 얻는다."이다.

35_ 다른 것을=유속성인 것을.

이, 마찬가지로 심지어 유속성과 관계해서도 [그들은] 한계가 없는 권능을 획득하지 못함으로써 바로 그 한계가 있는 권능에 머무른다고 이해해야만 한다.‖19‖

20. 또한 지각(계시서)과 추론(전승서)은 이와 같음을 [즉 지고한 빛이 변형에서 머물지 않는다는 것을] 보여준다.

darśayataś caivaṃ pratyakṣānumāne ‖20‖

또한 계시서와 전승서는 지고한 빛이 변형에서 머물지 않는다는 것을 보여준다. "그곳에는 해가 빛나지 않고, 달과 별도 빛나지 않는다. 이러한 번개들도 빛나지 않는다. 이 [지상의] 불은 더더군다나 아니다."〈까타 5.15; 문다 2.2.10; 슈베 6.14〉에서이다. 또한 "해가 그곳(거처)을 비추지 못합니다. 달도 못하고 불도 못합니다."〈기따 15.6〉에서이다.

이러한 연관에서 '지고한 빛이 변형에서 머물지 않는다는 것'은 잘 알려져 있다는 것이 [이 수뜨라의] 의도이다.‖20‖

21. 또한 [변형(유속성)을 명상의 근저로 삼는 자들은 제한이 없는 권능을 가지지 않는다]; [그들의 경우에] 단지 향유만이 [신과] 동등하다는 표징 때문이다.

bhogamātrasāmyaliṅgāc ca ‖21‖

이로 말미암아 또한, 변형(유속성)을 [명상의] 근저로 삼는 자들은 제한이 없는 권능을 가지지 않는다. 그들의 경우에 단지 향유 자체만이 '시초가 없이 존립하는 신'과 공통적이라고 계시되는 까닭에서이다. "그가 그에게 말했다: 실로 물이 경계가 되고, 이 세상은 [그대의 것이리라!]"〈까우 1.7〉,[36] "그러한 신격을 모든 존재들이 비호하듯이, 마찬가지로 정녕 이와 같이 아는 자를 모든 존재들이 비호한다."〈브리 1.5.20〉,[37] "이로써 그는 그러한 신격에 '합일하는 것'과 그러한 신격과 '같은 세상에 머무르는 것'을 쟁취한다."〈브리 1.5.23〉라는 등에서 차이를 지시하는 표징들로부터이다.[38]‖21‖

[전론]: 이와 같을 경우에 [자유로운 자들의 권능이] 차별점을 가짐으로 말미암아 권능에 유한함이 있지 않겠는가? 또한 그로부터 그들에게 '되돌아옴'이 수반될 것이다.

이로부터 존경스러운 대스승 바다라야나는 답변을 한다.

22. [만약 자유로운 자들의 권능이 유한한 경우에 그들에게 '되돌아옴'이 수반된다고 한다면, 그들은] 되돌아오지 않는다; 성언 때문이다; [그들은] 되돌아오지 않는다; 성언 때문이다.

anāvṛttiḥ śabdād anāvṛttiḥ śabdāt ‖22‖

[후론]: 경맥 · 광선과 관련되고 빛 등을 단계로 하는 '신의 길'이라는 길을 따라 [나아간] 자들은 성전에서 특정한 채로 언급된 '브라흐만 세상'에 도달한다.

36_ 이 인용문은 매우 다양하게 읽히는 편이다. 일반적으로는 이 인용문을 "그가 그에게 말했다: 실로 물은 나의 세상이다. 이것은 너의 것이다."라고 읽는다.

37_ 주석가가 <브리 1.5.20>에서 인용한 이 문장에는 'sa'가 맨 앞에 등장한다. 하지만 이 낱말은 사실 'saḥ'로서 이 인용문이 아니라 그 앞 문장에 마지막 낱말로 포함되어야 한다.

38_ 인용된 문장들은 자유로운 자와 신 사이의 차이를 지시하는 표징들을 가진다. 그러면서 이 문장들은 양자가 '향유하는 것' 자체에 관해서는 공통적이라는 점을 암시하기도 한다.

'브라흐만 세상'은 이 세상으로부터 세 번째 천상으로서, 그곳에는 실로 '아라'와 '느야'라는 두 개의 큰 호수가 있다. 그곳에는 '기쁨을 주는 음식'이라는 호수가 있다. 그곳에는 소마가 흘러나오는 보리수가 있다. 그곳에는 '아빠라지따'(정복되지 않은)라는 브라흐만의 도시가 있다. 또한 그곳에는 주님께서 만든 황금으로 이루어진 궁전이 있다.[39] 그리고 그곳(브라흐만 세상)은 만뜨라와 아르타바다(의미진술) 등의 영역들에서 다양한 방식으로 상술된다.

그들은 그곳에 도달한 뒤에 향유를 경험했음에도, 달의 세상으로부터 되돌아오는 것과 달리, 되돌아오지 않는다.

어떤 근거에서? "그는 그것을 따라 위로 가면서 불멸성에 도달하리라."〈찬도 8.6.6; 까타 6.16〉, "그들은 다시 되돌아오지 않습니다."〈브리 6.2.15〉, "이를 통해 도달한 자들은 이 '인간의 순환'으로 되돌아오지 않는다."〈찬도 4.15.5〉, "그는 브라흐만 세상을 취한다. 그리고 그는, 다시 되돌아오지 않는다."〈찬도 8.15.1〉라는 등의 성언들 때문이다. 그리고 권능이 유한하더라도 어떻게 되돌아오지 않는지 [이미] 설명했다. "[만약 결과로서의 브라흐만에 도달하는 경우에 '되돌아오지 않음'에 대한 계시가 적합하지 않다고 한다면], 결과로서의 [브라흐만 세상이] 사라질 때에 [그곳에서 참된 직관이 생긴 개별자아들은] '그것(세상)의 지배자'(히란야가르바)와 함께 그것보다 더 지고한 ['비슈누의 거처'로 나아간다] …."〈수뜨라 4.3.10〉라는 곳에서이다.

하지만 참된 직관을 통해 무명을 일소하고 영원히 존립하는 열반(涅槃)에 깊이 몰두하는 자들에게는, 되돌아오지 않음이란 확립된(성립된) 것에 지나지 않는다. 실로 분명 이것(열반)을 받아들임으로써, 유속성 [브라흐만을] 의지처로 삼는 자들에게마저 되돌아오지 않음은 확립된

39_ 이상의 '브라흐만 세상'에 대한 묘사는 <찬도 8.5.3>에 등장한다.

다.

'… 되돌아오지 않는다; 성언 때문이다; … 되돌아오지 않는다; 성언 때문이다'라며 수뜨라를 반복하는 것은 성전의 종결을 나타낸다.‖22‖

부록

[부록 1]

수뜨라 모음*

제1장 제1절

{ 1. 탐구욕 }

1. 이제 [즉 4가지 성취수단을 완성하는 것에 연속하여], 이로부터 [즉 계시서에서 행위 등이 무상한 결과를 가진다고 또 브라흐만에 대한 지식으로부터 지고한 '인간의 목표'를 얻는다고 보여주기 때문에], 브라흐만에 대한 탐구욕이 [나아간다].

{ 2. 생성 등 }

2. 그 무엇으로부터 이것(세계)의 생성 등이 [초래되는데, 그 무엇이 곧 브라흐만이다].

{ 3. 성전의 원천 }

3. [브라흐만은] 성전의 원천이기 때문에, [전지하고 전능하다].

---

* 여기서 제시되는 555개의 수뜨라들은 본문의 수뜨라 번역만을 따로 모은 것이다. 따라서 이 수뜨라들은 전적으로 샹까라의 <주석>에 의존해서 번역한 것에 지나지 않는다.

{ 4. 조화 }

4. 하지만, [만약 브라흐만이 성전을 원천으로 가지지 않는다고 한다면], 그것(브라흐만)은 [오직 베단따 성전으로부터만 알려진다]; [베단따 문장들의] 조화 때문이다.

{ 5. 마음으로 바라보기 }

5. [상크야 학자들이 제안하는 세계의 원인인 쁘라다나는 베단따들에서 견지될 수] 없다; [그것은] 성언을 벗어나기 [때문이다]; '마음으로 바라보기' 때문에 [성언을 벗어난다].
6. 만약 [마음으로 바라보는 것이] 비유적 의미라고 [한다면], 아니다; '아뜨만'이라는 말 때문이다.
7. [만약 비의식체인 쁘라다나에 대해 '아뜨만'이라는 말이 적용된다고 한다면, 쁘라다나는 '아뜨만'이라는 말의 지시대상이 될 수 없다]; 그것(아뜨만)에 몰두하는 자에게 해탈을 가르치기 때문이다; [따라서 쁘라다나는 '존재'라는 말로 지시되는 것이 아니다].
8. [성전은 쁘라다나를 '거부해야만 하는 것'이라고 말해야 하지만] '거부해야만 하는 것'이라고 말하지 않기 때문에, 또 [확언과의 모순 때문에, 쁘라다나는 '존재'라는 말로 지시되는 것이 아니다].
9. [의식체인 개별자아가] 자신에 되들어가기 때문에, [쁘라다나는 '존재'라는 말로 지시되는 것이 아니고 세계의 원인이 아니다].
10. [모든 베단따들에서 '세계의 원인이 의식체라는] 지식'이 일관적이기 때문에, [쁘라다나는 세계의 원인이 아니고 전지한 브라흐만이 세계의 원인이다].
11. 또한 [전지한 신이 세계의 원인이라고] 계시되기 때문에, [전지한

브라흐만이 세계의 원인이다].

{ 6. **환희로 이루어진 것** }

12. '환희로 이루어진 것'은 [지고한 아뜨만이다]; ['환희'라는 말이 지고한 아뜨만과 관계하여] 반복되기 때문이다.
13. 만약 '변형'(이루어진)이라는 말 때문에 [지고한 아뜨만이] 아니라고 한다면, 아니다; '풍부함'(이루어진) 때문이다; [따라서 '이루어진'은 '풍부함'이라는 의미이다].
14. 또한 [계시서는 브라흐만이] 그것(환희)의 근거라고 언급하기 때문에, ['이루어진'은 풍부함이라는 의미이고 '환희로 이루어진 것'은 지고한 아뜨만이다].
15. 또한 만뜨라에서 묘사된 바로 그것(브라흐만)을 [브라흐마나에서] 말하기 [때문에, '환희로 이루어진 것'은 지고한 아뜨만이다].
16. 다른 것(개별자아)은 ['환희로 이루어진 것'이] 아니다; 부당하기 때문이다.
17. 또한 [개별자아와 '환희로 이루어진 것'을] 차별하여 언급하기 때문에, ['환희로 이루어진 것'은 개별자아가 아니다].
18. 또한 욕망이 [지시되기] 때문에, 추론된 것인 [쁘라다나는 '환희로 이루어진 것'으로] 간주되지 않는다.
19. 또한 그것(아뜨만)에서 이것(개별자아)이 그것과 합일함을 가르치기 [때문에, '환희로 이루어진 것'은 쁘라다나 혹은 개별자아가 아니다]; [하지만 '환희로 이루어진 것'은 브라흐만이 아니고, 환희가 브라흐만이다].

{ 7. 안에 있는 것 }

20. '안에 있는 것'은 [지고한 신이다]; 그것(신)의 특징들이 지시되기 때문이다.
21. 또한 [개별자아들과는] 다른 ['내부의 지배자'로서 신이 존재한다]; [다른 계시서에서 양자의] 차이를 언급하기 때문이다; [따라서 '안에 있는 것'은 지고한 신이다].

{ 8. 허공 }

22. 허공은 [지고한 브라흐만이다]; 그것(브라흐만)에 대한 표징 때문이다.

{ 9. 생기 }

23. 바로 이로부터 [즉 브라흐만에 대한 표징 때문에], 생기는 [지고한 브라흐만이다].

{ 10. 빛, 발 }

24. 빛은 [브라흐만이다]; 발을 언급하기 때문이다.
25. 만약 ['가야뜨리'라는] 운율을 언급함으로 말미암아 [브라흐만이] 아니라고 한다면, 아니다; 그와 같이 [즉 '가야뜨리'라는 운율을 통해, 운율에 내재된 브라흐만에] 마음을 고정하는 것이 언명되기 때문이다; [다른 곳에서도] 실로 그와 같음을 [즉 변형물을 통한 '브라흐만에 대한 계속적 명상'을] 보여준다; [따라서 논제는 브라흐만이다].

26. 또한 존재 등을 '발'이라고 언급하는 것은 [브라흐만의 경우에] 합당하기 때문에, 그러하다 [즉 논제는 브라흐만이다]; [바로 그 브라흐만이 천상과의 연계로 말미암아 인지됨으로써 '빛'에 대한 문장에서 파악된다].
27. 만약 [7격과 5격이라는] 지시의 차이로 말미암아 ['빛'에 대한 문장에서 브라흐만이 인지되지] 않는다고 한다면, 아니다; 두 경우 모두에서 [즉 7격으로 종결되고 5격으로 종결되는 지시에서, 브라흐만이 인지되는 것에는] 모순이 없기 때문이다.

{ 11. **쁘라따르다나** }

28. 생기는 [브라흐만이다]; 그와 같이 이해되기 때문이다.
29. 만약 ['인드라'라는 이름의] 화자(話者)가 자신을 지시하기 때문에 [생기는 브라흐만이] 아니라고 한다면, [아니다]; 왜냐하면 이곳에 '인격적인 것'과 연계된 것이 많기 때문이다; [따라서 생기는 브라흐만을 지시할 뿐이고 신격적 아뜨만을 지시하지 않는다].
30. [화자인 인드라는] 실로 성전에 [따르는 성자의] 직관을 통해 [자신을 지고한 아뜨만으로 직관함으로써] 바마데바에서처럼 [쁘라따르다나를] 가르쳤다; [따라서 이것은 브라흐만에 대한 문장이다].
31. 만약 개별자아와 으뜸인 생기에 대한 표징 때문에 [브라흐만이] 아니라고 한다면, 아니다; 3종류의 계속적 명상 때문이고, [다른 곳에서도 생기가 브라흐만에 대해] 수용되기 때문이며, 이곳에서도 ['가장 유익한 것' 등이] 그것(브라흐만에 대한 표징)과 연관되기 때문이다; [따라서 이것은 브라흐만에 대한 문장이다].

제1장 제2절

{ 1. 모든 곳에서 잘 알려져 있음 }

1. ['마음으로 이루어진 것' 등의 특성들은 명상대상으로 지고한 브라흐만을 지시한다]; 모든 곳에서 잘 알려져 있는 [브라흐만을 이곳에서] 지시하기 때문이다.
2. 또한 [명상대상으로] 말하고자 하는 속성들이 [브라흐만에 대해서] 합당하기 때문에, [지고한 브라흐만을 명상대상으로 지시한다].
3. 육화된 자(개별자아)는 결코 [그러한 속성들을 가지지] 않는다; 합당하지 않기 때문이다.
4. 또한 행위대상과 행위주체를 지시하기 때문에, [육화된 자는 그러한 속성들을 가지지 않는다].
5. [유사한 맥락의 다른 계시에] 말(격어미)의 차이가 [있기] 때문에, [아뜨만이 그러한 속성들을 가진다].
6. 또한 전승되기 때문에, [육화된 자와 지고한 아뜨만의 차이가 알려진다].
7. 작은 거처로 말미암아, 또 그러함(매우 작음)에 대해 언급함으로 말미암아, 만약 [지고한 아뜨만을 지시하지] 않는다고 한다면, 아니다; [신이] 주시되어야만 하기 때문에 그와 같다; 또한 [이는] 천공처럼 [이해된다].
8. 만약 [브라흐만이 모든 생명체의 심장과 연계되고 '의식으로 이루어진 것'이고 유일하기 때문에, 육화된 자처럼 윤회세계에서] 향유를 겪는다고 한다면, 아니다; [양자의] 차이 때문이다.

{ 2. 먹는 자 }

9. 먹는 자는 [지고한 아뜨만이다]; 움직이는 것과 움직이지 않는 것을 언급하기 때문이다.
10. 또한 [지고한 아뜨만에 대한] 맥락 때문에, [또 표징 때문에, 먹는 자는 지고한 아뜨만이다].

{ 3. 공동에 들어간 것 }

11. 공동에 들어간 것은 두 아뜨만들이다 [즉 인식적 아뜨만과 지고한 아뜨만이다]; 왜냐하면 [계시서와 전승서는 지고한 아뜨만이 공동에 놓이는 것을] 그렇게 보여주기 때문이다.
12. 또한 한정어 때문에, [인식적 아뜨만과 지고한 아뜨만이 이해된다].

{ 4. 안에 있음 }

13. [눈] 안에 있는 [뿌루샤는 지고한 신이다]; [신인 경우에 언급되는 모든 속성들이] 합당하기 때문이다.
14. 또한, [만약 편재하는 브라흐만에 대해 눈이라는 장소가 어떻게 합당하냐고 한다면, 브라흐만에 대해 다른] 장소 등을 지시하기 때문에, [이는 합당하다].
15. 또한 실로 즐거움을 가진다고 언급하기 때문에, [눈 안에 있는 뿌루샤는 브라흐만을 지시한다].
16. 또한 우빠니샤드를 들은 자의 길을 [즉 비밀스러운 지식을 듣고 브라흐만을 아는 자의 '신의 길'을, 눈 안의 뿌루샤를 아는 자를 위해]

언급하기 때문에, [눈을 장소로 가지는 뿌루샤는 지고한 신이다].

17. [반사된 아뜨만 등의] 다른 것은 [수용되지] 않는다; 지속적이지 않기 때문이고, 또 불가능하기 때문이다.

{ 5. 내부의 지배자 }

18. 신격적인 것 등과 관계하여 [계시되는] 내부의 지배자는 [지고한 아뜨만이다]; 그것의 특성을 언급하기 때문이다.

19. 또한, [만약 '보이지 않음' 등의 특성들 때문에 내부의 지배자가 쁘라다나일 것이라고 한다면, 내부의 지배자는] 전승서에 근거한 [쁘라다나일 수] 없다; '그것(쁘라다나)의 특성이 아닌 것'을 언급하기 때문이다.

20. [만약 여러 가지 이유 때문에 육화된 자가 내부의 지배자라고 한다면], 육화된 자 또한 [내부의 지배자일 수 없다]; 실로 양측 모두가 [즉 '깐바'와 '마드얀디나' 분파의 추종자들이] 그것(육화된 자)을 [내부의 지배자와는] 상이한 것으로 읽는다.

{ 6. 보일 수 없음 }

21. '보일 수 없음' 등의 속성들을 가지는 [존재의 원천은 지고한 신이다]; [지고한 신의] 특성을 언급하기 때문이다.

22. 또한 한정어 때문이고, [쁘라다나와는] 다른 것으로 언급하기 때문에, [오직 지고한 신만이 존재의 원천이고] 다른 둘은 [즉 육화된 자나 쁘라다나는] 아니다.

23. 또한 [존재의 원천이 '모든 변형물로 이루어진] 양상'이라고 제시되기 때문에, [지고한 신이 존재의 원천이다].

{ 7. **바이슈바나라** }

24. 바이슈바나라는 [지고한 아뜨만이다]; ['바이슈바나라'와 '아뜨만'이라는 두] 다의어가 [지고한 신을 의도한다고 용인하게끔 하는] 징표 때문이다.
25. '전승되는 것'은, [계시서가 그 출처라고 추론하게끔 함으로써, 바이슈바나라가 지고한 신이라는] 증거일 수 있기 때문에, [바이슈바나라는 오직 지고한 신이다].
26. 만약 ['바이슈바나라'라는] 말 등 때문에 또 안에 머무름 때문에 [바이슈바나라는 지고한 신일 수] 없다고 한다면, 아니다; 그 방식으로 [즉 위장에 있는 불을 폐기하지 않은 채로 지고한 신을] 보는(명상하는) 것을 가르치기 때문이고, [유일하게 위장에 있는 불을 말하고자 한다면 징표가] 부적합하기 때문이다; 또한, [만약 유일하게 위장에 있는 불을 말하고자 한다면, 그것은 '뿌루샤의 안에 머무는 것'이어야 할 뿐 '뿌루샤'는 아닌데, 바자사네야의 추종자들은] 그것(바이슈바나라)을 뿌루샤로도 읽는다.
27. 바로 이로부터 [즉 언급된 근거들로부터, 바이슈바나라는] 신격이 아니고 또 원소로서의 [불도] 아니다.
28. [상징과 한정자를 가정하지 않은 채] 심지어 직접적으로 [지고한 신에 대한 계속적 명상을 수용하는 경우에 그 어떤] 모순도 없다고 자이미니는 [생각한다].
29. [만약 지고한 신을 수용하는 경우에 어떻게 '한 뼘의 척도'라는 계시어가 합당하냐고 한다면, 그 자체의] 현시로 말미암아 ['한 뼘의 척도'가 지고한 신과 관계해서도 합당하다고] 아슈마라트야는 [생각한다].
30. 지속적 상기 때문에 [즉 마음에 의해 지속적으로 상기되는 지고한

신이 '한 뼘의 척도'라고 불리기 때문에 '한 뼘의 척도'는 지고한 신과 관계한다고] 바다리는 [생각한다].

31. [바이슈바나라의 부위들과 육체의 부위들 사이의] 결합 때문에 ['한 뼘의 척도'는 지고한 신과 관계한다고] 자이미니는 [생각한다]; 왜냐하면 [계시서가] 그렇게 보여주기 때문이다.

32. 또한 [자발라의 추종자들은] 그것(지고한 신)이 그곳에서 [즉 '한 뼘의 척도'인 머리와 턱의 한가운데서 머문다고] 언급한다; [따라서 바이슈바나라는 지고한 신이다].

제1장 제3절

{ 1. 천상, 지상 등 }

1. 천상, 지상 등의 처소는 [지고한 브라흐만이다]; 자체에 대한 말 때문이다.
2. 해탈한 자들이 [그것(처소)에] 도달할 수 있다고 언급하기 때문에, [천상, 지상 등의 처소는 지고한 브라흐만이다].
3. 추론된 것인 [쁘라다나는 천상, 지상 등의 처소가] 아니다; 그러한 말이 [즉 쁘라다나를 증명하는 말이] 없기 때문이다.
4. 또한 생명체(개별자아)는 [천상, 지상 등의 처소가 아니다; 그러한 말이 없기 때문이다].
5. [지식주체와 지식대상의 즉 생명체와 브라흐만의] 차이를 언급하기 때문에, [생명체는 천상, 지상 등의 처소가 아니다].
6. [지고한 아뜨만에 대한] 맥락 때문에, [생명체는 천상, 지상 등의 처소가 아니다].

7. 또한 남아 있음과 먹음 때문에 [즉 양자로부터 신과 개별자아가 이해되고, 천상, 지상 등의 처소로 신을 말하고자 한다면 개별자아로부터 신을 구별한 채 말하는 것이 적절하기 때문에, 생명체는 천상, 지상 등의 처소가 아니다]; [따라서 오직 지고한 브라흐만이 천상, 지상 등의 처소이다].

{ 2. 극대 }

8. 극대는 [지고한 아뜨만이다]; [극대가] 적정(생기)보다 우월하다고 가르치기 때문이다.
9. 또한 [극대에 대해 계시되는] 특성들이 [지고한 아뜨만인 경우에] 합당하기 때문에, [극대는 지고한 아뜨만이다].

{ 3. 불멸체 }

10. 불멸체는 [지고한 아뜨만이다]; 에테르에 이르기까지 [즉 흙에서 시작하여 에테르에 이르는 변형물의 총체를] 지지하기 때문이다.
11. 또한, [만약 '에테르에 이르기까지 지지하는 것'이 쁘라다나 원인론자에게도 합당하다고 한다면], 그것(지지하는 것)은 [오직 지고한 신의 행위이다]; 통치가 [계시되기] 때문이다.
12. 또한 '[브라흐만과는] 다른 존재'로부터 [불멸체를] 분리하기 때문에, [불멸체는 오직 지고한 브라흐만이다].

{ 4. 마음으로 바라보기의 대상이라고 언급됨 }

13. [명상대상은] 그것(지고한 브라흐만)이다; [명상대상인 뿌루샤가]

마음으로 바라보기의 대상이라고 언급되기 때문이다.

{ 5. 작음 }

14. 작은 [허공은 지고한 신이다]; 뒤따르는 ['보조적 문장에 담긴 이유들'] 때문이다.
15. '가는 [행위]'와 ['브라흐만 세상이라는] 말' 때문에, [작은 허공은 지고한 신이다]; 왜냐하면 [다른 계시에서] 그렇게 [매일 개별자아들이 숙면상태에서 브라흐만으로 가는 것이] 알려지기 때문이다; 그리고 [매일 브라흐만 세상으로 가는 것은, '브라흐만 세상'이라는 말이 동격 관계라고 수용하는 데] 표징이다.
16. 또한 지지하기 때문에, [작은 허공은 지고한 신이다]; ['지지함'으로 지시되는] 이 위대성이 [다른 계시를 통해] 그것(지고한 신)과 관계하여 알려지기 때문이다.
17. 또한 ['허공'이라는 말이 지고한 신과 관계하여] 잘 알려져 있기 때문에, [작은 허공은 지고한 신이다].
18. 만약 [보조적 문장에서] 다른 것(개별자아)을 지시하기 때문에 [작은 허공은] 그것(개별자아)이라고 한다면, 아니다; 불가능하기 때문이다.
19. 하지만, 만약 뒤따르는 것(문장) 때문에 [작은 허공이 개별자아라는 의심이 생긴다면], [그러한 의심은 가능하지 않다]; 본질이 드러난 [개별자아를 말하고자 하기 때문이다].
20. 또한, [만약 작은 허공이 지고한 신인 경우에 보조적 문장에서 개별자아를 지시하는 것이 무의미하게 된다면, 보조적 문장에서 개별자아를] 지시하는 것은, 다른 목적을 가진다; [지고한 신의 본질을 확정한다].

21. 만약 [허공의] 작음이 계시되기 때문에 [지고한 신이 아니라 개별자아에 대해 적절하다고] 한다면, 이는 [이미] 말했다.

{ 6. 따라 하기 }

22. [그것은 최상의 지성인 아뜨만이다]; ['따라 빛남'에서의] 따라 하기 [즉 모방하기] 때문이고, 또 [아뜨만을 지시하는] '그것의'라는 [행 때문이다].
23. 더 나아가 ['자기조명'을 본질로 하는 아뜨만의 이와 같은 특성은 『바가바드 기따』에서] 전승된다.

{ 7. 재어진 것 }

24. [엄지손가락 크기로] 재어진 것인 [뿌루샤는 지고한 아뜨만이다]; 바로 그 말 [즉 '주재자'라는 계시어] 때문이다.
25. [만약 편재하는 지고한 아뜨만을 어떻게 부피를 가지는 것으로 가르치느냐고 한다면, 지고한 아뜨만이] 실로 심장에 [거주한다는] 견지에서 [엄지손가락 크기라고 말한다]; [생명체마다 심장의 크기가 일정하지 않더라도, 성전에 대해] 인간이 자격을 가지기 때문에 [엄지손가락 크기라는 것은 합당하다].

{ 8. 신격 }

26. 심지어 그들(인간들) 위에 있는 [신격 등에게도 브라흐만에 대한 지식과 관계하여 자격을 준다고] 바다라야나는 [생각한다]; [열망 등이라는 '자격의 근거'가] 가능하기 때문이다.

27. 만약 [신격의 육화 상태가 의례의 부분이 됨으로 말미암아] 의례에서 모순된다고 한다면, [그러한 모순은] 없다; [하나의 신격적 아뜨만이] 다수의 [형태를] 취하기 때문이다; [계시서가 그렇게] 보여주기 때문이다.
28. 만약 [신격의 육화 상태가 용인되는 경우에 베다의] 말과 관계하여 [확립된 진리성에 모순이 수반된다고] 한다면, [그러한 모순마저] 없다; 그것(말)으로부터 [세계가] 발생하기 때문이다; [이는] 지각(계시서)과 추론(전승서)으로부터 [알려진다].
29. 또한 바로 이로부터 [즉 세계가 베다의 말로부터 발생하기 때문에, 베다의 말이] 영원하다는 것이 [수반된다].
30. 또한, [만약 세계가 남김없이 소멸되고 완전히 새롭게 나타난다고 계시서 등에서 언급하는 경우에 말과 의미 사이의 영원한 관계가 불가능하므로 모순이 있다고 한다면, 대창조와 대소멸로 지시되는] 회귀가 [용인되는] 경우에도 [세계가] 똑같은 명칭과 형태를 가지기 때문에, [말(베다)의 진리성과] 모순되지 않는다; [계시서가] 보여주기 때문이고, 또 전승되기 때문이다.
31. [신격 등은] '마두(벌꿀)의 [명상적 지식]' 등에 적합하지 않기 때문에 [브라흐만에 대한 지식에도] 자격이 없다고 자이미니는 [생각한다].
32. 또한 [비의식체라고 알려진] 빛의 [구체에] 대해 [신격을 의미하는 '태양' 등의 말들이] 존재하기 때문에, [신격 등은 자격이 없다].
33. 하지만 [신격 등마저 자격이] 있다고 바다라야나는 [생각한다]; 왜냐하면 ['마두의 명상적 지식' 등에서 자격이 불가능할지라도 순수한 '브라흐만에 대한 지식'에서는 자격의 가능성이] 있기 때문이다.

{ 9. **슈드라가 아닌 자** }

34. [슈드라는 명상적 지식에 자격을 가지지 않는다]; [또한 '슈드라'라는 말은 자격자와 관계하여 적용될 수 있다]; 왜냐하면 그(백조)가 무시하는 것을 들음으로써 그(자나슈루띠)에게 슬픔이 [치솟았고, '슈드라'라는 말을 통해 치솟은 슬픔이] 암시되기 때문이다; '그것(슬픔)으로 쇄도함'이라는 [어원] 때문이다.
35. 또한 뒤따르는 곳에서 [끄샤뜨리야인] '찌뜨라라타의 후손'과 ['그'가 함께 언급되는] 표징을 통해, [그가] 끄샤뜨리야라는 것이 알려지기 때문에, [자나슈루띠는 태생적인 슈드라가 아니다]; [따라서 슈드라는 자격을 가지지 않는다].
36. [명상적 지식의 영역들에서] 신성한 의례들이 지시되기 때문에, 또 [슈드라에 대해서는] 그것(신성한 의례)이 없다고 언급되기 때문에, [슈드라는 자격을 가지지 않는다].
37. 또한 [자발라가 진실을 말함으로써] 그것(슈드라)이 아니라고 확정될 때, [가우따마가 자발라를 입문시키고 가르치려고] 나아가기 때문에, [슈드라는 자격을 가지지 않는다].
38. 또한 전승서로부터 [슈드라가 '베다를] 듣는 것, [베다를] 학습하는 것, [베다의] 내용을 [알고 실행하는 것'이] 금지되기 때문에, [슈드라는 자격을 가지지 않는다].

{ 10. **떨림** }

39. [생기는 브라흐만이다]; 떨림 때문이다.

{ 11. **빛** }

40. 빛은 [지고한 브라흐만이다]; [계시서가] 보여주기 때문이다.

{ 12. **다른 것으로 언급됨** }

41. 허공은 [지고한 브라흐만이다]; [허공에 대해 '명칭과 형태와는] 다른 것' 등으로 [존재한다고] 언급되기 때문이다.

{ 13. **숙면과 죽음** }

42. [이 문장들은 지고한 신을 가르친다]; [지고한 신이] 숙면과 죽음에서 [육화된 자와는] 상이한 것으로 [언급되기 때문이다].
43. '통치자' 등의 말들 때문에, [이 문장들은 윤회하지 않는 자의 본질을 제시하고자 한다]; [따라서 이 문장들에서 말하는 것은 지고한 신이다].

제1장 제4절

{ 1. 추론된 것 }

1. 만약 추론된 것조차 [즉 추론에 의해 확정된 쁘라다나조차] 어떤 자들에게 [성언에서 주어지는 것으로 알려진다고] 한다면, 아니다; [까타까의 문장에서 '쁘라다나'라는 말은] 육체에 대한 은유에서 등장하는 것이라고 파악되기 때문이다; 또한 [그 이전의 글은 '아뜨만, 육체

등'에 대해 은유적 고안을] 보여준다.

2. 하지만, [만약 가시적인 육체가 '미현현자'라는 말에 적합하지 않다고 한다면, 미현현자는] 미시적인 [육체이다]; [미시적인 육체는] 그것에 [즉 '미현현자'라는 말에] 적합하기 때문이다.
3. [만약 세계의 이전 상태가 '미현현자'라는 말에 적합한 경우에 그 이전 상태가 쁘라다나이기 때문에 쁘라다나 원인론에 다다른다고 한다면, 세계의 이전 상태는 독립적으로 세계의 원인이 아니다]; [이전 상태는] 그(지고한 신)에 의존하기 때문이다; [이전 상태는] 의의를 가지기 [때문에 불가피하다고 용인해야만 한다].
4. 또한 [상크야 학자들은 쁘라다나를 지식대상으로 전승하지만 이곳에서는 미현현자를] 지식대상이라고 말하지 않기 때문에, [미현현자는 쁘라다나가 아니다].
5. 만약 [쁘라다나를 지식대상(주시해야만 하는 것)으로] 말한다고 한다면, 아니다; 왜냐하면 맥락으로 말미암아 최상의 지성이 ['주시해야만 하는 것'으로 지시되기] 때문이다; [따라서 쁘라다나는 지식대상이 아니고 미현현자가 아니다].
6. 또한 마찬가지로, 오직 3가지가 [즉 불, 개별자아, 지고한 아뜨만이 '말해야만 하는 것'으로] 제시되고 또 질문되기 [때문에, 쁘라다나는 미현현자가 아니고 지식대상이 아니다].
7. 또한 '마하뜨'처럼, ['미현현자'라는 말도 베다의 용법에서는 쁘라다나를 지시할 수 없다]; [따라서 추론된 것은 성언에서 주어지지 않는다].

{ 2. 국자 }

8. ['아자'(생성되지 않은 여자)라는 만뜨라를 통해 상크야 이론을 받아

들일 수는 없다]; 국자와 같이, [이 만뜨라에는 상크야 이론만이 의도된다고 확정하는 데] 징표가 없기 때문이다; [따라서 '아자'에 의해 쁘라다나가 의도되지 않는다].

9. 실로 ['아자'란 지고한 신으로부터 생성된] '불을 시작으로 하는 것'이다; ['아자'는 3가지 원소일 뿐 3가지 구나가 아니다]; 왜냐하면 그렇게 어떤 자들이 읽기 때문이다.

10. 또한, [만약 '아자'라는 말이 '암염소'의 형체에 대한 표징이거나 어원적 의미인 경우에 '불, 물, 흙'에 대해 사용될 수 없다고 한다면, 그 말은 양자가 아니다]; 가상적 가르침이기 때문이다; 벌꿀 등과 같이 [암염소가 아닌 것에 대해 암염소인 그것이 가상된다]; [따라서 '아자'라는 말이 '불, 물, 흙'에 대해 사용되는 것에는] 모순이 없다.

{ 3. 수에 대한 진술 }

11. 또한 수에 대한 진술을 통해서도 [계시서에서 쁘라다나 등이 주어지지는] 않는다; [스물다섯의 원리들이 가지는] 잡다한 성향 때문이고, 또 [아뜨만과 허공으로 말미암아 스물다섯이라는 수가] 초과되기 때문이다.

12. [다섯 사람들이란] 생기 등이다; 보조적 문장 때문이다.

13. [만약 음식을 포함하지 않은 채 생기 등을 전하는 깐바의 추종자들에게 '다섯 사람들'이 어떻게 가능하냐고 한다면], 어떤 자들(깐바의 추종자들)에게는 음식이 없는 경우에도 빛에 의해 ['다섯'이라는 수가 채워질 것이다].

{ 4. **원인인 것** }

14. 또한, [비록 창조되는] 허공 등과 관계하여 [각각의 베단따에서 상위함이 있을지라도 창조주와 관계해서는 상위함이 없다]; [어떤 베단따에서] 원인인 것이라고 언표되는 바대로 [바로 그와 같이 다른 베단따들에서도] 언급되기 때문이다.
15. [만약 '비존재'를 앞세우는 창조에서 원인과 관계하는 상위함이 제시된다고 한다면, 이곳에서는 비실체인 비존재를 원인인 것이라고 들려주지 않는다]; [논제인 '존재'가] 연접되기 때문이다.

{ 5. **발라끼** }

16. [뿌루샤들의 조물주는 지고한 신이다]; ['이것을 과업으로 삼는'에서 '이것'이] 세계를 지시하기 때문이다.
17. 만약 [보조적 문장에 담긴] 개별자아와 으뜸인 생기에 대한 표징 때문에 [지고한 신은] 아니라고 한다면, 이는 [앞서] 설명(논박)되었다.
18. 질문과 설명 때문에 [개별자아에 대한 지시가] 실로 다른 것을 [즉 브라흐만에 대한 이해를] 의도한다고 자이미니는 [생각한다]; 더 나아가 어떤 자들도 [즉 바자사네야 분파의 추종자들도] 그러하다.

{ 6. **문장의 연계** }

19. ['보아야만 하는 것' 등은 지고한 아뜨만을 지시한다]; 문장의 연계 때문이다.
20. ['소중함'으로 시사되는 아뜨만을 '보아야만 하는 것' 등으로 언급하

는 것은] 확언의 달성에 대한 표징이라고 아슈마라트야는 [생각한다].

21. [적정을 얻은 인식적 아뜨만이] 이탈하려고 하면서 그렇게 [지고한 아뜨만과] 동일화되기 때문에 ['차이 없음'으로 시작된다고] 아우둘로미는 [생각한다].

22. [지고한 아뜨만이 인식적 아뜨만의 상태로] 남아 있기 때문에 ['차이 없음'으로 시작된다고] 까샤끄리뜨스나는 [생각한다].

{ 7. **원물질** }

23. [브라흐만은 동작적 원인이고] 또 원물질(물질적 원인)이다; [베다의] 확언이나 예시와 대치되지 않기 때문이다.

24. 또한 의욕을 언급하기 때문에, [아뜨만은 동작주체이고 원물질이다].

25. 또한 직접적으로 [브라흐만을 원인으로 수용하면서] 양자(발생과 소멸)를 전하기 때문에, [브라흐만은 원물질이다].

26. 전변을 통해서 [브라흐만은] 그 자체를 [스스로] 만들었기 때문에, [브라흐만은 원물질이다].

27. 또한 [베단따들에서 브라흐만을] 원천이라고 말하기 때문에, [브라흐만은 원물질이다].

{ 8. **모두 설명됨** }

28. 이로 말미암아 [즉 쁘라다나 원인론을 부정하는 논리의 다발로 말미암아], 모든 [입장들이 '부정되는 것'으로] 설명되었다; 설명되었다.

제2장 제1절

{ 1. 전승서 }

1. 만약 [브라흐만이 세계의 원인인 경우에] 전승서로서의 여지가 없는 결함이 수반된다고 한다면, 아니다; [신이 원인이라고 말하는] 다른 전승서들에 여지가 없는 결함이 수반되기 때문이다.
2. 또한 '[쁘라다나와는] 다른 것들'이 [즉 '쁘라다나로부터 전변된 것들'이 베다와 일상에서] 알려지지 않기 때문에, [전승서로서의 여지가 없는 결함이 수반되는 것은 결함이 아니다].

{ 2. 요가가 논박됨 }

3. 이로부터 [즉 상크야 전승서를 반박하는 것으로부터], 요가 [전승서 마저] 논박된다.

{ 3. 상이함 }

4. [브라흐만은 세계의 물질적 원인이] 아니다; 이것(세계)과 상이하기 때문이다; [의식체를 물질적 원인으로 한다는 것이 유일하게 성언을 의지처로 삼지만, 바로 그] 성언으로부터 또한 그와 같다 [즉 세계는 물질적 원인과 상이하다].
5. 하지만, [만약 비의식체라고 가정되는 원소들, 기관들이 의식체라고 가끔 계시된다고 한다면, 이는] 주관하는 신격에 대한 언급이다; 차이와 내재 때문이다; [따라서 이 세계는 브라흐만과 상이하다].
6. 하지만 [상이함으로 말미암아 이 세계가 브라흐만을 물질적 원인으

로 하지 않는다는 것은 절대적이지 않다]; [이 세상에서는 '어떤 것'으로부터 '그것과는 상이한 것'이 발생한다고] 관찰되기 [때문이다]; [따라서 의식체인 원인을 수용해야만 한다].

7. 만약 [의식체가 비의식체의 원인인 경우에 생성 이전에 결과가] 존재하지 않는다고 한다면, 아니다; [그 부정은] 단순한 부정이기 때문이다.
8. [만약 결과가 브라흐만을 원인으로 한다고 가정된다면, 결과가 원인으로] 되돌아갈 때에 [원인인 브라흐만이] 그것(결과)처럼 [불순성 등을] 수반함으로 말미암아 [브라흐만이 세계의 원인이라는 우빠니샤드의 통찰은] 이치에 맞지 않다.
9. 하지만 [그 통찰에 '이치에 맞지 않음'은] 없다; [결과가 원인을 더럽히지 않는다는] 예시가 있기 때문이다; [따라서 우빠니샤드의 그 통찰은 이치에 맞다].
10. 또한 [논적] 자신의 입장에 [그러한] 결함이 [공통적으로 드러나기] 때문에, [우빠니샤드의 그 통찰은 이치에 맞다].
11. 또한 논리는 불확증적이기 때문에 [성전을 통해 알려질 수 있는 대상과 관계하여 단독적인 논리가 대립해서는 안 된다]; 만약 다른 방식으로 [즉 불확증적이라는 결함이 가능하지 않는 식으로] 추론할 수 있다고 한다면, 그렇다고 할지라도 해탈의 부재가 수반된다; [따라서 의식체인 브라흐만이 세계의 동작적 원인이자 물질적 원인이다].

{ 4. **식자들이 수용하지 않음** }

12. 이로 말미암아 [즉 쁘라다나 원인론을 부인하는 근거로 말미암아], 식자들은 심지어 [원자 원인론 등도] 수용하지 않는다고 설명된다.

{ 5. **향유주체로 됨** }

13. 만약 [브라흐만 원인론에서는 향유주체와 향유대상이 그 원인인 브라흐만과 동일함으로 말미암아 향유대상이] 향유주체로 되기 때문에 [양자의] 구분이 없어진다고 [한다면], 세상에서처럼 [브라흐만 원인론에서도 구분이] 가능하다.

{ 6. **기원** }

14. [하지만 실재적으로는 향유주체와 향유대상으로 지시되는 구분이 존재하지 않는다]; 그것들의 [즉 원인인 브라흐만과 결과인 세계 사이의] 동일성이 [알려진다]; 기원 등의 성언들 때문이다.
15. 또한 [원인이] 존재하는 경우에 [결과가] 지각되고 [존재하지 않는 경우에 지각되지 않기] 때문에, [결과는 원인과 동일하다].
16. 또한 뒤의 것인 [결과가 생성되기 이전에 원인에] 존재한다고 [계시되기] 때문에, [결과는 원인과 동일하다].
17. 만약 [계시서에서 결과가 생성 이전에] 존재하지 않는다고 언급하기 때문에 [존재하지] 않는다고 한다면, 아니다; [전개되지 않은 명칭과 형태와 전개된 명칭과 형태가 가지는] 특성의 차이 때문에 [생성 이전에 결과가 존재하지 않는다고 그렇게 언급한다]; [이는] 보조적 문장을 통해 [알려진다].
18. 추리로부터 또 다른 성언으로부터 [결과가 생성 이전에 존재하고 또 원인과 동일하다는 것이 알려진다].
19. 또한 천과 같이, [결과는 원인과 동일하다].
20. 또한 예컨대 쁘라나 등과 [같이, 결과는 원인과 동일하다].

{ 7. 다른 것에 대한 언급 }

21. [의식체로부터 세계가 창조된다고 받아들인다면] 유익한 것 등을 행하지 않는 결함들이 수반된다; 다른 것(육화된 자)에 대한 언급 때문이다.
22. 하지만 [육화된 자보다] 더 위대한 [브라흐만이 창조주이다]; [계시서가] 차이를 지시하기 때문이다.
23. 또한 돌 등처럼, 그것은 [즉 논적이 추정한 결함들은] 합당하지 않다.

{ 8. 모으는 것을 봄 }

24. 만약 모으는 것을 보기 때문에 [즉 이 세상에서 여러 인과적 원인들을 모으고 그것들을 통해 결과를 만든다고 관찰되기 때문에 의식체인 브라흐만은 세계의 원인이] 아니라고 한다면, 아니다; 왜냐하면 우유처럼 [다양하게 전변하는 것이 합당하기] 때문이다.
25. [만약 의식체가 외부적 수단 없이 전변하는 것은 불가능하다고 한다면], 이 세상에서는, 신격 등과 같은 [이들이] 심지어 [의식체임에도 그 자체로 창조한다고 알려진다].

{ 9. 전체의 수반 }

26. [만약 브라흐만이 그 자체로 전변한다면], 전체의 수반이라는 [즉 브라흐만의 전체가 결과의 형태로 전변한다는 결말이 생기고] 혹은 '부분을 가지지 않음' 등의 성언이 침해된다.
27. 하지만 계시됨으로 말미암아 [그러한 결함들은 없다]; [브라흐만이]

성언을 근원(지식수단)으로 하기 때문이다.

28. [유일한 브라흐만에서 전혀 본질에 해가 없이 무수한 양상이 창조될 수 있다]; 왜냐하면 아뜨만에서도 또한 그와 같고, 또 [이 세상에서도 그와 같이] 다양한 것들이 [창조되기] 때문이다.
29. 또한 [논적들] 자신의 입장에 [그러한] 결함이 [수반되는 것은 동일하기] 때문에, [둘 중의 한 입장에 대해 책임을 지워서는 안 된다].

{ 10. 모두 주어짐 }

30. 또한 [지고한 신에게는] 모든 [힘이] 주어진다; [계시서가] 그렇게 보여주기 때문이다.
31. 만약 [지고한 신에게] 기관이 없기 때문에 [힘이 주어질 수] 없다고 한다면, 이는 [이미] 언급했다.

{ 11. 동기를 가짐 }

32. [의식체인 지고한 아뜨만은 동작주체로서 세계를 산출할 수가] 없다; [동작들은] 동기를 가지기 때문이다; [따라서 세계는 의식체로부터 창조되지 않는다].
33. 하지만 세상에서처럼, [신의 창조는 그 어떤 동기에도 의존하지 않는] 단순한 유희이다.

{ 12. 불공평함과 잔인함 }

34. [만약 신이 세계의 원인인 경우에 신에게 불공평함과 잔인함이 수반된다고 한다면, 신에게는] 불공평함과 잔인함이 [수반되지] 않는

다; [신에게는] 의존하는 것이 [즉 다르마와 다르마가 아닌 것이] 있기 때문이다; 왜냐하면 [계시서가] 그와 같이 보여주기 때문이다.

35. 만약 [창조 이전에] 구분이 [확정되지] 않음으로 말미암아 [불공평함을 위한] 업(행위)이 [존재하지] 않는다고 한다면, 아니다; [윤회세계는] 시초를 가지지 않기 때문이다.

36. 더 나아가, [만약 윤회세계가 시초를 가지지 않는다고 어떻게 알려지느냐고 한다면, 윤회세계에 시초가 없는 것은] 합당하고, 또 [계시서 등에서] 알려진다.

{ 13. 모든 특성들이 합당함}

37. 또한 [브라흐만을 원인으로 수용하는 경우에 원인의] 모든 특성들이 합당하기 때문에, [우빠니샤드에 근거하는 사상은 전혀 의문시될 수 없다].

제2장 제2절

{ 1. 설계가 부당함 }

1. [상크야의 비의식체가 세계의 원인으로] 추론되어서는 안 [된다]; 설계가 부당하기 때문이고, 또 [연속 등이 부당하기 때문이다].

2. 또한 동작 성향이 [부당하기] 때문에, [비의식체가 세계의 원인으로 추론되어서는 안 된다].

3. 만약 [비의식체의 동작 성향이] 우유나 물과 같이 [자발적이라고 한다면], 그 경우에서조차 [우유나 물의 동작 성향은 오직 의식체에 의

해 주도된다].

4. [쁘라다나와는] 별도로 [쁘라다나가 의존할 수 있는 그 어떤 외부적인 것도] 남아 있지 않음으로 말미암아 [쁘라다나는 자립적이고], 또한 자립적이기 때문에 [마하뜨 등의 양상으로 한때는 전변하고 한때는 전변하지 않는다는 것은 합리적이지 않다].
5. 또한, [만약 다른 원인이 관찰됨으로 말미암아 풀 등의 전변이 자발적이지 않은 경우에 어떻게 다른 원인이 관찰되느냐고 한다면], 다른 경우에는 [즉 암소가 먹고 남겨진 경우나 황소 등이 먹은 경우에는 우유가 되지 않으므로 풀 등의 자발적인 전변이] 부재하기 때문이다; [따라서] 풀 등처럼 [쁘라다나의 전변은 자발적이지] 않다.
6. [쁘라다나의 동작 성향이 자발적이라고] 용인하는 경우에도, [쁘라다나가] 목적을 [필요로 하지] 않기 때문에 [뿌루샤의 목적을 성취하기 위해 동작한다는 주장은 폐기된다]; [따라서 쁘라다나는 뿌루샤를 목적으로 하는 동작 성향을 가지지 않는다].
7. 만약 [앉은뱅이인] 사람, 지남석(자석)과 같이 [뿌루샤가 쁘라다나를 동작하게끔] 한다면, 그럼에도 [결함으로부터 자유로워지지 않는다].
8. 또한 [3구나들이] '주된 것과 [종속적인 것의 관계'를] 가지는 것이 부당하기 때문에, [쁘라다나의 동작 성향은 가능하지 않다].
9. 또한 [구나들이 균형 상태임에도 심지어 불균형으로 나아갈 수 있다고] 다른 방식으로 추론하는 경우에, [쁘라다나가] 지력을 결여하기 때문에 ['설계의 부당함' 등의 결함들은 그대로이다].
10. 또한 [상크야 학자들의 사상은] 상호모순 때문에 이치에 맞지 않다.

{ 2. 크고 김 }

11. [바이셰쉬까에서] 짧은 [이원자나] 극미한 구체인 [단원자로부터] 크고 긴 [삼원자 등이 산출되는] 것처럼, 오히려 [의식체인 브라흐만으로부터 비의식체인 세계가 산출될 것이다].

{ 3. 단원자는 세계의 원인이 아님 }

12. 두 가지 경우 모두에 [즉 결합의 보조를 받는 경우와 '보이지 않는 힘'을 제시하는 경우에 원자들에서 최초의 운동이 없기 때문에 결합을 발생시키기 위한] 운동이 없다; [마찬가지로 분리를 발생시키기 위한 운동도 없다]; 이로부터 [결합과 분리가 없기 때문에], 그것들은 [즉 창조와 소멸은] 없다; [따라서 단원자 원인론은 합당하지 않다].
13. 또한 내속을 용인함으로 말미암아 [창조와 소멸은 없다]; 논리적 등가(等價)에 따른 무한소급 때문이다; [따라서 단원자 원인론은 합당하지 않다].
14. 또한 [원자들이 동작을 본질로 하거나 무(無)동작을 본질로 하는 경우에 원자들에게서] 실로 영원히 [동작과 무동작이] 현존하기 때문에, [소멸과 창조는 없다]; [따라서 단원자 원인론은 합당하지 않다].
15. 또한 [단원자들이] 색깔 등을 가짐으로 말미암아 [미세함, 영원함과는] 상반되는 것이 [수반될 수 있다]; [이 세상에서] 관찰되기 때문이다; [따라서 단원자 원인론은 합당하지 않다].
16. 또한 두 가지 경우 [모두에서 즉 단원자들이 성질의 증대와 감소를 가지는 경우와 가지지 않는 경우에서] 결함이 [불가피하기] 때문에, [단원자 원인론은 합당하지 않다].
17. 또한 [식자들이 단원자 원인론의 그 어떤 부분도] 수용하지 않기

때문에, [베다주의자들은 이를] 완전하게 무시해야만 [한다].

{ 4. 결합 }

18. [불교도가] 두 가지 원인(원자와 집합)을 가지는 결합을 [의도하는] 모든 [경우에], 그것(결합)은 성립 불가능하다; [따라서 결합은 합당하지 않다].
19. 만약 [십이연기의 무명 등이] 각각의 원인이기 때문에 [결합이 합당하다고] 한다면, 아니다; [그것들은 각각] 발생 그 자체의 원인(동작적 원인)이기 때문이다.
20. 또한 [찰나 소멸론자들은] 뒤따르는 [찰나가] 생성될 때 앞서는 [찰나가] 소멸된다는 것을 [가정하지만 그 가정을 통해 찰나 사이에 인과관계가 이루어질 수 없기] 때문에, [무명 등은 발생 그 자체의 원인으로도 가능하지 않다]; [따라서 불교도의 교의는 조리에 닿지 않는다].
21. [만약 원인이] 없는 경우에 [결과가 발생한다고 말한다면, 자기] 주장과 대치되고 [말 것이다]; 다른 경우에는 [즉 만약 뒤따르는 찰나가 발생할 때까지 앞서는 찰나가 남아 있다고 말한다면, 원인과 결과의] 동시성이 [있을 것이다].
22. [절멸론자들의] 택멸과 비택멸은 성립하지 않는다; 중단되지 않기 때문이다; [따라서 2가지 소멸은 합당하지 않다].
23. 또한 [택멸에 포함되는 '무명 등의 소멸'은 참된 지식과 그 부속수단을 통해 일어나거나 단지 자발적으로 일어나는데] 두 가지 경우 [모두에] 결함이 [수반되기] 때문에, [2가지 소멸은 이치에 맞지 않다].
24. 또한 허공에 대해 [언설불가하다고 주장하는 것은 합리적이지 않

다]; [택멸과 비택멸에서처럼 실재성이 인정되는 것은] 한결같기 때문이다.

25. 또한 [절멸론자는 모든 실재의 찰나성을 인정함으로써 지각주체도 찰나적이라고 인정해야 하지만 그것은 가능하지 않다]; 기억 때문이다; [따라서 절멸론자의 교의는 합당하지 않다].

26. 비존재로부터 [존재가 생성되지는] 않는다; [그와 같이] 관찰되지 않기 때문이다; [따라서 절멸론자의 교의는 합당하지 않다].

27. 또한, [만약 '비존재로부터 존재의 생성'을 용인한다면], 그와 같을 [경우에], 부동(不動)적인 자들조차 [바라는 것을] 성취할 [수 있다]; [따라서 '비존재로부터 존재의 생성'이라는 주장은 합당하지 않다].

{ 5. 비존재 }

28. [외부 대상의] 비존재는 [확정될 수] 없다; [외부 대상은] 지각되기 때문이다.

29. 또한, [만약 꿈 등에서의 인식과 같이 생시에서의 인식도 외부 대상이 없이 나타날 것이라고 한다면], 꿈 등에서의 [인식과] 달리 [생시에서의 인식은 외부 대상이 없이 나타날 수] 없다; [꿈과 생시 사이의] 상이한 특성 때문이다.

30. [만약 대상이 없이도 인식의 다양성이 인상의 다양성을 통해 가능하다고 한다면, 다양한 인상들이] 존재(발생)하는 것은 [가능하지] 않다; [의식론자의 입장에서는 외부적인 대상들이] 지각되지 않기 때문이다.

31. 또한, [비록 잠재인상들이 존재하는 데 소재지가 필요함으로써 알라야식이 인상의 소재지로서 추정될지라도], 찰나성이라는 [주장으로] 말미암아 [그것은 지속적이지 않은 고유성 때문에 인상들의 거

처가 될 수 없다].

32. 또한 [절멸론자의 교의는] 모든 면에서 [검토하면 할수록 그 어떤] 합당함도 없기 때문에, [지선을 바라는 자들은 모든 면에서 그 교의를 무시해야만 한다].

{ 6. **동일자에서 불가능함** }

33. [자이나교도의 주장은 합리적이지] 않다; 동일자(同一者)에서 [모순적 속성들이 공존하는 것은] 불가능하기 때문이다.

34. 또한, [스야드바다에 대해 동일한 본체에서 모순적 속성들이 불가능하다는 결함이 수반되듯이], 마찬가지로 아뜨만(영혼)에 대해서도 '충만하지 못함'이라는 [다른 결함이 수반된다].

35. 또한, [만약 번갈아 가며 영혼의 부분들이 진입하고 이탈한다고 한다면], 심지어 번갈아 가며 [진입하고 이탈하는 것을 통해서도 '영혼이 육체를 부피로 가지는 것'에] 모순이 없지는 않다; 변형 등의 [결함이 수반되기] 때문이다.

36. 또한 [자이나교도들이 해탈 상태가 되려는 영혼의 최종적 부피가 영원하다고 간주하는 경우에] 최종적 [부피가] 지속됨으로 말미암아 양자가 [즉 최초의 부피와 중간의 부피가] 영원하기 때문에, [부피에서] 차이가 없다는 [부조리한 결말이 생긴다]; [그 경우에 영혼은 증가되고 감소되는 다른 육체를 획득하지 못할 것이다].

{ 7. **통치자** }

37. [단순한] 통치자(동작적 원인)로서의 [신은 세계의 원인이 아니다]; 이치에 맞지 않기 때문이다.

38. 또한 ['쁘라다나, 뿌루샤'와 신 사이에 결합으로 지시되거나 내속으로 지시되는] 관계가 불가능하기 때문에, [통치자가 세계의 원인이라는 것은 이치에 맞지 않다].
39. 또한 [신이 쁘라다나 등을] 지배하는 채로 [움직이게끔 하는 것은] 가능하지 않기 때문에, [추리학자들이 추정하는 신은 합당하지 않다].
40. 만약 [영혼이] 감관들을 [지배하는] 것처럼 [신이 쁘라다나를 지배한다고 한다면], 아니다; 향유 등을 [관찰함으로써 영혼이 감관들을 지배한다는 것을 알기] 때문이다; [하지만 이 경우에는 향유 등이 관찰되지 않는다].
41. 유한성이라는 [결함이] 혹은 전지성이 없는 [결함이 부속되기 때문에, 추리학자들이 추정하는 신은 합당하지 않다].

{ 8. 발생하는 것이 불가능함 }

42. [신이 원물질이자 지배자라고 가정하는 것은 부적당하다]; ['바수데바'라는 지고한 아뜨만으로부터 개별자아가] 발생하는 것은 불가능하기 때문이다.
43. 또한 행위주체(개별자아)로부터 행위수단(마음)이 [발생하지] 않기 [때문에, 신이 원물질이자 지배자라고 가정하는 것은 부적당하다].
44. 혹은, [만약 상까르샤나 등이] 지력 등의 [신적인 속성들을 가지는 신들 그 자체와] 동일하다면, [그렇다고 할지라도] 그것을 [즉 발생이 불가능하다는 것을] 부정하지는 못한다.
45. 또한 [그들의 교서에서 관찰되는 상호모순과 베다와의] 상호모순 때문에, [신이 원물질이자 지배자라고 가정하는 것은 부적당하다].

제2장 제3절

{ 1. 에테르 }

1. 에테르의 [생성은] 없다; 계시되지 않기 때문이다.
2. 하지만 [다른 계시서에는 에테르의 생성이] 있다.
3. [이러한 상호모순에 관해 어떤 자는, 에테르의 생성에 대한 계시가] 비유적 의미라고 [말한다]; [생성이] 가능하지 않기 때문이다.
4. 또한 성언 때문에, [에테르는 생성되지 않는다].
5. 또한, [만약 '산출되었다'라는 동일한 말이 어떻게 비유적 의미와 일차적 의미로 사용되느냐고 한다면, 그 말은] 동일하더라도 [비유적 의미와 일차적 의미로 사용되는 것이] 가능하다; '브라흐만'이라는 말과 같다; [따라서 생성에 대한 계시는 비유적 의미이다].
6. [모든 사물과 브라흐만이] 구별되지 않기 때문에, ['하나에 대한 지식을 통한 모든 것에 대한 지식'이라는 베단따의] 확언은 폐기되지 않는다; [또한 그것들이 구별되지 않는다는 논리에 따라 확언이 실증된다고] 성언들로부터 [알려진다].
7. 하지만, 세상에서처럼, 변형물의 [총체가 알려지는] 이상 [바로 그런 만큼] 구분이 [알려지기 때문에, 구분된다고 알려지는 에테르도 변형물이어야 한다]; [따라서 에테르는 브라흐만의 결과물이다].

{ 2. 공기 }

8. 이로써 [즉 에테르에 대한 설명으로써, 에테르에 의존하는] 공기가 설명된다.

{ 3. 불가능함 }

9. 하지만, [만약 브라흐만이 무언가로부터 생성된다고 한다면], 존재(브라흐만)가 [생성되는 것은] 불가능하다; 부당하기 때문이다.

{ 4. 불 }

10. 불은 이것(공기)으로부터 [생성된다]; 왜냐하면 [계시서가] 그와 같이 말하기 때문이다.

{ 5. 물 }

11. 물은 [이것(불)으로부터 생성된다; 왜냐하면 계시서가 그와 같이 말하기 때문이다].

{ 6. 흙, 화제 }

12. ['음식'이라는 말은] 흙이다; 화제, 색깔, 다른 성언 때문이다.

{ 7. 그것에 대한 깊은 명상 }

13. 실로 바로 그가 [즉 지고한 신이] 그것(변형물)에 대한 깊은 명상을 통해 [그것을 창조한다]; 그러한 표징 때문이다.

{ 8. 반대 }

14. 하지만 [소멸의] 순서는 그것과는 [즉 생성의 순서와는] 반대로 [존재한다]; [이는] 또한 합당하다.

{ 9. 사이에 놓임, 지성 }

15. 만약 그것들 [자체에] 대한 표징을 통해 [존재한다고 잘 알려져 있는] '지성과 마음'이 [그 생성과 소멸에서] 순서에 따라 [어딘가의] 사이에 놓인다고 한다면, 아니다; [기관들과 원소들의 순서에] 차이가 없기 때문이다; [따라서 원소들이 생성되는 순서는 깨뜨려지지 않는다].

{ 10. 움직이는 것과 움직이지 않는 것과 관련됨 }

16. 하지만 [개별자아에게는 생성과 소멸이 일어나지 않는다]; [개별자아의 태어남과 죽음에 대한] 그 언급은, 움직이는 것과 움직이지 않는 것과 관련되는 [일차적 의미가 아니라], 이차적 의미일 것이다; 그것(육체)이 존재하는 경우에 ['태어남'과 '죽음'이라는 말이] 반드시 있기 때문이다.

{ 11. 아뜨만(개별자아) }

17. 아뜨만(개별자아)은 [브라흐만으로부터 생성되지] 않는다; 계시되지 않기 때문이다; 그것(계시)들로부터 [개별자아의] 영원성, 또 [생성되지 않음 등이 알려지기] 때문이다; [따라서 아뜨만은 결코 생성

되거나 소멸되지 않는다].

{ 12. **아는 자** }

18. 바로 이로부터 [즉 생성되지 않음 등으로부터, 아뜨만은] 아는 자로서 [영원한 의식이다]; [따라서 아뜨만은 영원한 의식을 본질로 한다].

{ 13. **떠남과 감** }

19. 떠남과 감과 돌아옴에 대한 [계시로 말미암아 개별자아는 원자의 부피를 가진다].
20. 또한 뒤따르는 둘은 [즉 감과 돌아옴은 움직이지 않는 것에서 가능하지 않다]; [그 둘은] 그 자체의 아뜨만과 [관계를 가지기 때문이다]; [그리고 중간 부피가 아닌 개별자아의 감과 돌아옴은 오직 원자의 부피인 경우에만 가능하다]; [따라서 개별자아는 원자의 부피이다].
21. 만약 그렇지 않다고 계시되기 때문에 [즉 원자의 것과는 상반되는 부피가 계시되기 때문에 아뜨만은] 원자의 [부피가] 아니라고 한다면, 아니다; [다른 부피에 관한 그 계시에서는] 다른 것이 [즉 지고한 아뜨만이] 화제이기 때문이다.
22. 또한 [계시서] 자체의 말과 측량 때문에, [아뜨만은 원자의 부피이다].
23. [만약 아뜨만이 원자의 부피인 경우에 '아뜨만이 한 부위에 놓여 있는 것'과 '아뜨만의 지각이 모든 육체에 존재하는 것'이 모순적이라고 한다면], 백단유처럼 모순적이지 않다.
24. 만약 위치의 특정성으로 말미암아 [백단유처럼 모순적이지 않다고

주장한 것이 합리적이지 않다고] 한다면, 아니다; [백단유처럼 위치의 특정성이] 용인되기 때문이다; 왜냐하면 [베단따들에서 아뜨만이] 심장에 [있다고 언급하기] 때문이다.

25. 혹은 세상에서처럼, [의식이라는] 성질의 ['고루 미침'] 때문에, [개별자아가 원자의 부피로 존재하더라도 모든 육체에 고루 미치는 것은 모순적이지 않다].

26. [만약 성질이 실체와는 별도로 다른 곳에 존재할 수 없다고 한다면], 냄새처럼, [개별자아(실체)가 원자의 부피로 존재하더라도 의식이라는 성질은] 별도로 [존재할 것이다].

27. 또한 [계시서는] 그와 같이 [즉 아뜨만이 의식이라는 성질을 통해 모든 육체에 고루 미친다는 것을] 보여준다.

28. [또한 계시서는 아뜨만과 지성을] 별도로 가르치기 때문에, [아뜨만은 의식이라는 성질을 통해 육체에 고루 미친다]; [따라서 아뜨만은 원자의 부피이다].

29. 하지만 [아뜨만은 원자의 부피가 아니다]; [개별자아가] 그것(지성)의 성질들을 핵심으로 하기 때문에, 최상의 지성에서처럼 그것(원자의 부피)이 언급된다.

30. 또한, [만약 아뜨만이 지성의 성질을 핵심으로 하기 때문에 윤회하는 경우에 아뜨만과 지성이 분리됨으로써 그 규정될 수 없는 아뜨만이 존재하지 않는다거나 윤회하지 않는다는 부조리한 결말이 생긴다고 한다면], 아뜨만이 존재해야만 하는 이상 [지성과의 결합도 존재해야만 하기] 때문에, [그러한] 결합은 없다; [성전이] 그렇게 보여주기 때문이다.

31. 하지만, [만약 숙면과 소멸에서 아뜨만이 지성과 연계될 수 없는 경우에 어떻게 '아뜨만이 존재해야만 하는 이상 지성과의 연계도 존재해야만 한다'라고 알려지느냐고 한다면], 사내다움 등처럼, [숙면

과 소멸에서 잠재된 형태로] 존재하는 [아뜨만과 지성의] 그것(연계)이 [생시와 창조에서] 현시되는 것은 적합하기 때문이다.

32. [아뜨만과 연계되는 내부기관은 필연적으로 존재한다고 용인해야만 한다]; 그와 다르게 [내부기관을 용인하지 않으면], '영원한 지각'이나 '지각 없음'이 수반된다; 혹은 [아뜨만이나 감관 가운데] 어느 하나의 [힘이] 제한된다고 [용인해야만 하는데, 두 경우 모두 가능하지 않다].

{ 14. **행위주체** }

33. [개별자아는] 행위주체여야 [한다]; [이로부터] 성전이 의미 있기 때문이다.
34. [개별자아가 꿈에서] 돌아다닌다고 가르치기 때문에, [개별자아는 행위주체이다].
35. [개별자아가 기관들을] 취하기 때문에, [개별자아는 행위주체이다].
36. 또한 행위와 관계하여 [성전이 그러하다고] 언급하기 때문에, [개별자아는 행위주체이다]; 만약 ['인식'이라는 말이 개별자아를 지시하지] 않는다면, 지시의 변경이 [있어야 한다].
37. [만약 행위주체인 자립적인 아뜨만에서 불규칙적으로 좋은 것과 나쁜 것을 가져오는 행위가 합당하지 않다면], 지각에서처럼, [행위에서도] 불규칙적으로 [좋은 것과 나쁜 것을 가져올 것이다].
38. [만약 '인식'이라는 말로 지시되는 지성이 행위주체라면, 지성이 가지는 행위수단으로서의 힘과 행위주체로서의] 힘이 뒤바뀌기 때문에, [개별자아가 행위주체이다].
39. 또한 [아뜨만이 행위주체로 존재하지 않으면] 삼매가 [가능하지] 않기 때문에, [개별자아는 행위주체이다].

{ 15. 목수 }

40. 또한 [아뜨만이 행위주체라는 것은 고유적이지 않다]; 예컨대 목수처럼, [아뜨만은] 두 가지 방식으로 [존재하기 때문에, 아뜨만이 행위주체라는 것은 한정자에 기인한다].

{ 16. 지고한 자에 의존함 }

41. 하지만 [개별자아는 그 자체로 행위주체가 아니고] 지고한 자로부터 [승인됨으로써 행위주체이다]; 그렇게 계시되기 때문이다.
42. 하지만, [만약 신이 원인 제공자인 경우에 그에게 불공평함과 잔인함이 있고 또 개별자아에게 행하지 않은 결과가 도출된다고 한다면, 개별자아가] 행한 노력에 의존한 채 [신은 개별자아로 하여금 행하게 한다]; [이는] 명령과 금지가 무용하지 않는 것 등으로부터 [알려진다].

{ 17. 부분 }

43. [개별자아는 신의] 부분이다; [신과 개별자아의] 다름이 언급되기 때문이다; 또한 다른 방식으로도 [즉 다르지 않다고도 언급하는 것을 통해 신의 부분이라고 알려진다]; [예컨대] 한 [분파의 추종자들은 브라흐만이] 어부, 노름꾼 등이라고 가르친다.
44. 또한 만뜨라의 전언 때문에, [개별자아는 신의 부분이다].
45. 더 나아가 ['신의 노래'에서] 전승되기 [때문에, 개별자아는 신의 부분이다].
46. [만약 부분인 개별자아가 고통을 향유함으로 말미암아 전체인 신

조차도 고통을 겪는다고 한다면], 빛 등처럼, 마찬가지로 '지고한 자'(신)는 [고통을 겪지] 않는다.

47. [브야사 등은 개별자아의 고통에 의해 지고한 아뜨만이 고통을 겪지 않는다고] 전승한다; 또한 [그러하다고 계시된다].

48. [만약 아뜨만이 오직 하나인 경우에 허용(명령)과 불허(금지)가 가능하지 않다고 한다면], 허용과 불허는 [아뜨만이 하나인 경우에도] 육체와의 연계로 말미암아 [가능하다]; 불 등과 같다.

49. 또한, [만약 육체와 연계되는 유일한 아뜨만이 행위나 행위결과와 연계됨으로써 모든 행위나 행위결과가 뒤섞일지도 모른다고 한다면, 행위나 행위결과는] 뒤섞이지 않는다; [아뜨만이] 확장되지 않기 때문이다.

50. 또한 [개별자아는 지고한 아뜨만의] 사이비일 뿐이다.

51. [상크야와 까나다 추종자들의 경우, 하나의 아뜨만이 즐거움이나 괴로움과 연계될 때에 모든 아뜨만들에서도 똑같이 즐거움이나 괴로움이 수반될 것이다]; 보이지 않는 힘이 조절하지 못하기 때문이다.

52. 또한, [만약 결의 등이 조절한다고 한다면], 결의 등의 경우에조차 마찬가지이다.

53. 만약 [아뜨만이 편재하더라도 아뜨만의] 부분을 통해 [조정이 가능하다고] 한다면, 아니다; [편재함이 공통적임으로 말미암아 모든 아뜨만들이 모든 육체들에] 포함되기 때문이다.

제2장 제4절

{ 1. 생기들이 생성됨 }

1. [예컨대 지고한 브라흐만으로부터 세상 등이 생성되듯이], 그와 같이 생기들은 [생성된다].
2. [생기들의 생성에 대한 계시는] 비유적 의미로 가능하지 않기 때문에, [그 계시는 일차적 의미이다].
3. 또한 그 [생성을 지시하는 '태어난다'라는 하나의 말이 생기들과 관계하여] 앞서 계시되고 [나서 에테르 등과 관계하여 함께 적용되기] 때문에, [생성에 대한 계시는 일차적 의미이다].
4. '언어, [생기, 마음'이 브라흐만을 물질적 원인으로 하는] 그것들(불, 물, 흙)을 기인으로 한다고 [언급되고 또 그것들과 동일하기] 때문에, [모든 생기들은 브라흐만으로부터 기원한다].

{ 2. 일곱, 알려짐 }

5. [생기들은 오직] 일곱이다; [계시서에서] 알려지기 때문이고, 또 한정되기 때문이다.
6. 하지만 손 등의 [다른 생기들이 계시된다]; [일곱을 넘어선다는 것이] 확립되는 경우에, 이로부터 그와 같이 [즉 '작은 것을 가정하기'에 호응하여 생기들이 오직 일곱이라고 간주해서는] 안 [된다]; [생기들은 오직 열하나이다].

{ 3. 생기들이 지극히 미세함 }

7. 또한 [생기들은] 지극히 미세하다.

{ 4. 최고위의 생기 }

8. 또한 최고위(最高位)의 [생기는 즉 으뜸인 생기는, 다른 생기들처럼 브라흐만의 변형물이다].

{ 5. 공기와 작용 }

9. [으뜸인 생기는] 공기도 아니고 [기관의] 작용(기능)도 아니다; [공기나 기관의 기능과는] 별도로 [생기에 대해] 가르치기 때문이다.
10. 하지만, [만약 생기가 개별자아처럼 그 육체에서 자립적이라고 한다면], 눈 등처럼 [생기는 자립적이지 않다]; '그것들(눈 등)과 함께 가르치는 것' 등 때문이다.
11. 또한, [만약 눈 등처럼 생기가 개별자아의 기관으로 용인되는 경우에 색깔 등처럼 어떤 대상을 수반해야 한다고 한다면, 생기는] 기관이 아니기 때문에 [어떤 대상을 수반하는] 결합이 없다; [그렇다고 '일을 가지지 않은 것'은 아니다]; 왜냐하면 [계시서가 으뜸인 생기에게만 가능한 특별한 일을] 그렇게 보여주기 때문이다.
12. [생기가] 마음처럼 다섯 양상을 가진다고 언급되기 [때문에, 으뜸인 생기는 특별한 일을 가진다].

{ 6. **최고위가 지극히 미세함** }

13. 또한 [으뜸인 생기는 다른 생기들처럼] 지극히 미세하다.

{ 7. **불 등** }

14. 하지만 [생기들은 자신의 힘으로 움직이지 않는다]; [기관들은] 불 등이 [즉 불 등을 자기로 가정하는 신격들이] 주재한 [채로 자신의 일에 종사한다]; [계시서가] 그렇게 전하기 때문이다.
15. [만약 생기들에 주재하는 신격들이 향유주체가 되는 부조리한 결말이 생긴다고 한다면, 그 생기들은] '생기를 가지는 자'(육화된 자)와 [관계한다고] 성언으로부터 [알려진다].
16. 또한 그것(육화된 자)이 [육체에서 향유주체로] 영원하기 때문에, [생기들은 육화된 자와 관계한다].

{ 8. **기관들** }

17. 최고위의 [생기와는] 다르게 그것들(다른 생기들)은 기관들이다; [계시서에서] 그렇게 지시되기 때문이다; [따라서 으뜸인 생기와 다른 생기들은 실체적인 차이를 가진다].
18. [으뜸인 생기가 모든 곳에서 기관들과는] 차별적으로 계시되기 때문에, [으뜸인 생기와 다른 생기들은 실체적인 차이를 가진다].
19. 또한 [양자 사이의] 상이성 때문에, [으뜸인 생기와 다른 생기들은 실체적인 차이를 가진다].

{ 9. **이름과 형상의 형성** }

20. 하지만 ['명칭과 형태'의 전개는 개별자아를 동작주체로 하지 않는다]; '이름과 형상'의 형성은 '3합(三合)을 만드는 자'를 [즉 지고한 신을 동작주체로 한다]; [계시서가] 가르치기 때문이다.
21. 성언에 따르면, [3합으로 만들어진] 흙으로부터 기원하는 것이 살 등이다; 또한 다른 둘(물, 불)의 [결과물도 그러하다].
22. 하지만, [만약 원소와 원소로 이루어진 것 모두가 3합으로 만들어진 경우에 무엇 때문에 불, 물, 흙을 차별적으로 언급하느냐고 한다면, 비록 그 모두가 3합으로 만들어진 것일지라도], 차별성(우세함) 때문에 ['불, 물, 흙'이라며] 그렇게 명명(命名)된다; 그렇게 명명된다.

제3장 제1절

{ 1. **다른 어떤 것을 획득함** }

1. [개별자아는] 다른 어떤 것(육체)을 획득할 때 [육체의 씨앗인 미시적 원소들에 의해] 둘러싸인 채로 움직인다; 질문과 해법 때문이다.
2. 하지만, [만약 '물'이라는 말이 계시되기 때문에 오로지 물에 의해 둘러싸인 채로 움직인다고 한다면, 물은] '셋으로 이루어진 것'임으로 말미암아 [오로지 물에 의해 둘러싸이지는 않는다]; ['물'이라는 말이 사용되는 것은 육체에서 물의] 우세함 때문이다.
3. 또한 [개별자아가 다른 육체를 획득할 때에] 생기들이 가기 때문에, [물 원소는 다른 원소들을 동반한 채로 간다].

4. 만약 [생기들이] 불 등으로 간다고 계시되기 때문에 [다른 육체를 획득할 때에 개별자아와 함께 가지 않는다고] 한다면, 아니다; [불 등으로 간다는 계시는] 이차적 의미이기 때문이다.
5. 만약 [물이] 첫 번째 [불과] 관계해서 계시되지 않기 때문에 [물은 사람으로 되지 않는다고] 한다면, 아니다; 왜냐하면 합당함으로 말미암아 [즉 문장적 통일성이 가능함으로 말미암아] 바로 그 [물이 '믿음'이라는 말을 통해 의도되기] 때문이다.
6. 만약 [개별자아에 대해] 계시되지 않기 때문에 [개별자아가 물에 의해 둘러싸인 채로 움직이지 않는다고] 한다면, 아니다; 제의 등을 행한 자들에게서 [개별자아가] 인지되기 때문이다.
7. 혹은, [만약 제의 등을 행한 자들이 달에 오르면서 음식이 된 채로는 자신의 행위 결과를 향유할 수 없다고 한다면, 개별자아들이 음식이 되는 것은] 이차적 의미이다; [또한 그들이] 아뜨만을 알지 못함으로 말미암아 [신격들의 향유대상이 되는 것은 합당하다]; 왜냐하면 [계시서가] 그와 같이 보여주기 때문이다.

{ 2. 행한 것이 사라짐 }

8. [달의 천구에서 개별자아들은] '행한 것'이 사라질 때 남은 결과(업)를 가진 채로 [내려온다]; 직관된 것(계시서)과 전승서로부터 [알려진다]; 도달된 바대로 [즉 갔던 바대로] 또 그와 다르게 [즉 그와 반대로 내려온다].
9. 만약 [남은 결과가 아니라] 행동으로부터 [태생을 획득한다고] 한다면, 아니다; [행동에 대한 그 계시는 남은 결과를] 함의하기 위해서라고 까르슈나지니가 [생각하기 때문이다].
10. 만약 [행동이 결과를 가지지 않는 경우에] 무용하다고 한다면, 아

니다; [제의 등의 행위가] 그것(행동)에 의존하기 때문이다.

11. 하지만 ['행동'이라는 말이 지시하는 것은] 선행과 악행일 뿐이라고 바다리는 [생각한다].

{ 3. 제의 등을 행하지 않은 자들 }

12. 또한 제의 등을 행하지 않은 자들마저 [달에 갈 수 있다고] 계시된다.

13. 하지만 [모두가 달에 가는 것은 아니다]; 다른 자들은 [즉 제의 등을 행하지 않은 자들은] 죽음의 거처에서 [야마가 내리는 고통을] 경험한 뒤에 [이 세상으로 다시 내려온다]; [그들에게는 이러한] 올라감과 내려옴이 [적용된다]; 그러한 여로를 [계시서가] 보여주기 때문이다.

14. 또한 [식자들이 그러하다고] 전승한다.

15. 더 나아가 일곱의 [지옥들을 전승하기 때문에, 제의 등을 행하지 않은 자들은 달에 도달하지 않는다].

16. 또한, [만약 일곱의 지옥들에 여러 주재자들이 존재한다고 전승함으로써 오직 야마의 고통을 겪는다는 것은 모순이라고 한다면], 심지어 그곳에서도 그(야마)가 활동하기 때문에 모순은 없다.

17. 하지만 ['빤짜그니(다섯 불)의 명상적 지식'에서 '이 두 길의'라는 것은] '명상적 지식과 행위의'라는 [뜻이다]; 논제이기 때문이다; [따라서 제3의 길에 속하는 자들은 즉 제의 등을 행하지 않은 자들은 달에 도달하지 않는다].

18. [만약 공물들의 수가 다섯이라는 원칙이 있기 때문에 새로운 육체를 얻기 위해서 모두 달에 가야만 한다고 한다면], 제3의 [상태와] 관계하여 [그러한 원칙이 적용되어서는] 안 된다; [계시서에서] 그와 같이 알려지기 때문이다.

19. 더 나아가 이 세상에서 [공물의 수에 대한 원칙이 무시되는 것을] 전승하기 [때문에, 다른 경우에도 무시된다].
20. 또한 [습생과 토생은 교미를 하지 않음에도 생성된다고] 관찰되기 때문에, [공물의 수는 무시되고 다른 경우에도 무시된다].
21. [만약 생물이 네 종류가 아니라 세 종류라고 한다면], 세 번째인 ['토생'이라는] 말에 의해 습생이 내포된다.

{ 4. 유사하게 됨 }

22. [달에서 내려오는 개별자아들은 천공 등과] 유사하게 된다; 합당하기 때문이다.

{ 5. 매우 긴 동안은 아님 }

23. [개별자아들이 쌀 등의 상태가 되기 전까지 천공 등이 되는 것은] 매우 긴 동안은 아니다; [계시서에서] 한정이 [언급되기] 때문이다.

{ 6. 다른 것이 주재함 }

24. [달에서 내려오는 개별자아들은] 다른 것(영혼)이 주재하는 ['비(非)동물의 신체들'과 단순한 접촉만 하게 될 뿐], 앞서와 같이 [비동물의 즐거움과 괴로움을 겪지는 않는다]; [앞서와 마찬가지로 계시서에서 행위(업)의 작용을 배제한 채로] 언급되기 때문이다.
25. 만약 [살생 등 희생제의의 행위가] 불순하고 [그에 따라 남은 결과를 가지는 개별자아들이 일차적 의미에서 쌀 등으로 태어난다고] 한다면, 아니다; [다르마와 다르마가 아닌 것에 대한 지식은] 성언을

[수단으로 하기] 때문에, [살생 등은 불순하지 않다].

26. 그러고 나서 [즉 쌀 등이 되는 것에 곧 이어서 정액 방출자가 되기 때문에, 쌀 등이 되는 것은 단순한 접촉이다]; [정액 방출자가 되는 것이란] 정액 방출자와의 연계일 [뿐이다].

27. [그러고 나서 즉 정액 방출자가 되는 것에 곧 이어서 자궁에 정자가 사정될 때] 자궁으로부터 육체로 [태어난다]; [따라서 쌀 등과 단순한 접촉만 한다].

제3장 제2절

{ 1. 중간대 }

1. 중간대(꿈)에서의 창조는 [실제적인 형태라고 간주된다]; 왜냐하면 [계시서가 그와 같이] 말하기 때문이다.

2. 또한 한 [분파의 추종자들은 아뜨만이 중간대의 상태에서 욕망대상들에 대한] 창조주라고 [전한다]; 그리고 아들 등이 [욕망대상들이다].

3. 하지만 [중간대에서의 창조는] 오직 환영이다; [꿈이 생시의] 전적(全的)인 것(특징)과 함께 현시되는 본성을 가지지는 않기 때문이다.

4. [만약 오직 환영인 경우에 꿈에서는 그 어떤 것도 전혀 실재가 아니라고 한다면, 아니다]; 왜냐하면 [꿈은] 또한 전조가 [되기] 때문이다; [그렇게] 계시되기 때문이다; 또한 그것(꿈)에 정통한 자들이 말한다.

5. 하지만, [만약 신의 부분인 개별자아가 신과 공통적으로 가지는 지

식과 권능에 힘입어 꿈에서 창조하는 것이 가능하다고 한다면, 개별자아의 그러한 속성은 무지 등에 의해 숨겨져 있고] 지고한 자(신)에 대한 깊은 명상을 통해 숨겨진 것이 [드러난다]; 왜냐하면 그로부터 [즉 신이라는 근거로부터] 그것(개별자아)의 속박과 그 반대인 것(해탈)이 [생기기] 때문이다.

6. 혹은, [만약 개별자아가 지고한 아뜨만의 부분임으로 말미암아 지식과 권능이 감춰져(숨겨져) 있지 않다고 한다면], 그것(숨겨짐)마저 육체와의 연계 때문에 [생긴다].

{ 2. 그것의 부재 }

7. '그것(꿈)의 부재'(숙면)는 경맥들에서 또 아뜨만에서 [일어난다]; 그렇게 계시되기 때문이다.
8. 이로부터 [즉 수면의 자리가 오직 아뜨만이라는 이유로부터, 항상 틀림없이] 그것(아뜨만)으로부터 [개별자아가] 깨어난다고 [가르친다].

{ 3. 일, 기억, 성언, 명령 }

9. 하지만 [규칙이 없이 아무것이나 잠깨지 않고, 잠자는] 바로 그것(개별자아)이 [다시 잠깬다]; 일, 기억, 성언, 명령 때문이다.

{ 4. 기절은 절반만 합치됨 }

10. [기절은 생시, 꿈, 죽음, 수면이 아니기 때문에], '남겨진 것'(남은 대안)으로부터 기절은 [수면과] 절반만 합치된다.

{ 5. 두 가지 표징 }

11. 지고한 [브라흐만이 그 자체로] 두 가지 표징을 가지는 것은 [합당하지] 않다; 심지어 조건으로부터도 [즉 한정자와 연계되는 것으로부터도 합당하지 않다]; 왜냐하면 모든 곳에서 [무특성 브라흐만을 가르치기] 때문이다.
12. 만약 차이 때문에 [두 가지 표징을 가지지 않는다는 것이 합당하지] 않다고 한다면, 아니다; [한정자의 차이가 언급되는 경우마다] 각하나씩 그러한 의미(말)가 아니라고 하기 때문이다.
13. 더 나아가 어떤 [분파의 추종자들은] 그와 같이 [차이에 대한 통찰을 비난한 이후에 바로 그 차이 없음에 대한 통찰을 전한다].
14. 실로 [브라흐만은] 오직 '형태(양상)를 가지지 않은 것'이다; [계시서가] 그것을 주된 것으로 삼기 때문이다.
15. 또한, [만약 양상을 가지는 브라흐만과 관계하는 계시(문장)들에 여지가 있느냐고 한다면], 빛처럼 [브라흐만도 소위 그러한 양상을 취한다]; [그 문장들도] 무용하지는 않기 때문이다.
16. 또한 [계시서는 브라흐만이] '그것(순수의식)일 뿐인 것'이라고 말한다.
17. 또한 [계시서는 다른 형태(특성)를 부정하는 것을 통해 브라흐만을] 보여준다; 게다가 [전승서들에서도] 그와 같이 [브라흐만을] 전승한다.
18. 또한 바로 이로부터, [아뜨만은 '물에 비친] 반사된 태양' 등과 같다는 유비가 [성전들에서 사용된다].
19. 하지만 '물에 [비친 반사된 태양' 등과] 같다는 [유비는 합당하지] 않다; 그와 같다고 이해되지 않기 때문이다.
20. [하지만 이 예시는 합리적이다]; ['물에 비친 반사된 태양'처럼, 브라

흐만은 변형을 겪지 않고 유일한 형태로 존재하더라도 한정자에] 내재함으로 말미암아 증가와 감소에 동참하는 [듯하다]; 이와 같이 [예시와 예시되는 것의] 양자가 적당하기 때문이다.

21. 또한 [계시서는 지고한 브라흐만이 한정자들의 안에 들어가는 것을] 보여주기 때문이다.

{ 6. **그러한 만큼의 논제인 것** }

22. 실로 ['네띠'는] 그러한 만큼의 논제인 것을 [즉 형체와 무형체로 지시되는 브라흐만의 형태를] 부정한다; 또한 그것(부정)보다 더한 것을 말한다.
23. 그것(브라흐만)은 [감관에 의해 지각될 수 없는] 미현현자이다; 왜냐하면 [계시서가 그와 같이] 말하기 때문이다.
24. 더 나아가 [요가 수행자들은] 완전한 명상에서 [미현현자인 그 아뜨만을 본다]; [이는] 지각(계시서)과 추론(전승서)을 통해서 [알려진다].
25. 또한, [만약 명상에서 대상과 주체 사이의 관계 때문에 지고한 아뜨만과 다른 아뜨만 사이에 차이가 생긴다고 한다면], 빛 등처럼 빛(아뜨만)은 행위대상(한정자)과 관계하여 [차이를 가지는 것처럼 나타나고] 또 [그 자체로는] 차이가 없다; [베단따들에서는 양자 사이에 차이가 없다는 것을] 반복을 통해 [확립한다].
26. 따라서 [개별자아는 지식을 통해] 무한한 [아뜨만과의 동일성에 도달한다]; 왜냐하면 그와 같은 [계시서의] 표징 때문이다.
27. 하지만 양자(차이와 차이 없음)가 언급되기 때문에, [그 실체적인 관계는] 뱀과 똬리와 같다.
28. 혹은 빛과 처소(태양)처럼 [이 관계를 이해해야만 한다]; [양자 모

두] 빛이기 때문에 [완전히 차이 있지는 않고 차이에 대해 언급하는 것이 쉽다].

29. 혹은 앞서와 같이 [즉 '빛 등처럼' 차이가 없다고 제시되었듯이, 이 관계도 그와 같아야만 한다].

30. 또한 [성전이 지고한 아뜨만과는 다른 의식체를] 부정하기 때문에, ['빛 등처럼' 차이가 없다].

{ 7. 지고함 }

31. 그것(브라흐만)보다 더 지고한 [다른 실재는 존재해야만 한다]; 둑, 측량, 결합, 차이가 언급되기 때문이다.

32. 하지만 [브라흐만과는 다른 그 어떤 것도 존재해서는 안 된다]; [아뜨만이 둑과] 유사하기 때문에, ['둑'이라는 말이 아뜨만에 대해 사용된다].

33. 명상적 관념(계속적 명상)을 위해서, 발과 같이 [측량이 언급된다].

34. [동일한 것에 대한] 특정한 조건(한정자) 때문에, 빛 등처럼 [결합과 차이가 언급된다].

35. 또한 [이와 같은 결합과 차이만이] 합당하고 [다른 종류의 결합과 차이는 합당하지 않기] 때문에, [브라흐만보다 더 지고한 것이 존재할 것이라는 주장은 사실이 아니다].

36. 그와 같이 다른 것을 부정하기 때문에, [브라흐만보다 더 지고한 다른 사물은 존재하지 않는다].

37. 이로써 [즉 둑 등에 대한 언급들을 논박함으로써, 또한 다른 것을 부정하는 것에 의거함으로써, 아뜨만의] 편재성이 [확립된다]; [또한 아뜨만의 편재성은] '펼쳐짐' 등의 말로부터 [알려진다].

{ 8. 결과 }

38. 그로부터 [즉 신으로부터 행위의] 결과가 [생긴다]; 추리되기 때문이다.
39. 또한 계시되기 때문에, [신이 행위의 결과를 낳는 근거이다].
40. 바로 이로부터 [즉 계시되고 추리되기 때문이라는 두 이유로부터] 다르마가 [결과의 제공자라고] 자이미니는 [생각한다].
41. 하지만 앞서 [언급한 신이 결과를 낳는 근거라고] 바다라야나는 [생각한다]; [신이] 근거라고 [계시서에서] 언급되기 때문이다.

제3장 제3절

{ 1. 모든 베단따들에서 명상적 관념들 }

1. 모든 베단따들에서 명상적 관념들은 [동일하다]; 신성한 명령 등이 한결같기 때문이다.
2. 만약 [세부사항의] 차이로 말미암아 [모든 베단따들에서 명상적 인식들이 동일하지] 않다고 한다면, 아니다; 심지어 동일한 [명상적 인식에서도 세부사항의 차이가 있기 때문이다].
3. [명상적 지식에 차이가 있다고 주장하는 근거(예시)인 '머리의 서약' 등은] 성전 공부의 [세부사항일 뿐 명상적 지식의 세부사항이 아니다]; 왜냐하면 사마짜라에서 그와 같은 것으로 [전하기] 때문이고, 또 자격 때문이다; 그리고 헌주(獻酒)처럼 그렇게 제약된다.
4. 또한 [베다마저 모든 베단따들에서 명상적 지식의 대상이 동일하다고 가르치는 것을 통해 명상적 지식이 동일하다는 것을] 보여준다.

{ 2. 공유 }

5. 결국 유사한 [명상적 인식들에서 세부사항들은] 공유된다; [세부사항들이 가지는] 의미에 차이가 없기 때문이다; 명령에 부차적인 것들의 [즉 아그니호뜨라 등이 가지는 세부사항들의 경우와] 같다.

{ 3. 다른 방식으로 }

6. 만약 다른 방식으로 [논의되는] 성언으로 말미암아 [즉 바자사네야까와 찬도그야의 '우드기타(쁘라나)의 명상적 지식'에서 논의되는 바에 차이가 있음으로 말미암아, 명상적 지식이 동일하지 않다고] 한다면, 아니다; [그만큼의 차이보다는 더 많은] 동일성이 [알려지기] 때문이다.
7. 오히려 [명상적 지식은 동일하지] 않고 [차이가 있을 뿐이다]; 맥락의 차이 때문이다; '지고한 것보다 더 지고함' 등과 같다.
8. 만약 ['우드기타의 명상적 지식'이라는 동일한] 명칭으로부터 [두 명상적 지식이 동일하다고 한다면, 아니다]; 이에 [대해서는 앞서] 언급했기 [때문이다]; 그리고 그것(명칭의 동일성)은 심지어 [차이를 가지는 계속적 명상들과도] 관계한다.

{ 4. 고루 미쳐 있음 }

9. 하지만 [덧놓음, 제거, 동일성은 아니고, 한정이] 이치에 맞다; [음절 '옴'이 모든 베다에] 고루 미쳐 있기 때문이다.

{ 5. **모든 곳에서 차이가 없음** }

10. [어떤 곳에서 언급되는 '가장 풍요로움' 등의] 이러한 [세부사항들은] 다른 곳에서도 [취해야 한다]; [생기의 명상적 인식은] 모든 곳에서 차이가 없기 때문이다.

{ 6. **환희 등** }

11. 주된 것(브라흐만)이 가지는 환희 등의 [세부사항들은 모두 모든 곳에서 수용되어야만 한다]; [브라흐만은 모든 곳에서 차이가 없기 때문이다].
12. [만약 '기쁨을 머리로 가지는 것' 등의 세부사항들도 모두 모든 곳에서 공용되어야 한다고 한다면], '기쁨을 머리로 가지는 것' 등의 [세부사항들은 다른 곳에서] 유효하지 않다; 왜냐하면 [기쁨 등은] 강렬함과 미약함의 [형태로 알려지기] 때문이다; [강렬함과 미약함은] 차이가 있는 경우에 [가능하다].
13. 하지만 [브라흐만의 본질을 제시하기 위해 지시되는 환희 등의] 다른 [세부사항들은 모두 모든 곳에서 알려진다]; 의도가 공통적이기 때문이다.

{ 7. **명상** }

14. 명상을 위해서 [오직 뿌루샤만이 그 모든 것들보다 더 지고하다고 제시된다]; [다른 것들이 더 지고한 것으로 제시되는 경우에는] 목적이 없기 때문이다.
15. 또한 '아뜨만'이라는 말 때문에, [뿌루샤에 대한 이해를 목적으로

한다].

{ 8. **아뜨만이 파악됨** }

16. [이곳에서는] 다른 곳에서처럼 ['아뜨만'이라는 말을 통해 오직 지고한] 아뜨만이 파악된다; 그 이후의 [즉 '아뜨만'이라는 말 이후의 한정어] 때문이다.
17. 만약 [문장의] 연관성 때문에 [지고한 아뜨만이 파악되지 않는다고] 한다면, [그것이 파악되는 것은 합당해야] 한다; 확정하는 것(진술) 때문이다.

{ 9. **행해야만 하는 것으로 언급됨** }

18. [입을 헹구는 것은] '행해야만 하는 것(일)'으로 언급되기 때문에, [명령되는 것으로 합당하지 않다]; [입을 헹굴 수 있는 물과 관계하여 '생기의 벌거벗음을 없애는 수단'이라고 생각하는 것을] 새로운 것으로서 [가르친다].

{ 10. **동일함** }

19. 또한, [상이한 분파인 경우에 명상적 지식이 하나이고 또 세부사항들이 공유되듯이], 마찬가지로 동일한 [분파인 경우조차 그러해야만 한다]; [명상대상인 브라흐만이 두 곳에서] 상이하지 않기 때문이다.

{ 11. 관련 }

20. ['샨딜르야의 명상적 지식'을 두 곳에서 가르치더라도 세부사항들이 공유된다고 말하듯이], 마찬가지로 [그와 같은 종류의 여지가 있는] 다른 경우에도 [그러해야만 한다]; [세부사항들은 하나의 명상적 지식과] 관련되기 때문이다; [따라서 두 가지 비밀스러운 이름 모두는 두 곳에서 공동으로 유효하다].
21. 오히려 [두 가지는 두 곳에서 유효하지] 않다; [계속적 명상을 위한 장소의] 차이 때문이다; [따라서 두 비밀스러운 이름들은 분리된다].
22. 또한 [계시서에서는 세부사항들이 분리된다는 전거를] 보여준다; [따라서 두 비밀스러운 이름들은 분리된다].

{ 12. 함께 모음 }

23. 함께 모음, 천상에 고루 미침을 [비롯한 브라흐만의 권능들] 역시 [명상적 지식들에서 공유되어서는 안 된다]; 또한 [바로] 그로부터이다 [즉 특정한 처소가 주어지기 때문이다].

{ 13. 뿌루샤 등 }

24. 또한 [사람의 제의라는 것이 똑같다고 해서 세부사항들이 공유되어서는 안 된다]; [한 분파의] '뿌루샤(사람)의 명상적 지식'에서와 달리, 다른 [분파에서는 세부사항을 그와 같이] 전하지 않기 때문이다.

{ 14. 꿰찌름 등 }

25. [꿰찌름 등은 명상적 지식들에서 공유되지 않는다]; 꿰찌름 등은 의도의 차이를 가지기 때문이다.

{ 15. 폐기 }

26. 하지만 [선행과 악행이] 폐기되는 경우에, [비록 폐기가 단독으로 계시될지라도 획득이 함께해야만 한다]; 꾸샤 가지, 운율, 찬양, 성가처럼 '획득'이라는 말이 [폐기의] 생략된 짝이기 때문이다; 이는 [미맘사 수뜨라에서] 언급되었다.

{ 16. 죽음 }

27. [빠르양까(침상)의 명상적 지식에서는] 죽을 때에 [즉 육체로부터 빠져나올 때에 명상적 지식의 효력을 통해 선행과 악행이 폐기된다]; [중간계에서는 선행과 악행을 통해] 얻을 수 있는 것이 없기 때문이다; 실로 그와 같이 다른 [분파들이 전한다].
28. [죽기 이전에] 의지에 따라 [노력을 실행해야 한다]; [이와 같이] 양자가 모순되지 않기 때문에, [죽을 때에 선행과 악행이 폐기된다].

{ 17. 여로의 의의 }

29. ['신의 길'에서] 여로의 의의는 두 가지 경우에 [즉 유속성의 계속적 명상들과 참된 직관의 경우에 차별적으로 적용되어야만 한다]; 왜냐하면 그렇지 않으면 [즉 일률적으로 여로를 수용한다면] 모순이 [생

길 것이기] 때문이다.

30. [두 가지 경우라는 상황은] 합당하다; 그것(여로)을 지시하는 내용이 [유속성의 계속적 명상들에서는] 알려지고 [참된 직관과 관계해서는 알려지지 않기] 때문이다; [이러한 구분은] 세상에서처럼 [알려져야만 한다].

{ 18. **제한되지 않음** }

31. [여로는] 제한되지 않고, 모든 [유속성의 명상적 지식들에 대해 적용되어야만 한다]; 성언(계시서)과 추론(전승서) 때문에 [장절과] 모순되지 않는다.

{ 19. **임무가 있는 한** }

32. [식자의 경우에] 임무를 가진 자들은 임무가 있는 한 [육체를 가진 채로] 존재한다.

{ 20. **불멸체의 명상적 관념** }

33. 하지만 불멸체와 [관계하여 세부사항들을 부정하는] 명상적 관념들은 [모두가 모든 곳에서] 제공(공유)된다; [형태가] 공통적이고 [대상이] 동일하기 때문이다; 우빠사드 제의처럼 [세부사항들은 기원과 관계없이 모든 곳에서 불멸체와 관련된다]; 이는 [미맘사 수뜨라에서] 언급되었다.

{ 21. 한계 }

34. [명상적 지식은 동일하다]; [두 만뜨라 모두에서 지식대상(신)은] '한계에 [의해 제한된 것'이라는 그 형태에 차이가 없다고] 전해지기 때문이다.

{ 22. 안에 있음 }

35. [명상적 지식은 동일하다]; 자신의 아뜨만이 [모든 것의] 안에 있다고 [전하는 것이 한결같기 때문이다]; [아뜨만이 둘인 경우에, 다른 하나의 아뜨만은] 원소들의 집합처럼 ['모든 것의 안에 있음'이 가능하지 않다].
36. 만약 그렇지 않은 경우에 [즉 명상적 지식의 차이가 용인되지 않는 경우에 성전의] 차이가 합당하지 않다고 한다면, 아니다; 다른 가르침처럼 [합당하기 때문이다]; [따라서 명상적 지식은 동일하다].

{ 23. 치환 }

37. 치환은 다른 경우처럼 [명상을 위해 전해진다]; 왜냐하면 [전하는 이들이 두 가지를 발화함으로써 그렇게] 구별하기 때문이다; [따라서 치환은 두 가지 양상으로 명상되어야만 한다].

{ 24. 진리 등 }

38. [논제가 이월되기 때문에, '사뜨야(진리)의 명상적 지식'은 하나이다]; 바로 그러한 [하나의 명상적 지식이 이러저러한 세부사항(특성)

을 가진다고 전해지므로], 이로부터 '진리' 등의 [모든 세부사항들은 그 명상적 지식을 실행하는 데 공유되어야만 한다].

{ 25. 욕망 등 }

39. [명상적 지식이 상이하지만 세부사항들은 공유된다]; '[진실한] 욕망' 등 [그곳의 세부사항들은] 다른 곳에서 [연계된다]; 그리고 [다른 곳의 세부사항들은] 그곳에서 [연계된다]; 처소 등이 [유사하기] 때문이다.

{ 26. 존중 }

40. [먹는 것이 생략될 때에 '생기를 위한 아그니호뜨라'는] 생략되지 않는다; [그 아그니호뜨라에 대한] 존중 때문이다.
41. [먹는 것이] 이루어진 경우에, 그것(음식)으로부터 [생기를 위한 아그니호뜨라는 실행되어야만 한다]; 그러한 글귀 때문이다; [따라서 먹는 것이 생략될 때에 생기를 위한 아그니호뜨라는 생략된다].

{ 27. 그것에 대해 확정하는 것들 }

42. 그것에 대해 [즉 의례에서 세부사항의 본질에 대해] '확정하는 것들(진술들)'은 필연성을 가지지 않는다; 그렇게 알려지기 때문이다; 실로 [의례와 관련되는 명상적 인식은] 장애 없애기 [등과 같이 의례와는] 별도로 결과를 가진다.

{ 28. 제물 }

43. [공기와 생기는 단지 분리되는 것으로 몰입(명상)해야만 한다]; [분리되는 것으로 가르치기 때문이다]; 실로 [뿌로다샤의] 제물(祭物)과 같다; 이는 [미맘사의 상까르샤에서] 언급되었다.

{ 29. 표징이 다수임 }

44. ['마음에 의해 쌓아올려진 것' 등은 의례에 부차적이지 않고 독자적이다]; [명상적 지식을 본질로 한다는 것을 확증하는] 표징이 다수이기 때문이다; 확실히 이러한 [표징은 맥락보다] 더 권위 있다; 이는 또한 [미맘사 수뜨라에서 언급되었다].
45. [이러한 불들은 독자적이지 않다]; 맥락으로 말미암아 이전의 [실제적 불과 관계하여 특정한] 대안으로 [그렇게 가르친다]; '마음으로 하는 것'과 같이 의례에 [해당되어야] 한다.
46. 또한 연장 적용 때문에, [이러한 불들은 의례에 해당된다].
47. 하지만 [이러한 불들은] 오직 명상적 지식을 [본질로 하고 독자적이다]; [계시서가] 확정하기 때문이다.
48. 또한 [표징을] 보기 때문에, [이러한 불들은 독자적이다].
49. 또한, [만약 맥락의 효력으로 말미암아 이것들이 의례에 부차적인 것이라고 확정했다고 한다면], 계시어 등이 더 권위 있기 때문에 [독자적이라는 입장은] 지양되지 않는다.
50. 연결 등으로 말미암아 [마음에 의해 쌓아올려진 것 등은 독자적이다]; 다른 명상적 앎들이 [의례들로부터] 분리되는 것과 같다; 또한 [라자수야의 맥락에서 언급되는 아베슈띠는 맥락을 넘어선다고] 알려진다; 이는 [미맘사 수뜨라에서] 언급되었다.

51. [마음에 속하는 용기가] 다만 유사하다고 해서 [마음에 의해 쌓아올려진 것 등이 의례에 부차적이지는] 않다; [이것들이 오로지 인간을 위한다고] 알려지기 때문이다; [예를 들어] 죽음과 같이, 예를 들어 세상이 [연료 등과 유사하다고 해서 불이 되는 것에] 다다르지는 않듯이, [그와 마찬가지이다].

52. 또한 그 이후에 [다른 브라흐마나에서는] 성언의 [목적이] 그러한 종류의 것이라고 [즉 명상적 지식에 대해 명령하는 것이라고 이해된다]; 결국 더 많은 ['불의 부분들'이 명상적 지식에서 결합될 수 있기] 때문에 [명상적 지식은 불과] 연결된다; [따라서 마음에 의해 쌓아올려진 것 등은 명상적 지식을 본질로 한다].

{ 30. 혹자들, 아뜨만 }

53. 혹자들은 [즉 로까야띠까들은 육체와는 구별되는] 아뜨만이 [존재하지 않는다고 생각한다]; 육체가 [존재할 때에 의식 등이] 존재하기 때문이다.

54. 하지만 [아뜨만이 육체와는 구별되지 않는다고 주장한 것은 그러하지] 않다; [아뜨만은 육체와] 구별된다; 그것(육체)이 존재하는 [경우이더라도 아뜨만의 속성들이] 존재하지 않을 것이기 때문이다; [원소와 원소로 이루어진 것을 대상으로 하는] 인식이 [존재하는 것과] 같이, [그것들로부터 인식(아뜨만)은 구별된다].

{ 31. 종속적인 것들과 결부됨 }

55. 하지만 [의례에] 종속적인 것들과 결부되는 [명상적 관념들은] 각각의 베다마다 바로 그 [자체의] 분파들에서 [분리되지] 않아야 [한다].

56. 혹은 만뜨라 등이 [어떤 분파에서 등장하더라도 다른 분파에서 공유된다고 알려지는] 것처럼, [이 경우에도] 모순은 없다.

{ 32. **전체가 더 뛰어남** }

57. [바이슈바나라의 계속적 명상에서는] 전체(집합적인 것)가 제의에서와 같이 더 뛰어나다; 왜냐하면 [계시서가] 그렇게 보여주기 때문이다.

{ 33. **직접적인 말 등의 차이** }

58. [비록 지식대상이 상이하지 않을지라도 그와 같은 종류의 명상적 지식은] 상이하다; 직접적인 말 등의 차이 때문이다.

{ 34. **택일** }

59. [명상적 지식들은 공동이 아니라 오직] 택일로 [적용되어야만 한다]; 똑같은 결과를 가지기 때문이다.

{ 35. **욕망 추구적임** }

60. 한편 욕망 추구적인 [명상적 지식들은 직접지각과 관련을 가지지 않는다]; [그것들은] 뜻하는 바대로 공동적일 수 있고 혹은 [공동적이지] 않을 [수 있다]; 앞의 [수뜨라에서 제시된 '택일의] 이유'가 없기 때문이다.

{ 36. 근저들이 되는 것처럼 }

61. '[명상적 관념들이 의존하는 찬송가 등의] 근저들(종속적인 것들)'이 [연합적으로] 되는 것처럼, 종속적인 것들에 [의존하는 명상적 관념들도 공동적이다].
62. [근저들을 세 베다들에서 가르치는 것처럼 명상적 관념들] 또한 가르치기 때문에, [종속적인 것들에 의존하는 명상적 관념들은 공동적이다].
63. 바로잡는다는 [표징] 때문에, [종속적인 것들에 의존하는 명상적 관념들은 공동적이다].
64. 또한 [명상적 지식의] 세부사항이 [세 가지 베다에서] 공통적이라고 계시되기 때문에, [종속적인 것들에 의존하는 명상적 관념들은 공동적이다].
65. [종속적인 것들에 의존하는 계속적 명상들은] 오히려 [공동적이지] 않다; 그것(계속적 명상)들이 함께 나타난다고 계시되지 않기 때문이다; [따라서 계속적 명상들은 오직 뜻하는 바대로 실행된다].
66. 또한 [계시서가] 보여주기 때문에, [명상적 관념들은 함께 나타나지 않는다]; [따라서 계속적 명상들은 공동으로든 택일로든 뜻하는 바대로 취해진다].

제3장 제4절

{ 1. 인간의 목표 }

1. 이로부터 [즉 아뜨만에 대한 지식으로부터 독자적으로] 인간의 목표

가 [성취된다고] 바다라야나는 [생각한다]; 성언을 통해서 [알려진다].

2. [아뜨만은 행위주체로서 행위에] 부차적인 것임으로 말미암아 [지식의 결과에 대한 계시는] 영혼(행위주체)에 대한 아르타바다(의미진술)라고 자이미니는 [생각한다]; 다른 경우들에서와 같다.
3. [브라흐만을 아는 자들조차] 행위와 [연계되는 것을] 보여주기 때문에, [아뜨만에 대한 지식은 단독으로 인간의 목표에 대한 수단이 아니다].
4. 그렇게 [지식이 의례에 부차적이라고] 계시되기 때문에, [아뜨만에 대한 지식은 단독으로 인간의 목표에 대한 수단이 아니다].
5. [지식과 행위가 개별자아를] 함께 좇아 붙잡기 때문에, [아뜨만에 대한 지식은 독자적이지 않다].
6. 그것(지식)을 가진 자가 의례의 [자격을 가진다는 것을 보여주기] 때문에, [아뜨만에 대한 지식은 독자적으로 결과의 수단이 아니다].
7. 또한 원칙 때문에, [지식은 의례에 부차적일 뿐이다].
8. 하지만 [지식의 결과에 대한 계시가 아르타바다라고 주장한 것은 합당하지 않다]; [베단따들에서는] 더 위대한 것을 가르치기 때문에, 바다라야나가 [생각한 것은 바로] 그와 같이 [그대로이다]; [계시서들이] 그렇게 보여주기 때문이다.
9. 한편 [계시서에서 행위에 대해] 보여주는 것은, [지식이 행위에 부차적이지 않은 경우에도] 동등한 [증거가 된다].
10. [지식이 의례에 부차적이라는 그 계시는] 모든 곳에 [즉 모든 명상적 지식에] 적용 가능하지 않다.
11. ['함께 좇아 붙잡음'에서는 지식과 행위의] 분리가 [알려져야만 한다]; 백(百)과 같다.
12. [지식을 가진 자가 의례의 자격을 가진다는 그 계시는 단순히 낭독

하는 것과 관계하기 때문에], 단순히 낭독하는 자에게 [의례가 명령된다].

13. [원칙에 대한 그 계시들에는 '지식을 얻은 자가'라는 한정이] 없다; [원칙은] 한정이 없이 [명령되기] 때문이다.

14. 혹은, [원칙에 대한 그 계시에서 '지식을 가진 자'가 행위를 하는 것과 연계되더라도, 그 또한 지식을] 찬양하기 위해 [행위를] 승인한다고 [이해해야만 한다].

15. 또한 [바자사네인들의 계시에 따르면, 지식이 있는] 혹자들은 '욕망에 빠지는 것을 통해 [다른 결과를 낳는 수단들'이 유용함을 가지지 않는다고 간주한다]; [따라서 지식은 행위에 부차적이지 않다].

16. 또한 [의례에 대한 자격의 근거인 복합현상계는 지식의 효력을 통해] 소멸된다; [따라서 지식은 독자적이다].

17. 또한 성교를 삼가는 [인생단계들과 관계하여 지식이 계시된다]; [그 인생단계들에는 의례가 없기 때문에 지식은 의례에 종속적이지 않다]; [베다에서 성교를 삼가는 인생단계들이 계시되지 않는다고 할 수 없다]; 왜냐하면 성언에서 [알려지기] 때문이다; [따라서 지식은 독자적이다].

{ 2. 지시 }

18. [성교를 삼가는 인생단계들과 관계하여 예시된 성언들은] 신성한 명령이 아니라 [그러한(다른) 인생단계들에 대한] 지시라고 자이미니는 [생각한다]; 또한 [직접적인 계시는] 실로 [다른 인생단계를] 힐난한다.

19. [다른 인생단계는] 준수되어야만 한다고 바다라야나는 [생각한다]; 논리적으로 등가(等價)인 계시 때문이다.

20. 오히려 [다르마를 구분하는 등의 성언들은 다른 인생단계에 대한 지시가 아니라] 명령이다; '붙잡는 것'에서와 같다.

{ 3. 단순한 찬양 }

21. 만약 [우드기타 등에 대한 계시들이, 우드기타 등을 의례에 종속적인 것으로] 언급하고 [나서 계시되기] 때문에, 단순한 찬양이라고 한다면, 아니다; 낯섦 때문이다.
22. 또한 [명령과 관계하는] 동사 때문에, [그 계시들은 계속적 명상에 대한 명령을 목적으로 한다].

{ 4. 빠리쁠라바 }

23. 만약 [이야기에 대한 계시들이] 빠리쁠라바를 목적으로 한다고 한다면, 아니다; [빠리쁠라바에서는 이야기가] 특정되기 때문이다.
24. 또한 [이야기들은 근접해 있는 지식들을 제시하기 위해 사용된다]; 문장적 통일성에 의해 [이야기들이 지식들과] 관련되기 때문이다; [실로] 그와 같이 [문장적 통일성을 가진다고 알려진다]; [따라서 빠리쁠라바를 목적으로 하지 않는다].

{ 5. 불 피우기 등 }

25. 또한 바로 이로부터 [즉 지식이 인간의 목표에 대한 수단이기 때문에, 지식은 목표를 성취하는 데] '불 피우기' 등 [인생단계에서의 행위들을] 필요로 하지 않는다.

{ 6. 모두 필요로 함 }

26. 또한 [지식은 인생단계에서의] 모든 [행위들을] 필요로 한다; [행위들은 지식이 결과를 성취하는 데 필요하지 않지만 지식이 발생하는 데 필요하다]; 제의 등에 대한 계시 때문이다; 말(馬)과 같다.
27. 하지만, [만약 명령이 없기 때문에 제의 등은 지식의 성취수단이 아니라고 한다면], 그럼에도 [지식을 열망하는 자는] 마음억제, 감각철회 등을 갖추어야 한다; 그것들(마음억제 등)이 그것(지식)에 보조적인 것으로 명령되기 때문이고, 그것들(명령된 것들)은 반드시 실행되어야만 하기 때문이다.

{ 7. 모든 음식이 허용됨 }

28. [모든 음식을 허용하는 것은 지식에 보조적이라고 명령되지 않는다]; 실로 생기(생명)가 위태로울 때 모든 음식이 허용된다; [계시서가] 그렇게 보여주기 때문이다.
29. 또한 [이와 같을 경우에 먹을 수 있는 것과 먹을 수 없는 것을 구분하는 성전이] 지양되지 않기 때문에, [모든 음식을 허용하는 것은 명령이 아니다].
30. 더 나아가 [재앙에서는 모든 음식을 먹는 것이] 전승되기 [때문에, 모든 음식을 허용하는 것은 명령이 아니다].
31. 따라서 또한 욕망대로 하지 않는 것에 대한 성언이 [계시되기 때문에, 모든 음식을 허용하는 것은 아르타바다일 뿐 명령이 아니다].

{ 8. 인생단계에서의 행위들 }

32. 또한 다만 [해탈을 욕구하지 않은 채 단순히 인생단계에 종사하는 자도] 인생단계에서의 [상시적인] 행위들을 [행해야만 한다]; 명령되기 때문이다.
33. 또한 [인생단계에서의 행위들은 지식에] 협조적인 것으로 [명령된다].
34. [아그니호뜨라 등의] 바로 이러한 [다르마들은] 어느 경우이든지 간에 [즉 인생단계에서의 행위이든지 지식에 협조적인 것이든지 실행되어야만 한다]; [이러한 행위들은 행위편의 행위들과 상이하지 않다]; 두 가지의 표징 [즉 계시서의 표징과 전승서의 표징] 때문이다.
35. 또한 [계시서는 금욕(학습) 등의 성취수단을 갖춘 자가 번뇌들에] 예속되지 않는 것을 보여준다; [따라서 제의 등은 인생단계에서의 행위들이자 지식에 협조적인 것이다].

{ 9. 홀아비 }

36. 하지만, [만약 인생단계의 중간지대에 머무는 자가 지식에 관해 자격을 가지지 않는다고 한다면], 심지어 사이에 놓인 자마저 [지식에 관해 자격이 있다]; [계시서에서] 그렇게 알려지기 때문이다.
37. 더 나아가 [이띠하사(서사집)에서] 전승되기 [때문에, 사이에 놓인 자도 지식에 관해 자격을 가진다].
38. 또한, [만약 계시서와 전승서의 언급이 표징이라고 한다면, 홀아비 등의 그들에게도] 특별한 [다르마들을 통해 지식의] 호의가 [가능하다]; [따라서 홀아비 등마저 자격을 가진다].
39. 하지만 이것보다는 [즉 중간지대에 머무는 것보다는] 다른 것이 [즉

인생단계에 머무는 것이, 지식의 성취수단으로] 더 낫다; 또한 [계시서와 전승서의] 표징 때문이다.

{ 10. 그렇게 됨 }

40. 하지만 그렇게 된 자가 [즉 성교를 삼가는 상태로 나아간 자가] 그렇지 않게 되지는 않는다 [즉 그로부터 퇴락할 수는 없다]; 원칙, 그러한(하강하는) 형태가 [알려지지] 않음, [교양 있는 것으로] 존재하지 않음 때문이다; 자이미니도 또한 [이와 같다].

{ 11. 자격 }

41. 또한 [서약을 어긴 나이슈티까에게는], 비록 자격을 다루는 곳에서 [속죄의식이 가능하다고 결론을 내릴지라도, 속죄의식이 가능하지] 않다; 추락을 [바로잡을 수 없다고] 추론(전승)됨으로 말미암아 그(나이슈티까)에게는 적용되지 않기 때문이다.

42. 그와 다르게 어떤 [대스승들은 서약을 어긴 것을] 가벼운 것(죄악)이라고 [생각한다]; 먹는 것과 같이 [나이슈티까에게도 속죄의식이] 적용된다고 [간주한다]; 이는 [미맘사 수뜨라에서] 언급되었다.

{ 12. 밖으로 }

43. 하지만 [성교를 삼가는 자들의 퇴락이 중대한 죄악이든지 가벼운 죄악이든지] 두 가지 경우 모두 밖으로 [쫓겨나야만 한다]; [극도의 비난이] 전승되기 때문이고, 또한 [교양인의] 행위규범 때문이다.

{ 13. 제의 주인 }

44. [제의에 종속적인 계속적 명상들은] 제의 주인의 [행위라고] 아뜨레야는 [생각한다]; 결과에 대한 계시 때문이다.
45. [계속적 명상들은] 사제의 직무라고 아우둘로미는 [생각한다]; 왜냐하면 [제의 고용주가] 그러한 [행위를] 위해 [사제를] 고용하기 때문이다.
46. 또한 계시되기 때문에, [제의에 종속적인 계속적 명상들은 사제의 행위이다].

{ 14. 다른 협조적인 것으로 명령됨 }

47. [아이다움과 학자다움과 관련하여] 세 번째의 [현자다움은] 그것(지식)을 가진 자(유랑자)에게 다른 협조적인 것으로 명령된다; [지식의 탁월함이 수반되지 않은 자의] 견지에서 [이것이 명령된다]; [종속적인 것들에 대한] 명령 등과 같다.
48. [만약 가장으로 끝맺는 것이 계시된다고 한다면], 가장은 실로 모든 것을 대상으로 하기 때문에 [가장으로] 끝맺는 것은 [모순되지 않는다].
49. 현자의 상태와 [가정의 시기와] 같이, 다른 것들마저 [즉 다른 두 인생단계들마저 계시서에서 주어진다]; [네 인생단계들 모두를 계시서에서] 가르치기 때문이다.

{ 15. 현시하지 않음 }

50. [아이다움이란 자신을] 현시하지 않음으로써 [위선, 오만 등이 없는

것이다]; [문장의] 연관성 때문이다.

{ 16. **현세에서** }

51. [지식은] 작동하고 있는 [성취수단에] 장애가 없는 경우에 다만 현세에서 [발생한다]; [장애가 생기는 경우에는 내세에서 발생한다]; [계시서와 전승서가] 그렇게 보여주기 때문이다; [따라서 장애가 소멸된다는 견지에서 현세나 내세에서 지식이 발생한다].

{ 17. **해탈이라는 결과** }

52. [지식이라는 결과에 대해서는 차별적인 규칙이 알려진다]; 그와 달리 해탈이라는 결과에 대해서는 [차별적인] 규칙이 없다; 그 상태가 [동일하다고 모든 베단따들에서] 확정되기 때문이다; 그 상태가 [동일하다고 모든 베단따들에서] 확정되기 때문이다.

제4장 제1절

{ 1. **반복** }

1. [인식의] 반복을 [행해야만 한다]; 여러 번에 대한 가르침 때문이다.
2. 또한 표징 때문에, [인식의 반복을 행해야만 한다].

{ 2. 아뜨만인 것에 대한 계속적 명상 }

3. 하지만, [만약 지고한 신을 '나'라고 파악해서는 안 된다고 한다면, 지고한 신을] 아뜨만이라고 [이해해야만 한다]; [실로 그와 같이 자발라들은] 인정하고, 또한 [베단따 문장들은 신을 아뜨만이라고] 파악하게끔 한다.

{ 3. 상징 }

4. [만약 상징들에 대해서 아뜨만이라고 파악해야만 한다고 한다면], 상징에 ['아뜨만이라는 명상적 생각'이 놓이지] 않아야 [한다]; 왜냐하면 그 [명상자가 개별적인 상징들을 아뜨만인 것이라고 주시할 수] 없기 때문이다.

{ 4. 브라흐만의 심상 }

5. [태양 등에] 브라흐만의 심상이 [존재해야 한다]; 우등함(고양) 때문이다.

{ 5. 태양 등의 명상적 생각들 }

6. 또한 [제의에] 종속적인 [우드기타 등에] 태양 등의 명상적 생각들이 [놓여야 한다]; 합당하기 때문이다.

{ 6. 앉아 있으면서 }

7. [오직] 앉아 있으면서 [계속 명상해야 한다]; [앉아 있어야만 계속적 명상이] 가능하기 때문이다.
8. 또한 '명상하다'라는 [동사] 때문에, [계속적 명상은 앉아 있으면서 실행된다].
9. 또한 움직임이 없다는 것과 관련하여 ['명상한다'라는 말이 적용된다]; [이는 계속적 명상이 앉아 있으면서 실행되는 것에 대한 표징이다].
10. 또한 전승하기 [때문에, 계속적 명상은 앉아 있으면서 실행된다].

{ 7. 전념 }

11. [만약 계속적 명상과 관계하여 방위, 공간, 시간에 대한 규칙이 있다고 한다면, 용이하게 마음을] 전념하게 [되는 바로 그] 경우에 [명상해야 한다]; 특이점(세부사항)이 [계시되지] 않기 때문이다.

{ 8. 죽음에 이르기까지 }

12. [번영을 결과로 하는 계속적 명상들에서는] 죽음에 이르기까지 [명상적 관념을 반복해야 한다]; 실로 심지어 그 경우에도 [즉 죽음의 시간에도 명상적 관념이 존속한다고 계시서 등에서] 알려진다.

{ 9. 그것을 획득함 }

13. 그것(브라흐만)을 획득할 때에 이후와 이전의 죄악들은 [각각] 접

착하지 않게 [되고] 소멸하게 [된다]; [계시서가] 그렇게 언급하기 때문이다.

{ 10. 다른 것이 접착하지 않음 }

14. [지식을 가진 자에게는] 심지어 다른 것(공덕)도 [죄악처럼] 그와 같이 접착하지 않는다; 실로 [육체가] 소멸할 때에 [지식이 있는 자는 반드시 해탈을 얻어야만 한다].

{ 11. 시작되지 않음 }

15. 하지만, [만약 결과가 시작되거나 시작되지 않은 선행과 악행이 일률적으로 소멸된다고 한다면], 단지 결과가 시작되지 않은 '이전의 [선행과 악행'만이 소멸된다]; 그것(육체의 소멸)이 [지복을 획득하는] 경계이기 때문이다.

{ 12. 아그니호뜨라 등 }

16. 하지만, [만약 지식을 가진 자에게서 모든 공덕이 소멸하게 되느냐고 한다면], 아그니호뜨라 등은 바로 그 결과를 위해 [즉 지식의 결과 그 자체를 위해 존재한다]; [계시서가] 그렇게 보여주기 때문이다.
17. [만약 결과가 적용되는 행위가 계시된다고 한다면], 실로 그러한 [상시적 의례와는] 다른 것(선행)마저 [존재한다]; [이것과 관계하여] 어떤 [분파의 추종자들은 결과가 적용된다고 언급한다]; [자이미니와 바다라야나는 이러한 선택적 의례가 지식에 도움을 주지 않는다는 데] 양자 [모두 일치한다].

{ 13. 명상적 지식, 지식의 성취수단 }

18. [명상적 지식과 연계되는 아그니호뜨라 등뿐만 아니라 명상적 지식을 결여하는 아그니호뜨라 등도 단독으로 지식에 보조적이다]; 왜냐하면 '지식을 통해 [행한] 바로 그것만이 [더한 힘을 가진다]'라고 [계시되기] 때문이다.

{ 14. 다른 것은 소멸시킴 }

19. [결과가 시작되지 않은 공덕과 악덕은 지식을 통해 소멸된다]; 하지만 [결과가 시작된] 다른 [공덕과 악덕은] 향유를 통해 소멸시킴으로써 [브라흐만과] 융합된다.

제4장 제2절

{ 1. 발성기관 }

1. [죽음과 관계하여] 발성기관의 [기능이] 마음에 [융합된다]; 경험되기 때문이고, 또 성언 때문이다.
2. 또한 바로 이로부터 [즉 앞서 제시된 이유들로부터], 모든 [기관들은 오직 기능을 매개로 하여 마음을] 따라간다.

{ 2. 마음 }

3. 그 마음은 [오직 기능을 매개로 하여] 생기에 [소멸된다고] 뒤따르는

[문장을 통해 이해해야만 한다].

{ 3. 지배자 }

4. 그것(생기)은 지배자에 [즉 인식적 아뜨만에 머무른다(융합된다)]; 그것(개별자아)으로 다가가는 것 등 때문이다.
5. [만약 생기가 불에 융합된다는 계시는 무엇이냐고 한다면, 생기와 연계된 그 지배자가 미시적인] 원소들에 [머무른다고 이해해야만 한다]; 그렇게 계시되기 때문이다.
6. [만약 하나인 불이 계시되는 이상 '불에 동반되는 원소들'에 머무른다고 말해서는 안 된다고 한다면, 개별자아는 단지] 하나인 [불에 머무르지는] 않는다; 왜냐하면 [계시서와 전승서가] 보여주기 때문이다.

{ 4. 길의 시작에 이르기까지 }

7. 또한 [그 떠남은 지식을 가진 자와 지식이 없는 자 사이에서] 길의 시작에 이르기까지 공통적이다; 그리고 [지식을 가진 어떤 자는 무지 등의 번뇌들을 완전하게] 태우지 못함으로써 [상대적인] 불멸성을 [얻고자 한다].

{ 5. 윤회를 언급함 }

8. 그것은 [즉 불 등의 미시적인 원소들은] 되들어갈 때까지 [즉 윤회로부터의 해탈에 이르기까지 남아 있다]; [계시서에서] 윤회를 언급하기 때문이다.

9. [다른 원소들과 함께 그 불은 고유성에서] 또 부피에서 미시적이어야만 [한다]; [계시로부터] 그렇게 알려지기 때문이다.
10. 이로부터 [즉 미시적이기 때문에, 가시적인 육체가] 소멸된다고 해서 [미시적인 육체가 소멸되지는] 않는다.
11. 또한 바로 그 [미시적인 육체는] 그러한 온기를 [즉 살아 있는 육체에 접촉함으로써 알게 되는 온기를] 가진다; [온기가 미시적인 육체에 의존한다는 것은] 합당하기 때문이다.

{ 6. **부정** }

12. 만약 [상위 지식과 관계하여 떠남이] 부정되기 때문에 [상위 브라흐만을 아는 자에게는 육체로부터 기관들이 떠나지 않는다고] 한다면, 아니다; [이는] 육화된 [아뜨만으로부터 기관들이 떠나는 것에 대한 부정이기 때문이다].
13. [이와 같이 주장한 것은, 그렇지 않다]; 왜냐하면 [육체로부터의 떠남에 대한 부정이] 어떤 [편집자들에게서] 명백하게 [알려지기] 때문이다.
14. 또한 [『마하바라따』에서는 움직임과 떠남이 부재한다고] 전승하기 [때문에, 지고한 브라흐만을 아는 자에게는 움직임과 떠남이 부재한다].

{ 7. **발성기관 등이 소멸됨** }

15. [지고한 브라흐만을 아는 자에게는] 그러한 [기관들과 또 원소들이] 지고한 [아뜨만에 소멸된다]; 왜냐하면 [계시서가] 그렇게 말하기 때문이다.

{ 8. **분리되지 않음** }

16. [지식을 가진 자에게서 부분들의 소멸은 브라흐만과] 분리되지 않는 [상태가 되는 것이다]; [계시서의] 글귀 때문이다.

{ 9. **그 거처** }

17. [비록 지식을 가진 자와 지식이 없는 자에게서] 그 [개별자아의] 거처인 [심장의] 끄트머리가 타오르고(빛나고) 그것(빛)에 의해 비춰지는 관문을 가지는 것이 [공통적일지라도, 지식을 가진 자는 단지 머리(정수리)를 통해 빠져나온다]; 지식의 효력 때문이고, 또 '그것(지식)에 부차적인 여로'에 대한 지속적 상기(명상)가 적용되기 때문이다; [따라서] 심장에 있는 [브라흐만의] 은총을 입은 채 [지식을 가진 자는 머리(정수리)에 있는] 백을 넘어서는 [즉 백한 번째인 경맥을 통해 빠져나온다].

{ 10. **광선들** }

18. [지식을 가진 자의 개별자아는 백을 넘어서는 경맥을 통해 빠져나오면서] 광선들을 좇아 [빠져나온다].
19. 만약 밤에 [죽은 자는 광선들을 좇을 수] 없다고 한다면, 아니다; 육체가 존재할 동안 [경맥과 광선의] 관계가 [존재할 것이기] 때문이다; 또한 [계시서는 이를] 보여준다.

{ 11. 태양의 남진 }

20. 또한 이로부터 [즉 기다림이 가능하지 않고 지식의 결과가 선택적이지 않고 죽음의 시간이 조절되지 않기 때문에, 지식을 가진 자는] 심지어 태양의 남진에서 [죽더라도 지식의 결과를 얻는다].
21. 또한, [만약 요가 수행자들의 예시로부터 밤이나 태양의 남진에서 죽은 자가 되돌아오지 않음으로 나아갈 수 없다고 한다면], 요가 수행자들에 관해서는 [낮 등의 시간을 적용하는 것이] 전승된다; 그리고 이러한 [요가나 상크야는] 전승서에 근거한 것일 [뿐 계시서에 근거한 것이 아니다].

제4장 제3절

{ 1. 빛을 시작으로 함 }

1. [브라흐만을 얻고자 하는 모든 개별자아들은] 빛을 시작으로 하는 [행로를 따라 움직인다]; 그렇게 널리 알려져 있기 때문이다.

{ 2. 공기 }

2. [그들은] '한 해'로부터 '공기'에 [도달한다]; 비(非)특정적 진술과 특정적 진술 때문이다.

{ 3. 번개 }

3. 번개보다 위에(나중에) 바루나가 [제시된다]; [번개와 바루나의] 관계 때문이다.

{ 4. 안내자 }

4. [빛 등은 오직] 안내자이다; 그러한 표징 때문이다.
5. [만약 그러한 표징 그 자체는 증명수단이 아니라고 한다면, 그러한 결함은 없다]; 양자에서의 [즉 '길을 가는 자들'과 '빛 등'에서의] 곤란함으로 말미암아 [신격들이 안내자로 고용됨으로써] 그렇게 실증되기 때문이다.
6. [만약 번개에 곧 이어서 초인간적인 뿌루샤가 안내자인 경우에 바루나 등이 적합하지 않다고 한다면, 그들은] 그로부터 [즉 번개에 도달한 다음에], 바로 그 '번개에서 나오는 자'에 의해 [바루나의 세상 등에 안내된다]; 그렇게 계시되기 때문이다; [따라서 빛 등은 안내자이다].

{ 5. 결과 }

7. [초인간적인 뿌루샤는 그들을] 결과 [그 자체인 하위 브라흐만으로 이끈다고] 바다리는 [생각한다]; 그것에 대해 '가는 것'이 합당하기 때문이다.
8. 또한 [다른 계시서에서] 한정되기 때문에, ['가는 것'은 오직 결과로서의 브라흐만과 관계한다].
9. 하지만, [만약 결과로서의 하위 브라흐만과 관계하는 경우에도 '브

라흐만'이라는 말이 합당하지 않다고 한다면, 하위 브라흐만이 상위 브라흐만과] 근사함으로 말미암아 ['브라흐만'이라는 말은] 그것(하위 브라흐만)을 지시한다.

10. [만약 결과로서의 브라흐만에 도달하는 경우에 '되돌아오지 않음'에 대한 계시가 적합하지 않다고 한다면], 결과로서의 [브라흐만 세상이] 사라질 때에 [그곳에서 참된 직관이 생긴 개별자아들은] '그것(세상)의 지배자'(히란야가르바)와 함께 그것보다 더 지고한 ['비슈누의 거처'로 나아간다]; ['되돌아오지 않음'에 대한 계시가] 언급되기 때문에 [점진적 해탈은 용인되어야만 한다].
11. 또한 전승되기 때문에, ['가는 것'에 대한 계시들은 단지 결과로서의 브라흐만과 관계한다].
12. [반면에] 상위 [브라흐만을 전한다고] 자이미니는 [생각한다]; [상위 브라흐만이 '브라흐만'이라는 말의] 일차적 의미이기 때문이다.
13. 또한 [계시서에서 '가는 것'을 기인으로 하는 불멸성을] 보여주기 때문에, [상위 브라흐만을 전한다].
14. 또한 들어가려고 마음먹는 것은 '결과로서의 [브라흐만'과] 관계하지 않는다; [따라서 '가는 것'에 대한 계시들은 상위 브라흐만과 관계한다].

{ 6. 상징을 근저로 삼지 않음 }

15. [초인간적인 뿌루샤는] 상징을 [명상의] 근저로 삼지 않는 자들을 [브라흐만 세상으로] 이끈다고 바다라야나는 [생각한다]; 두 가지 경우로 [적용하는 데] 결함이 없기 때문이다; 또한 '어떤 것(브라흐만)에 대한 결의'는 [두 가지 경우로 적용하는 것을 실증하는 근거이다].
16. 또한 [상징을 통한 계속적 명상들과 관계하여 계시서는 결과의] 차

이가 [있다고] 보여준다; [따라서 상징을 명상의 근저로 삼는 자들은 브라흐만을 명상의 근저로 삼는 자들과 동일한 결과를 가지지 않는다].

제4장 제4절

{ 1. **도달하고 나서 나타남** }

1. [그 적정(개별자아)은 지고한 빛에] 도달하고 나서 [그 자체로] 나타날 [뿐 다른 특징으로 나타나지 않는다]; '그 자체의'라는 말 때문이다.
2. [만약 그 자체로 나타나는 경우에 이전의 상태들과 어떤 차이가 있느냐고 한다면, 현시하는 그것은 모든 속박으로부터] 자유로워지고 [순수한 아뜨만으로 존재한다]; [계시서에서] 확언하기 때문이다.
3. [만약 결과의 영역에 속하는 빛에 도달하는 경우에 어떻게 자유로워지느냐고 한다면, 빛은 오직] 아뜨만이다; 맥락 때문이다.

{ 2. **분리되지 않음, 알려짐** }

4. [지고한 빛에 도달하고 나서 자유로운 자는 지고한 아뜨만과] 분리되지 않은 채로 [존재한다]; [계시서에서] 알려지기 때문이다.

{ 3. **브라흐만에 속함** }

5. [자유로운 자는] 브라흐만에 속하는 [것을 자체의 형태로 가지고 바

로 그 자체 형태로 현시한다고] 자이미니는 [생각한다]; 진술 등으로부터 [그와 같이 알려지기 때문이다].

6. [자유로운 자는] 그것(순수의식)을 본질로 함으로 말미암아 순수의식과 관계하여 단지 그러한 [본질로 현시한다고] 아우둘로미는 [생각한다].

7. 이와 같다고 할지라도 [즉 비록 실재적으로 순수의식 자체를 본질로 용인할지라도], 진술로부터 [알려진] 이전의 [형태마저 경험적 견지에서] 존재함으로 말미암아 [둘 사이에] 모순이 없다고, 바다라야나는 [생각한다].

{ 4. 결의 }

8. 하지만, [만약 조상 등이 출현하는 데 결의뿐만 아니라 다른 원인들이 동반된다고 한다면, 조상 등은] 오직 결의로부터 [출현한다]; 그렇게 계시되기 때문이다.

9. 또한 바로 이로부터 [즉 결의가 쓸모없게 되지 않기 때문에, 지식을 가진 자는] 다른 지배자를 가지지 않는다.

{ 5. 존재하지 않음 }

10. [지식이 있는 자에게 육체와 기관들이] 존재하지 않는다고 바다리는 [생각한다]; 왜냐하면 그와 같이 [성전이] 말하기 때문이다.

11. [반면에 자유로운 자에게 마음처럼 심지어 육체와 기관들도] 존재한다고 자이미니는 [생각한다]; [성전에서 그가 다양한 종류의 상태를] 선택한다고 전하기 때문이다.

12. 이로부터 [즉 계시서에서 두 가지의 표징이 언급되기 때문에] 두

가지 방식이라고 바다라야나는 [생각한다]; 드바다샤하(12일 제의)와 같다.

13. 신체가 존재하지 않는 경우에, 꿈에서처럼 [해탈에서도 욕망대상들은 인식 그 자체에 지나지 않는다]; [이는 이와 같이] 합당하기 때문이다.
14. [신체가] 존재하는 경우에는, 생시에서처럼 [자유로운 자에게도 욕망대상들이 존재한다].

{ 6. 등불 }

15. 등불처럼, [비록 지식을 가진 자는 하나일지라도 모든 육체들에] 들어간다; 왜냐하면 [성전이] 그렇게 보여주기 때문이다.
16. [만약 계시들이 특정한 인식을 부인하는 이상 어떻게 자유로운 자가 무수한 육체들에 들어가는 것으로 지시되는 권능을 가지느냐고 한다면], '자신에 되들어감'(숙면)과 융합(독존) 중의 어느 한 [상태와] 관련하여 [그렇게 특정한 인식이 부재한다고 말한다]; 왜냐하면 [계시서의 장절에 힘입어 이것이] 명백하기 때문이다.

{ 7. 세계의 일 }

17. [신과의 합일로 나아간 자들은] 세계의 [생성 등에 대한] 일을 배제한 채 [다른 모든 권능을 가질 수 있다]; [반면에 세계에 대한 일은 오직 신에게 속한다]; [그 계시들에서는 신이] 주제이기 때문이고, 또 [다른 자들은] 근접해 있지 않기 때문이다.
18. 만약 직접적인 가르침으로 말미암아 [그들에게 한계가 없는 권능이 정당하다고] 한다면, 아니다; '자격을 다루는 자로서 [태양의] 구

체 [등에] 머무는 [신'에 의존한 채로 그들이 자치권을 획득한다고] 언급되기 때문이다.

19. 또한 [신은 다만] 변형에서 머물지 않고 [영원히 자유로운 형태도 가진다]; 왜냐하면 [성전이 그가 두 형태로] 존속한다고 그렇게 말하기 때문이다; [따라서 그들은 한계가 있는 권능에 머무른다].

20. 또한 지각(계시서)과 추론(전승서)은 이와 같음을 [즉 지고한 빛이 변형에서 머물지 않는다는 것을] 보여준다.

21. 또한 [변형(유속성)을 명상의 근저로 삼는 자들은 제한이 없는 권능을 가지지 않는다]; [그들의 경우에] 단지 향유만이 [신과] 동등하다는 표징 때문이다.

22. [만약 자유로운 자들의 권능이 유한한 경우에 그들에게 '되돌아옴'이 수반된다고 한다면, 그들은] 되돌아오지 않는다; 성언 때문이다; [그들은] 되돌아오지 않는다; 성언 때문이다.

[부록 2]

인용 문장들[1]

〈찬도〉

"'옴'이라는 이 음절을 우드기타로 계속 명상해야 한다."〈찬도 1.1.1〉

"그러한 이 '우드기타'는 정수들 가운데 최고의 정수이고 지고한 것이고 가장 고양된 것이고 여덟 번째인 것이다."〈찬도 1.1.3〉

"정녕 욕망들을 획득하는 자가 된다."〈찬도 1.1.7〉

"그것(음절)과 함께 이 세 가지의 지식(베다)이 나아간다. '옴'이라며 [아드바르유가] 찬송한다. '옴'이라며 [호뜨리가] 찬양한다. '옴'이라며 [우드가뜨리가] 노래한다."〈찬도 1.1.9〉

"이와 같이 그것(음절)을 아는 자와 알지 못하는 자, 그 양자가 그것(음절)으로써 [제의를] 행한다. 하지만 지식과 무지는 다르다. 믿음, 비밀스러운 명상과 함께 지식을 통해 행한 바로 그것만이 더한 힘을 가진다. … 실로 [이것이] 바로 이 음절에 대한 보충설명이다."〈찬도 1.1.10〉

"그래서 신들은 '우리는 이것을 통해 그들(악신들)을 제압할 것이다'라며 우드기타를 취했다."〈찬도 1.2.1〉

"[실로 그들은 코에 있는] 생기를 우드기타로 계속 명상했다."〈찬도 1.2.2〉

1_ 여기서 제시되는 출처는 판본에 따라 다를 수 있다. 그리고 몇몇 출처는 정확하지 않을 수도 있다.

"이제 실로 그들은 입에 있는 그러한 생기 그 자체를 우드기타로 계속 명상했다."〈찬도 1.2.7〉

"[이로써] 바까 달브야는 정녕 그것을 알게 되었다. 실로 그는 나이미샤 [숲에 사는] 자들의 우드가뜨리가 되었다."〈찬도 1.2.13〉

"우드기타를 저 타오르는 그것(태양) 자체로 계속 명상해야 한다."〈찬도 1.3.1〉

"[실로 저] 태양은 우드기타이다."〈찬도 1.5.1〉

"너는 광선(햇살)들을 향해야 한다."〈찬도 1.5.2〉

"비록 우드기타가 잘못 노래될지라도, 그(우드가뜨리)는 실로 호뜨리 사제의 자리를 통해 바로잡는다."〈찬도 1.5.5〉

"정녕 이것(흙)은 '리끄'이고, 불은 '사마'이다. 이 리끄에 그러한 그 사마가 얹혀 있다."〈찬도 1.6.1〉

"이제, 태양 안에서 황금으로 이루어진 그 뿌루샤(사람)가 보인다. 황금의 수염을 가지고 황금의 머리카락을 가지며, 손톱 끝까지 실로 모조리 황금이다."〈찬도 1.6.6〉

"그의 두 눈은, 원숭이의 엉덩이와 같은 [색깔인] 연꽃과 유사하다. 그의 이름은 '우뜨'라고 한다. 그러한 그는 모든 죄악들로부터 초월해 있다. 정녕 이와 같음을 아는 자는, 모든 죄악들로부터 초월한다."〈찬도 1.6.7〉

"리끄와 사마는 그의 두 노래(노래하는 이)이다. 따라서 그는 우드기타이다. … 이러한 그는 그것(태양)보다 위에 있는 그러한 세상들을 지배하고, 또 신격들의 욕망들을 지배한다."〈찬도 1.6.8〉

"이제, 눈 안에서 그 뿌루샤가 보인다. 실로 그는 리끄이다. 그는 사마이다. 그는 욱타이다. 그는 야주스이다. 그는 브라흐마이다. 이러한 이 [뿌루샤의] 형태는 그 [뿌루샤의] 바로 그 형태이다. 이 [뿌루샤의] 두 노래는 그 [뿌루샤의] 두 노래이다. 이 [뿌루샤의] 이름은 그 [뿌루샤의]

이름이다."〈찬도 1.7.5〉

"이러한 그는 그것(눈)보다 아래에 있는 그러한 세상들을 지배하고, 또 인간들의 욕망들을 지배한다. 그래서 '비나'에 맞추어 노래하는 그러한 자들은 그(뿌루샤)를 노래한다. 따라서 그들은 부귀를 얻는다."〈찬도 1.7.6〉

"이와 같이 [이것에 대해] 지식을 가지면서 사마를 노래하는 자는"〈찬도 1.7.7〉

"따라서 정녕 이와 같이 아는 우드가뜨리가 말할 것이다:"〈찬도 1.7.8〉

"내가 노래를 통해 당신의 어떤 욕망을 얻을 것인가요? 왜냐하면 이와 같이 지식을 가지면서 사마를 노래하는 자는, 실로 노래를 통해 욕망을 얻을 수 있기 때문이다."〈찬도 1.7.9〉

"이 세상의 목적지(目的地)는 어디입니까? [자이발리가] 대답했다: 허공입니다. 정녕 이 모든 존재들이 오직 허공으로부터 생성되고 허공을 향해 소멸됩니다. 이것들보다 허공 자체가 더 위대하기 때문에, 허공은 궁극적 목적지입니다."〈찬도 1.9.1〉

"그러한 그것(허공)은 지고한 것보다 더 지고한 우드기타입니다. 그러한 그것은 무한입니다."〈찬도 1.9.2〉

"꾸루 지방이 우박으로 황폐해진 때에"〈찬도 1.10.1〉

"정녕 이것을 먹지 않았다면 나는 살 수 없었을 것이오. 마시는 물은 나의 욕망이오."〈찬도 1.10.4〉

"쁘라스또뜨리여, 만약 당신이 '쁘라스따바'와 일치하는 그 신격을 모른 채로 쁘라스따바를 노래한다면"〈찬도 1.10.9〉

"[우드가뜨리여], 만약 당신이 ['우드기타'와 일치하는 그 신격을] 모른 채로 우드기타를 노래한다면"〈찬도 1.10.10〉

"[쁘라띠하르뜨리여], 만약 당신이 ['쁘라띠하라'와 일치하는 그 신격을]

모른 채로 쁘라띠하라를 노래한다면"〈찬도 1.10.11〉
"그 신격은 무엇입니까?"〈찬도 1.11.4〉
"그(우샤스띠)가 말했다: 생기입니다. 정녕 이 모든 존재들이 오직 생기에 되들어가고 생기로부터 솟아납니다. 이러한 이 신격이 쁘라스따바와 일치합니다."〈찬도 1.11.5〉
"실로 모든 사마에 대한 계속적 명상은 좋은 것이다."〈찬도 2.1.1〉
"다섯 종류의 사마를 세상들로 계속 명상해야 한다. 흙은 '힝'이라는 음이다."〈찬도 2.2.1〉
"이와 같이 이것에 대해 지식을 가지면서, 다섯 종류의 사마를 세상들로 계속 명상하는 자를 위해, 위로 향하고 아래로 향하는 세상들이 실로 적합하게 된다."〈찬도 2.2.3〉
"이와 같이 이것에 대해 지식을 가지면서, 다섯 종류의 사마를 비로 계속 명상하는 자를 위해, 실로 비가 내린다. 실로 그는 비를 내리게끔 한다."〈찬도 2.3.2〉
"실로 이상은 다섯 종류에 대해서이다.〈찬도 2.7.2〉
"이제 일곱 종류에 대해서이다. 일곱 종류의 사마를 언어로 계속 명상해야 한다."〈찬도 2.8.1〉
"이제 실로 일곱 종류의 사마를 저 태양으로 계속 명상해야 한다."〈찬도 2.9.1〉
"저 태양은 정녕 이 세상으로부터 스물한 번째이다."〈찬도 2.10.5〉
"이러한 가야뜨라는 생기들에서 엮여 있다."〈찬도 2.11.1〉
"그는 그 누구(여인)도 물리치지 말아야 한다. 그것은 서약이다."〈찬도 2.13.2〉
"다르마의 구분은 세 가지이다. 첫 번째는 제의, 공부, 자선(보시)이다. 두 번째는 고행 자체이다. 세 번째는 스승의 거처에서 지극히 스스로를 혹사하면서 학인으로 스승의 거처에 사는 것이다. 이 모든 것은 덕

있는 세상을 가지게 된다. 브라흐만에 완전히 자리 잡은 자는 불멸성에 [이른다]."〈찬도 2.23.1〉

"실로 음절 '옴'은 이 모든 것이다."〈찬도 2.23.3〉

"실로 저 태양은 신들의 벌꿀이다."〈찬도 3.1.1〉

"정녕 신들은 먹지도 않고 마시지도 않는다. 바로 그 불멸수(不滅水)를 보고 나서 만족하게 된다."〈찬도 3.6.1〉

"이와 같이 그 불멸수를 아는 자는 바로 바수들 중의 하나가 되고, 으뜸인 불(아그니) 자체를 통해 바로 그 불멸수를 보고 나서 만족하게 된다."〈찬도 3.6.3〉

"이제 그 후에는 위로 솟은 채 결코 솟지도 않고 저물지도 않는다. 오직 홀로 가운데에 머무른다."〈찬도 3.11.1〉

"이와 같이 이 '브라흐만 우빠니샤드'(브라흐만에 대한 비밀스러운 가르침)를 아는 자에게는"〈찬도 3.11.3〉

"실로 가야뜨리는, 그렇게 있는 그 무엇이든, 이 모든 존재들이다."〈찬도 3.12.1〉

"그러한 이 가야뜨리는 네 발을 가지며 여섯 종류이다. 이러한 점은 『리그베다』의 시구를 통해 말해진다."〈찬도 3.12.5〉

"그러한 만큼이 그(가야뜨리)의 위대성이지만, 그보다 더 위대한 것이 또 뿌루샤이도다. 모든 존재들은 그의 한 발이고, 천상에서 불멸인 그의 세 발."〈찬도 3.12.6〉

"정녕 이 브라흐만인 것은 … 뿌루샤(사람)의 밖에 있는 그 허공이다."〈찬도 3.12.7〉

"뿌루샤(사람)의 안에 있는 그 허공이다."〈찬도 3.12.8〉

"심장의 안에 있는 그 허공이다."〈찬도 3.12.9〉

"실로 그러한 이 브라흐만의 다섯 뿌루샤들(신하들)은"〈찬도 3.13.6〉

"이제, 만상(萬象)보다 위쪽에서 만물보다 위쪽에서, 이 천상(天上)보다 더 위에서, 더 이상의 위가 없는 최상의 세상들에서 그 빛이 비춘다. 실로 그것이 이 뿌루샤의 안에 있는 이 빛이다."〈찬도 3.13.7〉

"그렇게 그것(빛)에 대해 본다. … 그렇게 그것(빛)에 대해 듣는다. 그러한 그것을, 보인 것으로 또 들린 것으로 계속 명상해야 한다. 이와 같음을 아는 자는 주목받게 되고 유명하게 된다."〈찬도 3.13.8〉

"이 모든 것은 실로 브라흐만이다. [브라흐만을] '땃잘란'이라고 평온으로 계속 명상해야 한다. 이제 여기, '결의로 이루어진 것'은 사람이다. 사람은 이 세상에서 결의하게 된 바대로, 이 세상을 떠난 후에 그와 같이 된다. 그는 결의를 만들어야 한다."〈찬도 3.14.1〉

"'마음으로 이루어진 것'은 생기를 육체로 하고, 빛의 형태이며, 진실한 결의를 가지고, 허공을 본질로 하며, 모든 행위를 하고, 모든 욕망을 가지며, 모든 냄새를 가지고, 모든 맛을 가지며 … 언어를 가지지 않으며, 갈망이 없다."〈찬도 3.14.2〉

"심장의 안에 있는 나의 이 아뜨만은 쌀알보다 혹은 보리알보다, 혹은 … 더 작다. … [나의 이 아뜨만은] 지상보다 더 크고(위대하고), 중간대보다 더 크며, 천상보다 더 크고, 이러한 세상들보다 더 크다."〈찬도 3.14.3〉

"모든 행위를 하고, 모든 욕망을 가지며, 모든 냄새를 가지고, 모든 맛을 가지며, 이 모든 것을 점유하고, 언어를 가지지 않으며, 갈망이 없다. … 그것은 브라흐만이다. 이 세상을 떠난 후에 나는 그것에 도달할 것이다. 믿음을 가질 수 있고, 의심을 가지지 않는 그는!"〈찬도 3.14.4〉

"이와 같이 이 바람(공기)을 방위들의 아이라고 아는 자는, 아들의 [상실에도] 울음을 울지 않는다."〈찬도 3.15.2〉

"나는 부후(지상)로 피난을 간다. 그와 함께, 그와 함께, 그와 함께!"〈찬도 3.15.3〉

"실로 이와 같이 아는 자는 백십육 년을 산다."〈찬도 3.16.7〉

"그는 마지막 시간에 이 세 가지를 붙들어야 한다."〈찬도 3.17.6〉
"'마음은 브라흐만이다'라고 계속 명상해야 한다. 이상은 인격적인 것이다. 이제 신격적인 것이다. '허공은 브라흐만이다'라고 [계속 명상해야 한다]."〈찬도 3.18.1〉
"[이러한 그 브라흐만은] 네 발을 가진다. … 불이 한 발이고, 공기가 한 발이며, 태양이 한 발이고, 방위가 한 발이다."〈찬도 3.18.2〉
"실로 발성기관은 브라흐만의 네 발에서 한 발이다. 그것은 불을 [자신의] 빛으로 삼아 번쩍이고 또 타오른다. 이와 같이 아는 자는, 명예와 명성과 브라흐만의 영광에 의해, 번쩍이고 또 타오른다."〈찬도 3.18.3〉
"실로 생기(코)는 브라흐만의 네 발에서 한 발이다. 그것은 공기를 [자신의] 빛으로 삼아 번쩍이고 또 타오른다."〈찬도 3.18.4〉
"'태양은 브라흐만이다'라는 것이 교훈이다. … 태초에 이것(세계)은 오직 비존재였다. 그것은 존재가 되었다. 그것은 자라났다."〈찬도 3.19.1〉
"이것에 대해 이와 같이 지식을 가지면서 태양을 브라흐만으로 계속 명상하는 자에게는"〈찬도 3.19.4〉
"한때 [자나슈루따의] 증손자인 자나슈루띠는 [사람들에게] 공손하게 기증하고 넉넉히 베풀며 아낌없이 음식을 만들어 주었다."〈찬도 4.1.1〉
"여보게, '손수레와 함께하는 라이끄바'인 것처럼 그대가 말한, 그렇게 [하찮은] 존재인 그는 누구인가?"〈찬도 4.1.3〉
"'그(라이끄바)가 아는 어떤 것'을 아는 자에 대해서, 나는 이렇게 말했다네."〈찬도 4.1.4〉
"존경스러운 이여, 저에게 당신이 계속 명상하는 그 신격에 대해 가르쳐 주십시오."〈찬도 4.2.2〉
"슈드라여, 암소들과 함께 목걸이와 수레는 바로 그대가 가지십시

오."〈찬도 4.2.3〉

"공기는 실로 '흡수하는 것'입니다."〈찬도 4.3.1〉

"생기는 실로 '흡수하는 것'입니다."〈찬도 4.3.3〉

"실로 그러한 이 둘은 '흡수하는 것'입니다. 신격들에서는 공기 자체이고, 기관들에서는 생기입니다."〈찬도 4.3.4〉

"이제, 한때, 샤우나까 까뻬야(까삐의 후손)와 아비쁘라따린 깍샤세니(깍샤세나의 아들)가 공양을 받고 있는 동안에 한 학인(學人)이 음식을 구걸했다."〈찬도 4.3.5〉

"세상의 수호자인 어느 한 신인 그(쁘라자빠띠)가 위대한 것 넷을 삼켰다오."〈찬도 4.3.6〉

"실로 한편으로 다섯이고 다른 한편으로 다섯인 그러한 그것들은 열이 된다. 이것이 '끄리따'이다. … 그러한 이것이 '비라뜨' 즉 음식을 먹는 자이다."〈찬도 4.3.8〉

"브라흐마나가 아닌 자는 그렇게 말할 수가 없다. 장작을 가져오너라! 얘야, 진실(진리)을 떠나지 않은 너를, 나는 입문시킬 것이다."〈찬도 4.4.5〉

"생기가 브라흐만이다. 옴,[2] 환희('까')가 브라흐만이다. 하늘('카')이 브라흐만이다."〈찬도 4.10.4〉

"생기가 브라흐만이라는 것을 저는 압니다. 하지만 환희와 하늘이 [브라흐만이라는 것을] 알지 못합니다. … 정녕 환희인 바로 그것이 하늘이고, 정녕 하늘인 바로 그것이 환희이다."〈찬도 4.10.5〉

"그대 [우빠꼬살라여], 이러한 '우리들에 대한 지식'이고 또 '아뜨만에 대한 지식'이 그대에게 [전해졌다]. 하지만 대(大)스승이 그대에게 길(여로)에 대해서 말해줄 것이다."〈찬도 4.14.1〉

2_ '옴'이라는 표현은 샹까라가 인용하지만 우빠니샤드 원문에는 등장하지 않는다.

"연꽃 이파리에 물이 들러붙지 않듯이, 마찬가지로 그와 같음을 아는 자에게 죄스러운 행위가 들러붙지 않게끔 하는"〈찬도 4.14.3〉

"그는 말했다: 눈에서 보이는 그 뿌루샤, 그것은 아뜨만이다. 그것은 불멸이고, 두려움이 없음이다. 그것은 브라흐만이다. 그래서 심지어 그곳(눈)에 버터기름이나 물을 붓더라도, 그것은 단지 눈꺼풀로 흘러가 버린다."〈찬도 4.15.1〉

"그들은 그것을 '근사한 것들의 목적지'라고 부른다. 왜냐하면 그것으로 모든 '근사한 것'들이 '함께 나아가기' 때문이다."〈찬도 4.15.2〉

"또한 그것은 실로 '근사한 것들을 가져오는 자'이다. 왜냐하면 그것은 모든 '근사한 것'들을 '가져오기' 때문이다."〈찬도 4.15.3〉

"또한 그것은 실로 '빛을 가져오는 자'이다. 왜냐하면 그것은 모든 세상들에서 '빛나기' 때문이다."〈찬도 4.15.4〉

"이제, 그저 그리고 만약, 이 경우에 장례식을 행하든지 혹은 또 행하지 않든지, 실로 그들은 빛에 도달한다. 빛으로부터 낮에, … 달이 차오르는 보름으로부터 [태양이] 북쪽으로 가는 그 여섯 달들에, … 태양으로부터 달에, 달로부터 번개에 [그들은 도달한다]. 그때에 그 초인간적인 뿌루샤가 그들을 브라흐만으로 이끈다. 이것이 '신의 길' 즉 '브라흐만의 길'이다. 이를 통해 도달한 자들은 이 '인간의 순환'으로 되돌아오지 않는다."〈찬도 4.15.5〉

"정녕 이와 같이 아는 브라흐만(제의를 총괄하는 사제)은 제의와 제의 고용주와 모든 사제들을 보호한다. 따라서 오직 이와 같이 아는 자만을 브라흐만으로 삼아야 한다. 이와 같이 알지 못하는 자를 [브라흐만으로 삼지] 말아야 한다."〈찬도 4.17.10〉

"실로 맏이이고 최고인 것을 아는 자는 맏이가 되고 최고인 것이 된다. 실로 생기는 맏이이고 최고인 것이다."〈찬도 5.1.1〉

"한때 생기들이 자기 우월에 대해 서로 다투었다."〈찬도 5.1.6〉

"그 생기(기관)들은 아버지인 쁘라자빠띠에게 가서 말했다. … 어느 하나가 떠날 때에 육신이 더 최악인 듯이 보인다면, [바로] 그가 너희들 가운데 가장 우월하다."〈찬도 5.1.7〉
"정녕 이와 같이 아는 자에게는 음식이 아닌 것이 아무것도 없게 된다."〈찬도 5.2.1〉
"따라서 그들은 [음식을] 먹으면서 그 이전과 또 그 이후에 물로써 이것(생기)을 둘러싼다."〈찬도 5.2.2〉
"선택적 의례 중에 꿈에서 여인을 볼 때에는, 꿈의 그 암시로부터 그것(의례)이 성공할 것이라고 알아야 한다."〈찬도 5.2.8〉
"어떻게 저 세상이 가득 채워지지 않는지 당신은 압니까? … 다섯 번째 공물이 제공될 때 어떻게 물이 사람으로 불리게 되는지 당신은 압니까?"〈찬도 5.3.3〉
"가우따마여, 실로 저 세상은 불입니다. 그 가운데 바로 저 태양이 연료입니다."〈찬도 5.4.1〉
"그러한 그 불에서 신격들은 믿음을 넣어 공물로 제공합니다. 그 공물로부터 소마 왕이 태어납니다."〈찬도 5.4.2〉
"가우따마여, 남자는 실로 불입니다."〈찬도 5.7.1〉
"가우따마여, 여자는 실로 불입니다."〈찬도 5.8.1〉
"그리하여 실로, 다섯 번째 공물이 제공될 때 물이 사람으로 불리게 됩니다."〈찬도 5.9.1〉
"그가 죽고 운명 지어지면, 그로부터 [사람들은 그를] 불 자체로 데려갑니다."〈찬도 5.9.2〉
"그 경우에 이와 같이 아는 자들과, 믿음과 고행으로 삼림에서 계속 명상하는 그러한 자들은, [바로 그][3] 빛에 도달합니다. 빛으로부터 낮에,

---

3_ '바로 그'라는 표현은 샹까라가 인용하지만 우빠니샤드 원문에는 등장하지 않는

낮으로부터 달이 차오르는 보름에, 달이 차오르는 보름으로부터 [태양이] 북쪽으로 가는 그 여섯 달들에,"〈찬도 5.10.1〉
"[여섯] 달들로부터 한 해에, 한 해로부터 태양에"〈찬도 5.10.2〉
"이제 마을에서 제의, 복지사업, 자선 등에 진력을 다한 그러한 자들은 연기에 도달합니다."〈찬도 5.10.3〉
"천공(天空)으로부터 달까지 … 이것(달)은 소마 왕입니다. 이것은 신격들의 음식입니다. 신격들은 이것을 먹습니다."〈찬도 5.10.4〉
"남은 기간까지 그곳에서 머문 다음, 그러고 나서 그들은 갔던 바대로의 바로 그 행로로 다시 되돌아옵니다. 천공으로, 천공으로부터 대기로, 대기가 되고 나서 연기가 됩니다. 연기가 되고 나서 수증기가 됩니다."〈찬도 5.10.5〉
"수증기가 되고 나서 구름이 됩니다. 구름이 되고 나서 비로 내립니다. 그들은 이곳에서 쌀, 보리, 초본, 수목, 깨, 콩으로 태어납니다. 정녕 이로부터 벗어나기는 더 어렵습니다. 실로 음식을 먹고 정자를 방출하는 그러그러한 자로, 바로 [그렇게] 다시, 그는 존재합니다."〈찬도 5.10.6〉
"그 경우에 이곳에서 고귀한 행동을 한 그들은 실로 빠른 방식으로 브라흐마나 태생이나 끄샤뜨리야 태생이나 바이샤 태생과 [같은] 고귀한 태생을 얻을 것입니다. 그리고 이곳에서 저열한 행동을 한 그들은 실로 빠른 방식으로 개의 태생이나 돼지의 태생이나 짠달라의 태생과 [같은] 저열한 태생을 얻을 것입니다."〈찬도 5.10.7〉
"이제 이 두 길의 어느 하나도 [따르지] 않는 그들은 반복적으로 되돌아오는(윤회하는) 그러한 매우 작은 존재들입니다. '태어나라! 죽으라!'라는 그것이 제3의 상태입니다. 이 때문에 저 세상은 가득 채워지지

다.

않습니다. 따라서 [그것을] 혐오해야 합니다."〈찬도 5.10.8〉

"이제 이와 같이 이 다섯 불들을 아는 자는"〈찬도 5.10.10〉

"우빠만유의 아들 쁘라찌나샬라 … 무엇이 우리의 아뜨만인가? 무엇이 브라흐만인가?"〈찬도 5.11.1〉

"존경스러운 이들이여, 실로 저는 막 제의를 행하려고 합니다."〈찬도 5.11.5〉

"지금 당신은 바로 이 아뜨만을 바이슈바나라로 알고 있습니다. 바로 그것을 우리에게 말해 주십시오."〈찬도 5.11.6〉

"심지어 그들을 입문시키지 않고서"〈찬도 5.11.7〉

"우빠만유의 아들이여, 당신은 무엇을 아뜨만으로 계속 명상합니까? 그는 대답했다: 존경스러운 왕이시여, 바로 저 천상입니다. [왕이 말했다:] 당신이 아뜨만으로 계속 명상하는 것은 실로 밝은 빛의 바이슈바나라 아뜨만입니다. 따라서 당신의 가문에는 짜낸 [소마], 풍부하게 짜낸 [소마], 오래토록 짜낸 [소마가] 보입니다."〈찬도 5.12.1〉

"그는 말했다: 하지만 그것은 아뜨만의 머리입니다. 만약 나에게 오지 않았다면, 그대의 머리가 떨어져 나갔을지도 모릅니다."〈찬도 5.12.2〉

"하지만 그와 같은 이 바이슈바나라로서의 아뜨만을, 한 뼘의 척도인 아비비마나로 계속 명상하는 자는, 모든 세상들에서 모든 존재들에서 모든 아뜨만들에서 음식을 먹습니다."〈찬도 5.18.1〉

"그러한 이 아뜨만으로서의 바이슈바나라에서, 바로 그 머리는 '밝은 빛'(천상)이고, 눈은 '무수한 형태'(태양)이며, 숨은 '다양한 경로로 이루어진 것'(공기)이고, 몸통은 '광대함'(에테르)이며, 바로 그 배는 '부유함'(물)이고, 두 발은 흙 자체이며, 바로 그 가슴은 제단(祭壇)이고, 털들은 꾸샤 풀이며, 심장은 가르하빠뜨야 불이고, 마음은 안바하르야빠짜나 불이며, 입은 아하바니야 불입니다."〈찬도 5.18.2〉

"그래서 첫 번째로 올 것인 그 음식을 공물로 제공해야만 합니다. 첫 번째의 공물로 제공해야 하는 공물을, 그는 '생기를 위하여, 스바하(사바하)!'라는 [만뜨라와 함께] 공물로 제공해야 합니다."〈찬도 5.19.1〉

"이와 같이 그것에 대해 지식을 가지면서 아그니호뜨라를 실행하는 자는"〈찬도 5.24.2〉

"그래서 … 불에 던져진 갈대의 줄기가 타버릴 것이듯이, 마찬가지로 그의 모든 죄악들도 타버립니다."〈찬도 5.24.3〉

"마치 이 세상에서 배고픈 아이들이 어머니에 둘러앉듯이, 마찬가지로 모든 존재들은 아그니호뜨라에 둘러앉는다."〈찬도 5.24.5〉

"얘야, 슈베따께뚜야, 이제 너는 이렇듯이 자만해 있고 식자라고 생각하며 잘난 체하고 있구나! 듣지 못한 것을 듣게끔 하고 생각하지 못한 것을 생각하게끔 하고 인식하지 못한 것을 인식하게끔 하는, 그 교훈을 여쭌 적이 있었느냐? [슈베따께뚜가 되물었다:] 존경스러운 이여, 그 교훈은 과연 무엇이란 말입니까?"〈찬도 6.1.3〉

"얘야, 마치 하나의 찰흙덩이를 [아는 것을] 통해 찰흙으로 이루어진 모든 것을 알 수 있듯이, [찰흙의] 변형이란 언어에 근거(기원)하고 있으며 명칭 자체이고 오직 찰흙이라는 것만이 실재이다."〈찬도 6.1.4〉

"마치 하나의 금덩이를 [아는 것을] 통해 금으로 이루어진 모든 것을 알 수 있듯이"〈찬도 6.1.5〉

"마치 하나의 손톱가위를 [아는 것을] 통해 쇠로 만든 모든 것을 알 수 있듯이 … 얘야, 이상이 그 교훈이다."〈찬도 6.1.6〉

"얘야, 태초에 이것(세계)은 오직 존재였다. 유일무이한 것이었다. 이에 대하여 실로 혹자들은 말한다: 태초에 이것은 단지 비존재였다."〈찬도 6.2.1〉

"그는 말했다: 하지만 얘야, 실로 어떻게 그러할 수가 있느냐? 어떻게 비존재로부터 존재가 태어날 수 있다는 말이냐! 얘야, 태초에 이것은 오직 존재였다."〈찬도 6.2.2〉

"그는 '나는 다수가 될 것이리라. 나는 태어날 것이리라.'라고 마음으로 바라보았다. 그는 불을 창조했다. 그 불은 … 마음으로 바라보았다. … 그는 물을 창조했다."〈찬도 6.2.3〉

"그 물은 '나는 다수가 될 것이리라. 나는 태어날 것이리라.'라고 마음으로 바라보았다. 그는 흙(음식)을 창조했다. 따라서 어디든지 언제든지 비가 내리면, 바로 거기서 흙(음식)은 풍성하게 된다."〈찬도 6.2.4〉

"실로 그러한 그 존재들은 오직 세 원천(씨앗)들을 가진다. [그것들은] 난생, 태생, 토생이다."〈찬도 6.3.1〉

"그러한 이 신은 '자, 나는, 그러한 개별자아로써 즉 [나의] 아뜨만으로써 이러한 세 신격들에 들어가, 명칭과 형태를 전개하리라.'라고 마음으로 바라보았다."〈찬도 6.3.2〉

"그것들의 하나하나를 3합으로 3합으로 만들리라."〈찬도 6.3.3〉

"그는 그것들의 하나하나를 3합으로 3합으로 만들었다. … 그러한 세 신격들이 하나하나씩 3합으로 3합으로 되는 것을"〈찬도 6.3.4〉

"[가시적인] 불에서, 붉은 색깔은 불의 색깔이고, 흰 색깔은 물의 색깔이며, 검은 색깔은 흙의 색깔이다. [그래서] '불의 불인 상태'는 사라진다. 변형이란 언어에 기원(근거)하고 있으며 명칭 자체이고 오직 3색깔들이라는 것만이 실재이다."〈찬도 6.4.1〉

"붉은 듯이 나타난 것이라면, 그것은 불의 색깔(형태)이라고"〈찬도 6.4.6〉

"알려지지 않은 듯이 나타난 것이라면, 바로 그것들은 신격들의 결합이라고 … 그러한 세 신격들이 사람에게 도달하고 나서 하나하나씩 3합으로 3합으로 되는 것을 …."〈찬도 6.4.7〉

"먹힌 음식은 세 부분으로 된다. 그 가운데 가장 가시적인 요소인 것은 배설물이 되고, 보통의 요소인 것은 살이 되고, 가장 미세한 요소인 것은 마음이 된다."〈찬도 6.5.1〉

"얘야, 실로 마음은 흙(음식)으로 이루어진 것이고, 생기는 물로 이루어진 것이며, 언어는 불로 이루어진 것이다."〈찬도 6.5.4〉

"존경스러운 이여, 저에게 단지 조금만 더 알려주십시오."〈찬도 6.5.4〉

"얘야, 이 사람이 '잠잔다'라고 말할 때, 그 경우에 존재와 융합하게 된다. 자신에 되들어가게 된다. 따라서 그에 대해 '잠잔다'라고 그들은 말한다. 왜냐하면 자신에 되들어가게 되기 때문이다."〈찬도 6.8.1〉

"그 어디에서도 의지처를 얻지 못한 채 생기 자체에 의지한다. 얘야, 왜냐하면 생기에 묶인(속박된) 것이 마음이기 때문이다."〈찬도 6.8.2〉

"'먹고 싶어 한다'라고 말할 … '먹은 것'(아쉬따)을 '이끄는'(나야떼) 것은 실로 물이다. 이러하기에, 얘야, 그것(육체)이 솟아난 싹임을 알도록 해라. 그것은 뿌리가 없이 가능하지 않다."〈찬도 6.8.3〉

"얘야, 싹인 음식(흙)을 통해 뿌리인 물을 찾도록 해라. 얘야, 싹인 물을 통해 뿌리인 불을 찾도록 해라. 얘야, 싹인 불을 통해 뿌리인 존재를 찾도록 해라. 얘야, 이 모든 창조물들은 존재를 근원으로 하고, 존재를 처소로 하며, 존재를 지지대(귀의처)로 한다."〈찬도 6.8.4〉

"'마시고 싶어 한다'라고 말할 … '마신 것'(삐따, 우다까)을 '이끄는'(나야떼) 것은 실로 불이다."〈찬도 6.8.5〉

"얘야, 이 사람이 떠나는 동안에 발성기관(언어)은 마음에 융합된다. 마음은 생기에, 생기는 불에, 불은 지고한 신에 [융합된다]."〈찬도 6.8.6〉

"그렇게 그 미세한 것. 이 모든 것은 그것을 아뜨만(본질)으로 한다. 그것은 존재이다. 그것은 아뜨만이다. 슈베따께뚜여, 그것이 너이다. 존경스러운 이여, 저에게 단지 조금만 더 알려주십시오."〈찬도 6.8.7〉

"이러한 모든 창조물들은 '존재'에 융합하면서 '우리는 존재에 융합한다'라고 알지 못한다."〈찬도 6.9.2〉

"호랑이이거나 사자이거나 늑대이거나 멧돼지이거나, 벌레이거나 나방이거나 각다귀이거나 모기이거나, 이 세상에 있었던 무엇이든지 간에 그것들은 그것들이 된다."〈찬도 6.9.3〉
"존재로부터 왔음에도 '우리는 존재로부터 왔다'라고 알지 못한다."〈찬도 6.10.2〉
"실로 개별자아가 떠나버린 그것(육체)은 죽지만, 개별자아는 죽지 않는다."〈찬도 6.11.3〉
"잘 배우고 지적인 자가 실로 간다라 지방에 도달할 수 있다. 바로 그와 같이 이 세상에서 스승을 가진 사람은 지식을 얻는다. 그는 자유로워지지 않는 바로 그러한 만큼 오래 있다가, 그러고 나서 융합된다."〈찬도 6.14.2〉
"그를 통해 그것을 알게 되었다."〈찬도 6.16.3〉
"'존경스러운 이여, 가르침을 주십시오.'라고 하면서 [나라다가 사나뜨꾸마라에게] 다가갔다."〈찬도 7.1.1〉
"저는 실로 당신과 같은 분들로부터 아뜨만을 아는 자가 슬픔을 건넌다고 들었을 따름입니다. 존경스러운 이여, 제가 슬퍼하는 그 자입니다. 당신께서 이러한 저를 슬픔의 피안으로 건너게 해주십시오."〈찬도 7.1.3〉
"'명칭은 브라흐만이다'라고 계속 명상하는 그는, 명칭이 도달하는 곳만큼 뜻하는 대로 움직이게 됩니다. … 존경스러운 이여, 명칭보다 더 위대한 것이 있습니까?"〈찬도 7.1.5〉
"실로 언어가 명칭보다 더 위대합니다."〈찬도 7.2.1〉
"'언어는 브라흐만이다'라고 계속 명상하는 그는, 언어가 도달하는 곳만큼 뜻하는 대로 움직이게 됩니다. … 존경스러운 이여, 언어보다 더 위대한 것이 있습니까?"〈찬도 7.2.2〉
"실로 마음이 언어보다 더 위대합니다."〈찬도 7.3.1〉

"'결의는 브라흐만이다'라고 계속 명상하는 그는"〈찬도 7.4.3〉
"땅은 명상하는 듯합니다."〈찬도 7.6.1〉
"'번개가 친다. 천둥이 울린다. 실로 비가 내릴 것이다.'"〈찬도 7.11.1〉
"실로 생기가 희망보다 더 위대합니다. 바퀴살들이 실로 바퀴통에 고정되듯이, 마찬가지로 모든 것이 이 생기에 고정됩니다. … 실로 생기는 아버지이고, 생기는 어머니이며, 생기는 형제이고, 생기는 자매이며, 생기는 스승이고, 생기는 브라흐마나입니다."〈찬도 7.15.1〉
"'그대는 초월해서 말하는 자이다.'라고 하면, '나는 초월해서 말하는 자이다.'라고 그는 말해야 합니다. 그는 부인하지 말아야 합니다."〈찬도 7.15.4〉
"하지만 진리를 통해 초월해서 말하는 자가, 실로 초월해서 말합니다. 존경스러운 이여, 그러한 제가 진리를 통해 초월해서 말하려고 합니다. 하지만 실로 진리를 알고자 해야만 합니다."〈찬도 7.16.1〉
"실로 극대(極大)인 것은 즐거움입니다. 극소(極小)에는 즐거움이 없습니다. 오직 극대만이 즐거움입니다. 결국 실로 극대(極大)를 알고자 해야만 합니다. 존경스러운 이여, 저는 극대를 알고자 합니다."〈찬도 7.23.1〉
"다른 것을 보지 않고 다른 것을 듣지 않고 다른 것을 알지 않는 경우에, 그것이 극대(極大)입니다. 그리고 다른 것을 보고 다른 것을 듣고 다른 것을 아는 경우에, 그것이 극소(極小)입니다. 실로 극대인 것은 불멸입니다. 그리고 극소인 것은 사멸입니다. 존경스러운 이여, 그것은 어디에서 확립됩니까? 스스로의 영광(위대성)에서!"〈찬도 7.24.1〉
"정녕 그것은 아래이고 … 정녕 나는 아래이고"〈찬도 7.25.1〉
"정녕 아뜨만은 아래이고 … 정녕 아뜨만은 이 모든 것입니다. … 아뜨만에서 기뻐하고, 아뜨만에서 놀며 … 그는 모든 세상들에서 자유자재하게 됩니다. … 자들은, 모든 세상들에서 자유자재하게 됩니다."〈찬

도 7.25.2〉
"아뜨만으로부터 생기가, … 실로 아뜨만으로부터 이 모든 것이 [비롯됩니다]."〈찬도 7.26.1〉
"그것은 1종류가 되고, 3종류가 되고, 5종류와 7종류와 9종류가 된다. … 음식이 청정하면 마음이 청정하다. … 기억을 얻을 때에 모든 매듭들이 풀린다. 더러움을 닦아낸 그에게, 존경스러운 사나뜨꾸마라는 무명(無明)의 피안을 보여주었다."〈찬도 7.26.2〉
"이제, 여기에는 그 '브라흐만의 마을'에 연꽃인 작은 거처. 그 안에는 작은 허공이 있다. 그 '안에 있는 것'을 추구해야만 한다. 실로 그것을 탐구해야만 한다."〈찬도 8.1.1〉
"그들은 그(스승)에게 물을지도 모른다: 여기에는 그 '브라흐만의 마을'에 연꽃인 작은 거처. 그 안에는 작은 허공이 있습니다. 추구해야만 하는 것으로, 또 탐구해야만 하는 것으로 그곳에서 존재하는, 그것은 무엇입니까? 그는 말해야 한다:"〈찬도 8.1.2〉
"정녕 이 허공만한, 그런 만큼이 심장의 안에 있는 그 허공이다. 바로 그것의 안에 천상과 지상 양자가 놓여 있다."〈찬도 8.1.3〉
"그곳에 욕망들이 놓여 있다. 그것은 죄악으로부터 자유롭고, 늙지 않으며, 죽지 않고, 슬픔이 없으며, 허기가 없고, 갈증이 없으며, 진실한 욕망을 가지고, 진실한 결의를 가지는 아뜨만이다."〈찬도 8.1.5〉
"그래서 행위를 통해 획득한 것이 이 세상에서 소멸되듯이, 바로 그와 같이 선행을 통해 획득한 것도 저 세상에서 소멸된다. … 한편, 이 세상에서 아뜨만과 또 그러한 진실한 욕망들을 찾은 뒤에 떠나는 자들은, 모든 세상들에서 자유자재하게 된다."〈찬도 8.1.6〉
"만약 그가 조상의 세상을 바라고 있다면, 단지 그의 결의로부터 조상들이 출현한다."〈찬도 8.2.1〉
"이러한 모든 창조물들은, 매일 그 브라흐만 세상으로 가면서도, [그것

을] 찾지 못한다."〈찬도 8.3.2〉

"그러한 이 아뜨만은 실로 심장에 있다. 그 어원은 바로 이러하다: '심장(흐리드)에서의 이것(아얌)'. 따라서 '심장'(흐리다얌)이다."〈찬도 8.3.3〉

"그(스승)는 말했다: 이제, 그 적정(寂靜)은 이 육체로부터 솟아오른 후, 지고한 빛에 도달하고 나서 자체의 형태로 현시한다. 그것(적정)은 아뜨만이다."〈찬도 8.3.4〉

"이제, 아뜨만인 것은 이 세상들이 뒤섞이지 않도록 지지하는 다리(둑)이다. 이 다리(둑)를 낮과 밤은 건너지 못한다. 늙음도 못하고 죽음도 못하며, 슬픔도 못하며, 선행도 못하고 악행도 못한다. 모든 죄악들은 그것(아뜨만)으로부터 돌아선다. 실로 브라흐만일 [뿐인] 이 세상은 죄악으로부터 자유롭다."〈찬도 8.4.1〉

"다리(둑)를 건너고 나면"〈찬도 8.4.2〉

"그래서 금욕(학습)을 통해 그러한 브라흐만 세상을 찾은 바로 그들은"〈찬도 8.4.3〉

"이제 '제의'라고 부르는 것은 실로 금욕(학습)이다."〈찬도 8.5.1〉

"왜냐하면 금욕(학습)을 통해 찾은 그 아뜨만은 소멸되지 않기 때문이다. … 그곳에는 '아빠라지따'(정복되지 않은)라는 브라흐만의 도시가, 주님께서 만든 황금으로 이루어진 [회당이 있다]."〈찬도 8.5.3〉

"이제 심장의 그러한 경맥들은"〈찬도 8.6.1〉

"저 태양으로부터 펼쳐지는 것들은 이 경맥들에 들어간다. 이 경맥들로부터 펼쳐지는 것들은 저 태양에 들어간다."〈찬도 8.6.2〉

"그래서 잠자는 누군가가 침잠이고 적정이며 꿈을 보지 않는 경우에, 그러한 경맥들에 들어가게 된다. 그 어떤 죄악도 그와 접촉하지 않는다. 실로 그는 그때에 빛과 융합하게 된다."〈찬도 8.6.3〉

"이제 그렇게 이 육체로부터 떠나는 경우에, 그러면 바로 이러한 광선들을 따라 위쪽으로 올라간다. … 그는 [잠시] 마음을 놓아야 하는 동안에 태양으로 간다."〈찬도 8.6.5〉

"심장에는 백한 개의 경맥들이 있으리라. 이것들 가운데 하나는 머리(정수리)로 빠져나가리라. 그는 그것을 따라 위로 가면서 불멸성에 도달하리라. 다른 자들은 떠날 때에 모든 쪽으로 [빠져나가게] 되리라."〈찬도 8.6.6〉

"아뜨만은 죄악으로부터 자유롭고, 늙지 않고 죽지 않으며 … 진실한 욕망과 진실한 결의를 가진다. 그것을 추구해야만 하고, 그것을 탐구해야만 한다. 그 아뜨만을 찾아서 알게 되는 자는, 모든 세상들과 또 모든 욕망들은 얻는다."〈찬도 8.7.1〉

"그들은 말했다: 자, 그 아뜨만을 찾도록 하자. 아뜨만을 찾은 뒤에 모든 세상들과 또 모든 욕망들을 얻으리라. 그리하여 신들 가운데 인드라가, 악신들 가운데 비로짜나가 출발했다."〈찬도 8.7.2〉

"눈에서 보이는 그 뿌루샤가 아뜨만이다."〈찬도 8.7.4〉

"머리털까지 손톱까지"〈찬도 8.8.1〉

"장님이 되고 … 정녕 이 육체의 소멸을 좇아 그것이 소멸한다."〈찬도 8.9.1〉

"나는 바로 그것을 그대에게 다시 설명할 것이다."〈찬도 8.9.3〉

"꿈에서 경배받으며 돌아다니는 그것이 아뜨만이다."〈찬도 8.10.1〉

"또한 그는 우는 듯하다."〈찬도 8.10.2〉

"그래서 잠자는 누군가가 침잠이고, 적정이며, 꿈을 보지 않는 경우에, 그것이 아뜨만이다. … 그것은 불멸이고, 두려움이 없음이다. 그것은 브라흐만이다. … 정녕 그는 그 자신을, '나는 이것이다.'라는 그런 식으로는, 정확하게 알지 못한다. 이러한 존재들도 결코 알지 못한다. 그는 소멸되는 듯이 사라지게 된다."〈찬도 8.11.1〉

"나는 바로 그것을 그대에게 다시 설명할 것이다. 이것(아뜨만)과는 다른 것이 결코 아닌 [그것을!] … 실로 마가반(인드라)은 쁘라자빠띠와 101년을 금욕(학습)으로 살았다."〈찬도 8.11.3〉

"마가반(인드라)이여, 정녕 이 육체는 사멸한다. … 실로 육화된 자로 존재하는 동안에 호감(즐거움)과 반감(괴로움)의 제거가 있을 수 없지만, 호감과 반감은 육화(肉化)를 탈피하여 존재하는 자에게 결코 접촉하지 않는다."〈찬도 8.12.1〉

"바로 이와 같이, 그 적정은 이 육체로부터 솟아오른 후, 지고한 빛에 도달하고 나서 그 자체의 형태로 현시한다. 그것(적정)은 최상의 뿌루샤이다. 그는 그곳에서 먹으면서 놀면서 즐거워하면서 … 돌아다닌다."〈찬도 8.12.3〉

"이제 이 허공에 봄(보기)이 들어간 경우에 그는 눈 안의 뿌루샤이다. 봄의 감관은 봄을 [지각하기] 위해서 있다. 또 '나는 이것을 냄새 맡으려고 한다'라고 아는 자는 아뜨만이다. 냄새의 감관은 냄새를 [지각하기] 위해서 있다."〈찬도 8.12.4〉

"마음을 통해 브라흐만 세상에 있는 그러한 그 욕망대상들을 보면서 즐거워한다."〈찬도 8.12.5〉

"말이 털을 털어내듯이 죄를 털어낸 뒤에 라후의 입으로부터 자유로워지는 달처럼 육체를 내던지고 나서, 스스로를 이룬 채로 이루어지지 않은 브라흐만 세상에 나는 도달한다."〈찬도 8.13.1〉

"'허공'이라고 불리는 것은 명칭과 형태의 산출자이다. 안에 그것들을 가지는 것은 브라흐만이다. 그것은 불멸이다. 그것은 아뜨만이다. 나는 쁘라자빠띠의 회당으로 들어가리라. 나는 영광이 되리라. 브라흐마나들의 [영광]"〈찬도 8.14.1〉

"스승의 거처에서 규정에 따라 스승에 대한 과업으로부터 남는 시간에 베다를 공부하고서 되돌아온 뒤, 가장의 역할을 하는 동안에 청정한 곳에서 성전 학습을 행하고 … 성전에서 인가된 것을 제외한 모든 존재들을 죽이지 않으면서 … 그는 브라흐만 세상을 취한다. 그리고 그는, 다시 되돌아오지 않는다."〈찬도 8.15.1〉

〈브리〉

"물 위의 찌끼처럼 거기에 있었던 것은 응고되었고 이 흙이 되었다."〈브리 1.2.2〉

"그는 마음을 통해 언어와의 합일을 이루었다."〈브리 1.2.4〉

"그 신들은 말했다: 자, 제의에서 우드기타를 통해 우리가 악신들을 넘어서 봅시다!"〈브리 1.3.1〉

"그들은 발성기관에게 말했다: 그대는 우리를 위해 우드기타를 노래해 주시오."〈브리 1.3.2〉

"이제 그들은 입 안의 그 생기에게 말했다: 그대는 우리를 위해 우드기타를 노래해 주시오. 그러자면서 그들을 위해 그 생기는 우드기타를 노래했다."〈브리 1.3.7〉

"실로 그(생기)는 첫 번째로 바로 그 발성기관을 옮겼다. 그것(발성기관)은 죽음으로부터 완전히 자유로워졌을 때 불이 되었다."〈브리 1.3.12〉

"그 어떤 신체부위로부터 생기가 떠나든지, 바로 그때에 그 부위가 시들어버린다."〈브리 1.3.19〉

"해충과 같고, 모기와 같고, 코끼리와 같고, 이러한 세 세상들과 같고, 이러한 만물과 같다."〈브리 1.3.22〉

"이것은 정녕 우드기타이다."〈브리 1.3.23〉

"그는 실로 발성기관과 생기를 통해 우드기타를 노래했다."〈브리 1.3.24〉

"자신을 위해 혹은 제의 고용주를 위해 욕망하는 그 무엇이든지 노래를 통해 얻는다."〈브리 1.3.28〉

"태초에 이것은 오직 뿌루샤(사람)의 모양새인 아뜨만이었다."〈브리 1.4.1〉

"불이 음식을 먹는 자이다."〈브리 1.4.6〉

"실로 그때에, 이것(세계)은 전개되지 않고 있었다. 그것은 바로 그 명칭과 형태로 전개되었다. … 그러한 그것은 그곳에 손톱들의 끝까지 들어갔다. … 보기 때문에 '눈'이라고, 듣기 때문에 '귀'라고, 생각하기 때문에 '마음'이라고 [불린다] … [그것들을] 오직 아뜨만이라고 계속 명상해야 한다."〈브리 1.4.7〉

"그(브라흐만)는 '나는 브라흐만이다'라며 오직 자신만을 알고 있었다. 그로부터 그는 모든 것이 되었다. 그것을 깨달은 신격들 가운데 그 누구이든지, 바로 그가 그것이 되었다. 성자들도 마찬가지이고 인간들도 마찬가지이다. 실로 그러한 그것을 직관함으로써(봄으로써) 성자 바마데바는 '나는 마누였고 또 태양이었다.'라고 알게 되었다. … 이제 '그는 어떤 것이고 나는 다른 것이다'라고 하면서, 다른 신격을 계속 명상하는 자는 알지 못한다. 그래서 그(다른 신격을 계속 명상하는 자)는 신격들에게 짐승과도 같다."〈브리 1.4.10〉

"오직 아뜨만을 [그 자신의] 세계로 계속 명상해야 한다."〈브리 1.4.15〉

"공물로 제공하는 바로 그날에, 이와 같이 지식을 가진 자는 '다시 죽는 것'을 패퇴시킨다."〈브리 1.5.2〉

"마음, 발성기관, 생기이다. 그는 자신을 위해 그것들을 만들었다. 마음이 다른 곳에 있었고, 나는 보지 못했다. 마음이 다른 곳에 있었고, 나는 듣지 못했다. 실로 마음을 통해서 보고 마음을 통해서 듣는다. 욕망, 의지, 의심, 신뢰, 불신, 끈기, 포기, 수치, 반성, 공포라는 이 모든

것은 마음일 뿐이다. … 쁘라나, 아빠나, 브야나, 우다나, 사마나"〈브리 1.5.3〉
"그러한 이것들은 정녕 모두가 같다. 모두가 무한하다."〈브리 1.5.13〉
"인간의 세상, 조상의 세상, 신격의 세상"〈브리 1.5.16〉
"그러한 신격을 모든 존재들이 비호하듯이, 마찬가지로 정녕 이와 같이 아는 자를 모든 존재들이 비호한다. … 오직 선행만이 그에게 간다. 신격들에게는 결코 악행이 가지 않는다."〈브리 1.5.20〉
"이제 여기서부터는 서약을 고찰한다. … 발성기관은 '내가 분명 말할 것이다'라고 마음먹었다. … 죽음은 무력함을 통해 그들을 붙잡았다. 이로부터 발성기관은 무력해지고 만다. … 이제 [죽음은] '가운데의 생기'인 바로 그를 따라잡을 수 없었다. … 실로 그는 우리 중에 최고위라오! 자, 우리 모두는 바로 그의 형태를 취해야 한다오. 그들 모두는 바로 그의 형태를 취했다. 그로부터 그들은 그(생기)를 따라 '생기'라고 불린다."〈브리 1.5.21〉
"그러한 생기들 중에 그 '가운데의 생기'처럼, 그러한 신격들 중에 공기도 마찬가지이다. … 그러한 이 공기로서의 신격은 저물지 않는다."〈브리 1.5.22〉
"그 무엇으로부터 태양이 솟고 … 이것(태양)은 실로 생기로부터 솟고 생기에서 저문다. … 따라서 그는 오직 하나의 서약을 행해야 한다. 그는 쁘라나(들숨)를 해야 하고 또 아빠나(날숨)를 해야 한다. … 이로써 그는 그러한 신격에 '합일하는 것'과 그러한 신격과 '같은 세상에 머무르는 것'을 쟁취한다."〈브리 1.5.23〉
"나는 당신에게 브라흐만에 대해 말하고자 합니다."〈브리 2.1.1〉
"인식으로 이루어진 이 사람이 … 그러면 그는 어디에 있었습니까? 그는 어디로부터 왔습니까?"〈브리 2.1.16〉
"그때에 인식(의식)을 통해 그 생기(기관)들의 인식을 취하고 나서 심

장의 안에 있는 허공인 것에 눕습니다."〈브리 2.1.17〉
"그가 꿈에서 그렇게 움직이는 경우에 … 생기(기관)들을 취하고 나서, 원하는 바대로 자신의 육체에서 돌아다닙니다."〈브리 2.1.18〉
"그것들을 따라 빠져나온 뒤에 심낭(心囊)에서 쉽니다(잡니다)."〈브리 2.1.19〉
"불로부터 매우 작은 불꽃들이 퍼져 나오듯이, 바로 그와 같이 이 아뜨만으로부터 모든 생기들이, 모든 세상들이, 모든 신격들이, 모든 존재들이 퍼져 나옵니다. … 이러한 모든 아뜨만들이 퍼져 나옵니다."〈브리 2.1.20〉[4]
"공동(빈곳)이 아래를 향하고 밑바닥이 위를 향하는 국자. 그것은 그의 머리입니다. 왜냐하면 이것(머리)은 공동이 아래를 향하고 밑바닥이 위를 향하는 국자이기 때문입니다."〈브리 2.2.3〉
"실로 이 둘(귀)은 [성자] 고따마와 바라드바자입니다. 바로 이것(오른쪽 귀)은 고따마이고, 이것(왼쪽 귀)은 바라드바자입니다."〈브리 2.2.4〉
"실로 브라흐만은 두 형태를 가집니다. 형체인 것과 또 형체가 없는 것"〈브리 2.3.1〉
"공기와 에테르입니다. 그것은 불멸이고"〈브리 2.3.3〉
"이제 여기서부터는 [브라흐만에 대한] 지시입니다: 이러한 것도 아니고 그러한 것도 아니다(네띠 네띠). 왜냐하면 '이러한 것도 아니다'라는 이것보다 더 지고한 다른 [지시는(존재는)] 없기 때문입니다. 이제 [그것의] 명칭 자체입니다: 진리의 진리. 실로 생기들은 진리입니다. 이것들의 진리가 그것(브라흐만)입니다."〈브리 2.3.6〉

4_ "이러한 모든 아뜨만들이 퍼져 나옵니다."라는 부분은 마드얀디나 이본(異本)에만 등장하는 표현이다.

"하지만 재물을 통해서는 불멸성에 대한 희망이 없습니다."〈브리 2.4.2〉

"저를 불멸일 수 없게끔 하는 그것을 통해 저는 무엇을 해야 합니까? 당신이 아는 바로 그것을 저에게 말씀해 주십시오."〈브리 2.4.3〉

"여보, 실로 남편에 대한 사랑에서 남편이 소중하게 되지 않고 … 여보, 실로 만물에 대한 사랑에서 만물이 소중하게 되지 않고, 그와 달리 아뜨만에 대한 사랑에서 만물이 소중하게 됩니다. 여보 마이뜨레이여, 실로 아뜨만을 보아야만 하고 들어야만 하고 숙고해야만 하고 깊이 명상해야만 합니다. 여보, 실로 아뜨만을 봄으로써 들음으로써 숙고함으로써 인식함(직관함)으로써, 이 모든 것을 압니다."〈브리 2.4.5〉

"브라흐만(사제)은, 브라흐만을 아뜨만과는 다른 것으로 아는 자를 내쫓습니다. … 만물은, 만물을 아뜨만과는 다른 것으로 아는 자를 내쫓습니다. … 이러한 모든 것이 [바로] 그 아뜨만입니다."〈브리 2.4.6〉

"『리그베다』 … 라는 것은 이 위대한 존재가 내쉰 숨입니다."〈브리 2.4.10〉

"[이와 같이] 모든 감촉들이 가지는 하나의 목적지는 피부입니다."〈브리 2.4.11〉

"이 위대한 존재는 무한이고 무한정이며 인식 덩어리일 뿐입니다. [아뜨만은] 이러한 원소들로부터 솟아오르고 나서 바로 그것들을 좇아 소멸합니다. 세상을 떠난 후에는 [특정한] 의식이 존재하지 않습니다."〈브리 2.4.12〉

"바로 여기서, '세상을 떠난 후에는 [특정한] 의식이 존재하지 않습니다.'라며 당신이 저를 혼동케 했습니다. 여보, 실로 나는 혼동을 말하지 않습니다."〈브리 2.4.13〉

"그러면, 무엇을 통해 무엇을 보아야 하겠습니까? … 그러면, 무엇을 통해 무엇을 알아야 하겠습니까? 이 모든 것을 알게끔 하는 [바로] 그것을, 무엇을 통해 알아야 하겠습니까? 여보, 무엇을 통해 아는 자를 알아야 하겠습니까?"〈브리 2.4.14〉

"그 흙 안에서 빛나고 불멸하는 그러한 사람과 인체에서 육화된 채로 빛나고 불멸하는 그러한 사람. 바로 그가 이 아뜨만입니다."〈브리 2.5.1〉

"그는 두 발을 가진 몸들을 만들었고 네 발을 가진 몸들을 만들었으리라. 그는 새(鳥)로서 그 몸들이 된 뒤에 뿌루샤로서 그 몸들에 들어갔으리라. … 실로 그러한 그것이, 모든 마을들에서, 마을에 거주하는 뿌루샤이리라."〈브리 2.5.18〉

"실로 그것에는 말(기관)들이 열 아니 백으로 묶여 있으리라. 그것은 정녕 말들이다. 그것은 실로 열이고 또 천이다. 무수이고 또 무한이다. 그러한 이 브라흐만은 앞선 것도 없고 뒤진 것도 없고, 안도 없고 바깥도 없다. 이 아뜨만은 모든 것을 지각하는 브라흐만이다."〈브리 2.5.19〉

"한때 비데하의 왕인 자나까는 많은 보시를 동반하는 제의를 행했다."〈브리 3.1.1〉

"실로 마음은 무한이고, 모든 신격들은 무한입니다. 이를 통해 그는 바로 무한인 세계를 쟁취합니다."〈브리 3.1.9〉

"붙잡는 자가 여덟이고, 붙잡는 자를 넘어서는 것이 여덟입니다."〈브리 3.2.1〉

"실로 손은 붙잡는 자로서, 그것은 붙잡는 자를 넘어서는 일에 의해 붙잡힙니다. 왜냐하면 두 손을 통해 일을 하기 때문입니다."〈브리 3.2.8〉

"실로 불은 죽음입니다."〈브리 3.2.10〉

"그러한 사람이 죽는 경우에 그것으로부터 기관(생기)들이 떠납니까, 아니면 떠나지 않습니까? '아니오'라고 야즈냐발끄야는 말했다: 그것들은 바로 그곳(육체)에 잠겨 들어갑니다. 그것(육체)은 부풀어 오르고 팽창합니다. 팽창한 채로 죽어 잠잡니다."〈브리 3.2.11〉

"어떤 죽은 사람의 발성기관이 불에, 숨이 공기에 … 몸털이 초본(草本)에, 머리털이 수목(樹木)에 … 들어갈 때, 그러면 그 사람은 어디에 존재합니까? … 실로 그 둘이 말한 것은 바로 그 행위였다. 그리고 그 둘이 찬양한 것은 바로 그 행위였다. 실로 선한 행위를 통해 선하게 되고, 악한 행위를 통해 악하게 된다."〈브리 3.2.13〉

"실로 공기는 개별이고, 공기는 집합입니다. 이와 같음을 아는 자는 '다시 죽는 것'을 극복합니다."〈브리 3.3.2〉

"직접적일 뿐 간접적이지 않은 브라흐만이자 모든 것의 안에 있는 아뜨만. … 쁘라나를 통해 전방으로 숨 쉬는 것이 모든 것의 안에 있는 당신의 아뜨만입니다. … 이것은 모든 것의 안에 있는 당신의 아뜨만입니다."〈브리 3.4.1〉

"당신은 '봄을 보는 자'를 볼 수 없습니다. 당신은 '들음을 듣는 자'를 들을 수 없습니다. 당신은 '생각함을 생각하는 자'를 생각할 수 없습니다. 당신은 '앎을 아는 자'를 알 수 없습니다. … 이것과는 다른 것은 소멸을 향합니다."〈브리 3.4.2〉

"직접적일 뿐 간접적이지 않은 바로 그 브라흐만이자 모든 것의 안에 있는 아뜨만. … 배고픔, 목마름, 슬픔, 미혹, 늙음, 죽음을 초월하는 것입니다. 정녕 이러한 그 아뜨만을 안 뒤에 브라흐마나들은 아들을 욕구하는 것으로부터, 재물을 욕구하는 것으로부터, 세상을 욕구하는 것으로부터 벗어나고 나서 구걸 행각을 합니다. … "따라서 브라흐마나는 학자다움을 잘 안 뒤에 아이다움에 머무르고자 해야 합니다. 학자다움과 또 아이다움을 잘 안 뒤에 이제 현자가 [됩니다]. 현자다움과 또 현자답지 않음을 잘 안 뒤에 이제 브라흐마나가 [됩니다]. … 이것과는 다른 것은 소멸을 향합니다."〈브리 3.5.1〉

"이 세상과 또 저 세상, 그리고 모든 존재들을 안으로부터 지배하는 [그 내부의 지배자를 …]"〈브리 3.7.1〉

"가우따마여, 실로 공기가 그 '실'입니다. 가우따마여, '실'인 공기에 의해 이 세상과 저 세상, 그리고 모든 존재들이 함께 엮이게 됩니다."〈브리 3.7.2〉

"흙에서 살지만 흙 안에 있는 것이고, 흙이 알지 못하는 것이며, 흙을 육신으로 가지는 것이고, 흙을 안으로부터 지배하는 것. 그것은 내부의 지배자, 당신의 불멸하는 아뜨만입니다."〈브리 3.7.3〉

"물에서 살지만 … 물을 안으로부터 지배하는 것."〈브리 3.7.4〉

"태양에서 살지만 태양 안에 있는 것이고, 태양이 알지 못하는 것이며, 태양을 육신으로 가지는 것이고, 태양을 안으로부터 지배하는 것. 그것은 내부의 지배자, 당신의 불멸하는 아뜨만입니다."〈브리 3.7.9〉

"모든 존재들을 안으로부터 지배하는 것"〈브리 3.7.15〉

"눈에서 살지만 [눈 안에 있는] 것이고"〈브리 3.7.18〉

"인식기관(지성)에서 살지만"〈브리 3.7.22〉

"아뜨만에서 살지만"〈브리 3.7.22〉[5]

"그것은 보이지 않는 보는 자, 들리지 않는 듣는 자, 생각되지 않는 생각하는 자, 인식되지 않는 인식하는 자입니다. 그것과는 다른, 보는 자는 없습니다. 그것과는 다른, 듣는 자는 없습니다. … 그것과는 다른, 인식하는 자는 없습니다."〈브리 3.7.23〉

"실로 에테르(허공)에서 그것이 엮이고 또 풀립니다. … 과연 무엇에서, 이제 에테르(허공)가 엮이고 또 풀립니까?"〈브리 3.8.7〉

"그가 말했다: 가르기여, 그것은 이 불멸체라고 브라흐마나들은 전합니다. 그것은 광대하지도 않고 미세하지도 않으며, 짧지도 않고 길지도 않으며, 붉지도 않고 기름지지도 않으며 … 에테르도 아니며 … 눈

5_ 깐바 분파에서 "인식기관(지성)에서 살지만"이라고 읽는 것을 마드얀디나 분파에서는 "아뜨만에서 살지만"이라고 읽는다.

도 없고 귀도 없으며, 발성기관도 없고 마음도 없으며"〈브리 3.8.8〉

"가르기여, 정녕 이 불멸체의 통치 하에서 해와 달이 제어된(지지된) 채로 존재합니다. … 가르기여, 정녕 이 불멸체의 통치 하에서 어떤 강들은 … 동쪽으로 흐릅니다."〈브리 3.8.9〉

"가르기여, 정녕 그러한 이 불멸체는 보이지 않는 보는 자이고, 들리지 않는 듣는 자이며, 생각되지 않는 생각하는 자이고, 인식되지 않는 인식하는 자입니다. 그것과는 다른, 보는 자는 없습니다. 그것과는 다른, 듣는 자는 없습니다. 그것과는 다른, 생각하는 자는 없습니다. 그것과는 다른, 인식하는 자는 없습니다. … 과연 가르기여, 정녕 이 불멸체에서 에테르(허공)가 엮이고 또 풀립니다."〈브리 3.8.11〉

"신격들은 얼마나 많습니까? … 303이고, 3003입니다. … 그것들은 무엇입니까?"〈브리 3.9.1〉

"그것들은 그들의 권능(화현)일 뿐입니다. 하지만 신격들은 단지 33입니다."〈브리 3.9.2〉

"사람에게서 열 개인 그 생기들과 열한 번째인 아뜨만(마음)입니다. 그것들은 이 사멸하는 육체로부터 떠날 때 [남은 자들을] 울부짖게끔 합니다."〈브리 3.9.4〉

"무엇이 1인 신격입니까? 생기입니다. 그것은 그들이 '뜨야뜨'(저쪽)라고 부르는 브라흐만입니다."〈브리 3.9.9〉

"실로 흙을 거주지로 하고, 불을 시선으로 하며, 빛을 마음으로 하는"〈브리 3.9.10〉

"그러한 이 아뜨만은 이러한 것도 아니고 그러한 것도 아닙니다. 지각되지 않기 때문에 지각 불가능한 것입니다. … 우빠니샤드에 속하는 그러한 뿌루샤에 관해, 나는 당신에게 묻습니다."〈브리 3.9.26〉

"지식이자 환희인 브라흐만, 재물을 주는 자의 궁극적 목적지."〈브리 3.9.28〉

"그는 신이 되고 나서 신들에 합류합니다."〈브리 4.1.2〉
"그러한 이 아뜨만은 이러한 것도 아니고 그러한 것도 아닙니다. 그것은 지각되지 않기 때문에 지각 불가능한 것입니다. … 자나까여, 당신은 실로 두려움이 없음에 도달했습니다."〈브리 4.2.4〉
"실로 소리(언어)라는 빛을 통해, 그는 앉고"〈브리 4.3.5〉
"오직 아뜨만이라는 빛을 통해, 그는 앉고"〈브리 4.3.6〉
"어느 것이 아뜨만입니까? '인식으로 이루어진 것'이고, 생기(기관)들의 [한가운데에] 있으며, 심장의 안에 있는 빛인, 이 뿌루샤입니다. 그것은 [인식과] 유사하게 존재하면서 두 세상에서 움직입니다. 그것은 명상하는(생각하는) 듯하고, 떠는(움직이는) 듯합니다."〈브리 4.3.7〉
"지성과 함께 꿈이 된 뒤에 이 세상을 초월합니다."〈브리 4.3.7〉[6]
"실로 그 사람이 태어나 육체를 취하면서 [죄악들과 결합하고], 그가 육체를 떠나 죽으면서 [죄악들을 버립니다]."〈브리 4.3.8〉
"꿈 상태는 제3으로서 중간대입니다. … 그가 꿈꾸는 경우에 … 스스로를 버리면서 스스로를 창조하고, 스스로의 광휘와 함께 스스로의 빛과 함께 꿈꿉니다. 그곳에서 그 사람은 스스로 빛이 됩니다."〈브리 4.3.9〉
"거기에는 마차들이 없고 말들도 없으며 길들도 없습니다. 이제 그는 마차들과 말들과 길들을 창조합니다. … 왜냐하면 그는 조물주이기 때문입니다."〈브리 4.3.10〉
"깨어 있으면서 자고 있는 것들을 구경하리라. 광휘를 취하면서 그 자리(상태)로 돌아가리라."〈브리 4.3.11〉
"생기를 통해 열등한 둥우리를 보호하면서, 불멸하는 자는 둥우리 바

6_ 깐바 분파에서 "실로 그것은"이라고 읽는 것을 마드얀디나 분파에서는 "지성과 함께"라고 읽는다.

깥을 돌아다니리라. 불멸하는 그는 원하는 곳이면 어디든 가리라."〈브리 4.3.12〉

"그는 여자들과 함께 즐거워하는 듯하면서, 혹은 웃는 듯하면서. 혹은 심지어 두려운 것들을 보면서."〈브리 4.3.13〉

"여기서 혹자들은 실로 말합니다: 그의 그 [자리는] 생시의 자리일 뿐이다. 왜냐하면 생시에서 보는 바로 그것들을 꿈에서 보기 때문이다."〈브리 4.3.14〉

"[실로] 해탈을 위해서 그 이상으로 말해주십시오."〈브리 4.3.14, 15,16,33〉

"[그는 그곳에서 본 그 어떤] 것에 의해서도 접촉되지 않습니다. 왜냐하면 이 뿌루샤는 집착이 없기 때문입니다."〈브리 4.3.15〉

"그는 원래의 자리인 바로 그 생시를 향해 역순으로 다시 돌진합니다."〈브리 4.3.16〉

"잠자는 채로 그 어떤 욕망대상도 욕망하지 않고 그 어떤 꿈도 꾸지 않는 곳으로"〈브리 4.3.19〉

"그 뿌루샤는 최상의 지성인 아뜨만에 껴안겨서 바깥도 전혀 모르고 안도 전혀 모릅니다. 그러한 그것은 또, 욕망이 충족되고 아뜨만을 욕망하며 욕망이 없고 슬픔을 결여한, 그의 형태입니다."〈브리 4.3.21〉

"그곳에서 아버지는 아버지가 아니게 됩니다. … 베다들은 베다들이 아니게 [됩니다]. 그곳에서 도둑은 도둑이 아니게 됩니다. … 그는 선행에 의해서도 접촉되지 않고 악행에 의해서도 접촉되지 않습니다. 왜냐하면 그 경우에 심장의 모든 슬픔들을 넘어서 있기 때문입니다."〈브리 4.3.22〉

"그 경우에, 보지 않는 것이란, 보고 있지만 보지 않는 것입니다. 왜냐하면 보는 자의 시각은 소멸 불가함으로 말미암아 소실되지 않기 때문입니다. 하지만 '볼 수 있는 그것'과는 구분(분리)되는 다른 자로서 제2

자는 존재하지 않습니다."〈브리 4.3.23〉

"왜냐하면 지식주체가 가지는 앎의 [기능은] 소멸 불가함으로 말미암아 소실되지 않기 때문입니다. 하지만 '알 수 있는 그것'과는 구분(분리)되는 다른 자로서 제2자는 존재하지 않습니다."〈브리 4.3.30〉

"소위 다른 것이 있다면, 그 경우에 어떤 것이 다른 것을 볼 수 있습니다."〈브리 4.3.31〉

"물(바다)과 [같이], 하나인 그것은 '보는 자'이고 '둘이 아닌 것'입니다. 이것이 그것의 궁극적 목적지입니다. 이것이 그것의 궁극적 풍요입니다. 이것이 그것의 궁극적 세상입니다. 이것이 그것의 궁극적 환희입니다. 바로 이러한 환희의 편린에서 다른 존재들이 살아갑니다."〈브리 4.3.32〉

"이제 그 세상을 얻은 조상들의 환희 백(百)이 … 행위를 통해 신격이 된 까르마데바들의 환희 하나입니다."〈브리 4.3.33〉

"최상의 지성인 아뜨만이 올라앉은 이 육화된 아뜨만은 … 신음하면서 갑니다."〈브리 4.3.35〉

"바로 그와 같이 마지막 시간에 그의 숨이 위로 빠져나가게 될 때 모든 생기들이 이 아뜨만에 함께 들어갑니다."〈브리 4.3.38〉

"그러면 그 생기(기관)들이 그것에 함께 들어갑니다. 빛의 그 편린들을 함께 지닌 채로, 그것은 오직 심장으로 내려갑니다. 눈 안의 그 뿌루샤가 외면할 때에, 그러면 그는 색깔(형태)을 알지 못하게 됩니다."〈브리 4.4.1〉

"[눈이] 하나가 되면, '그는 보지 않는다'라고 [사람들은] 말합니다. … 정녕 이러한 그에게서 심장의 끄트머리가 빛납니다. 그 빛에 의해 이 아뜨만은 빠져나옵니다. 눈을 통해서나 머리(정수리)를 통해서나 육체의 다른 부위들을 통해 그것(개별자아)이 떠날 때는 생기가 좇아 떠나고, 생기가 좇아 떠날 때는 모든 생기들이 좇아 떠납니다. [그러고서 개별자아는 결과에 대한] 인식을 가지게 되고, 바로 그 인식을 가진 [육체를] 좇아 내려갑니다. 지식과 행위도 그것(개별자아)을 함께 좇아 붙잡습니다."〈브리 4.4.2〉

"그래서 마치 풀 거머리가"〈브리 4.4.3〉

"더 새롭고 더 좋은 다른 형태의 [육체를] 만듭니다."〈브리 4.4.4〉

"실로 그러한 이 아뜨만은 브라흐만으로서, 인식(지성)으로 이루어지고 마음으로 이루어지고 생기로 이루어진 것이고, 눈으로 이루어지고 귀로 이루어진 것이고, 흙으로 이루어지고 물로 이루어지고 공기로 이루어지고 에테르로 이루어진 것이고, 불로 이루어지고 … 행위하는 바대로 행동하는 바대로, 그는 그와 같이 됩니다."〈브리 4.4.5〉

"이 세상에서 그가 행한 그 무엇이든지 간에 그 행위(업)의 끝에 다다르고 나면, 그 세상으로부터 이 세상으로 과업(행위)을 위해 돌아오리라. 이상이 실로 욕망하는 자에 대해서입니다. 이제 욕망하지 않는 자에 대해서입니다. 욕망이 없고 욕망을 벗어나고 욕망이 충족되고 아뜨만을 욕망하는 자의 생기(기관)들은 떠나지 않습니다. 브라흐만 자체로 존재하면서 브라흐만에 되들어갑니다."〈브리 4.4.6〉

"그의 가슴에 머무는 모든 욕망들이 멈출 때, 그러면 [그의] 사멸은 불멸이 되고, 그는 그곳에서 브라흐만을 획득하리라. 그래서 마치 뱀의 허물이 개밋둑에 죽은 채로 내버려져 놓이듯이 이 육신도 바로 그와 같이 놓입니다. 그러면 탈육화이고 불멸인 이 생기는, 브라흐만일 뿐이고 빛(광휘)일 뿐입니다."〈브리 4.4.7〉

"그것을 통해, 브라흐만을 알고 공덕을 행하고 빛을 가진 자가 가리라."〈브리 4.4.9〉

"만약 어떤 사람이 아뜨만을 '나는 이것이다'라고 안다면, 무엇을 욕망하면서 무엇의 욕망을 위해 육체에서 괴로워할 것이리오."〈브리 4.4.12〉

"그것을 신격들은 빛들의 빛으로, 불멸의 삶으로 계속 명상하리라." 〈브리 4.4.16〉

"다섯의 다섯 사람들과 허공이 그 안에 머무는 것. 나는 바로 그 아뜨만을 불멸의 브라흐만으로 간주하리라. [브라흐만에 대한] 지식을 가진 나는 불멸이리라."〈브리 4.4.17〉

"생기의 생기를, 눈의 눈을, 귀의 귀를, 음식의 음식을, 마음의 마음을 아는 자들은"〈브리 4.4.18〉

"이곳에는 다양함이 조금도 없으리라. 이곳에 마치 다양함이 있는 듯이 보는 자는, 죽음으로부터 죽음으로 가리라."〈브리 4.4.19〉

"더럼이 없고 에테르보다 더 지고하며"〈브리 4.4.20〉

"바로 그것을 알고 나서 현명한 브라흐마나는 앎을 행해야 하리라. 많은 말들을 묵상하지 말아야 하리라. 왜냐하면 그것은 언어의 피폐이기 때문이리라."〈브리 4.4.21〉

"'인식으로 이루어진 것'이고, 생기(기관)들의 [한가운데에] 있는 그것은, 실로 위대하고 생성되지 않은 이 아뜨만입니다. 그것은 심장의 안에 있는 그 허공에 놓여 있습니다. 그것은 만물의 통치자이고, 만물의 주재자이며, 만물의 지배자입니다. 그것은 선행에 의해 증대하지도 않고, 악행에 의해 결코 감소하지도 않습니다. 그것은 모든 것의 신이고, 그것은 존재들의 지배자이며, 그것은 존재들의 보호자이고, 그것은 이 세상들이 뒤섞이지 않도록 지지하는 다리(둑)입니다. 이러한 그것을 브라흐마나들은 베다 암송을 통해 제의를 통해 자선(보시)을 통해 고행을 통해 단식을 통해 알고자 합니다. 바로 그것을 알고 나서 성자가 됩니다. 출가자들은 바로 그러한 세상을 기대하면서 출가합니다. 실로 그러한 그것에 대해 지식이 있는 옛사람들은 생식을 욕망하지 않습니다. 이 아뜨만과 이 세상이 우리의 것인데, 생식을 통해 우리에게 무엇이 생기겠습니까? … 그러한 이 아뜨만은 이러한 것도 아니고 그러한

것도 아닙니다. … 실로 그는 그러한 그 둘을 넘어섭니다."〈브리 4.4.22〉
"그것은 행위에 의해 증가하지도 않고 감소하지도 않으리라. … 따라서 이와 같이 아는 자는, 평온하고 잠잠하고 냉정하고 인내하고 집중하게 된 채로 아뜨만 자체에서 아뜨만을 봅니다. … 황제시여, 이것이 바로 그 브라흐만 세상입니다."〈브리 4.4.23〉
"실로 그러한 그 위대하고 생성되지 않은 아뜨만은, 음식을 먹는 자요, 부유함을 주는 자이다. 이와 같음을 아는 자는 부유함을 얻는다."〈브리 4.4.24〉
"실로 그러한 그 위대하고 생성되지 않은 아뜨만은, 늙음이 없는 것이고, 죽음이 없는 것이며, 불멸이고, 두려움이 없는 것이며, 브라흐만이다."〈브리 4.4.25〉
"한때 야즈냐발끄야에게는 '마이뜨레이'와 '까뜨야야니'라는 두 부인이 있었다."〈브리 4.5.1〉
"여보 마이뜨레이여, 실로 아뜨만을 보아야만 하고 들어야만 하고 숙고해야만 하고 깊이 명상해야만 합니다. 여보, 실로 아뜨만을 볼 때에 들을 때에 숙고할 때에 인식할 때에 이 모든 것을 압니다."〈브리 4.5.6〉
"만물은, 만물을 아뜨만과는 다른 것으로 아는 자를 내쫓습니다."〈브리 4.5.7〉
"이는 마치 두드리고 있는 북의 외적인 음들을 파악할 수 없을지 모르지만 북이나 북을 두드리는 것을 파악함으로써 음이 파악되는 것과 같습니다."〈브리 4.5.8〉
"이는 마치 안이 없고 밖이 없으며 전적으로 맛 덩어리일 뿐인 소금 덩어리와 같습니다. 여보, 마찬가지로 이 아뜨만은 안이 없고 밖이 없으며 전적으로 지식 덩어리일 뿐입니다. [아뜨만은] 이러한 원소들로부터 솟아오르고 나서 바로 그것들을 좇아 소멸합니다. 세상을 떠난 후에는 [특정한] 의식이 존재하지 않습니다."〈브리 4.5.13〉

"바로 여기서 당신은 저를 혼동의 한가운데로 빠뜨렸습니다. 실로 저는 그것을, 즉 '세상을 떠난 후에는 [특정한] 의식이 존재하지 않습니다.'라는 것을, 알지 못합니다. … 여보, 실로 나는 혼동을 말하지 않습니다. 여보, 정녕 소멸 불가한 이 아뜨만은 절멸 불가한 특성을 가집니다. 정녕 그것은 편린들과 접촉하지 않습니다."〈브리 4.5.14〉[7]

"실로, 소위 다른 것이 있을 경우에, 그러면 하나가 다른 것을 보아야 하고"〈브리 4.5.15〉[8]

"실로, 소위 이원성이 있을 경우에, 그러면 하나가 다른 하나를 보고 … 하지만 모든 것이 오직 '그의 아뜨만'이 될 경우에, 그러면, 무엇을 통해 무엇을 보아야 하겠습니까? 무엇을 통해 무엇을 냄새 맡아야 하겠습니까? … 무엇을 통해 무엇을 알아야 하겠습니까? … 여보, 무엇을 통해 아는 자를 알아야 하겠습니까? … 여보, 이러한 만큼이 실로 불멸성입니다. 야즈냐발끄야는 이렇게 말한 뒤에 세상을 등졌다."〈브리 4.5.15〉

"'하늘'은 태고의 것이다."〈브리 5.1.1〉

"위대하고 숭상할 만하며 첫 번째로 산출된 이것을 실로 '진리로서의 브라흐만'으로 아는 그는, 이러한 세상들을 정복한다."〈브리 5.4.1〉

"진리는 브라흐만이다."〈브리 5.5.1〉

"저 진리라는 것은 저 태양이다. 저 구체(球體)에 있는 저 뿌루샤와 오

7_ "즉 '세상을 떠난 후에는 [특정한] 의식이 존재하지 않습니다.'라는 것을"이라는 부분과 "정녕 그것은 편린들과 접촉하지 않습니다."라는 부분은 마드얀디나 이본에만 등장한다.

8_ 이 인용문은 마드얀디나 이본에 등장한다. <브리 4.5.15>의 깐바 이본과 약간의 차이가 있다.

른쪽 눈에 있는 이 뿌루샤. … 광선들을 통해 전자는 후자에 머문다." 〈브리 5.5.2〉

"저 구체에 있는 저 뿌루샤. 그에게서 '부르'(지상)라는 것은 머리이다. 머리도 하나이고 이 음절도 하나이다. … 그의 비밀스러운 이름은 '아하르'이다. [이와 같이 아는 자는] 죄악을 없애고 또 버린다."〈브리 5.5.3〉

"오른쪽 눈에 있는 이 뿌루샤. … 그의 비밀스러운 이름은 '아함'이다."〈브리 5.5.4〉

"마음으로 이루어지고 빛으로 존재하는 이 뿌루샤는 쌀알이나 보리알처럼 그 심장의 안에 있다. 이러한 그것은 모든 것의 주재자이고 모든 것의 지배자이며 그 무엇이든지 간에 이 모든 것을 통치한다."〈브리 5.6.1〉

"사람의 안에 있는 것이고, 먹은 음식을 소화시키는 것인 이 불은 바이슈바나라이다."〈브리 5.9.1〉

"실로 사람이 이 세상으로부터 떠날 때, 그는 공기(바람)로 온다. 그를 위해 그것(공기)은 수레바퀴의 구멍처럼 그곳에 구멍을 낸다. 그것(구멍)을 통해 그는 위쪽으로 올라간다. 그는 태양으로 온다. … 그곳에서 영원한 해를 산다."〈브리 5.10.1〉

"생기는 실로 힘이다."〈브리 5.14.4〉

"실로 맏이이고 최고인 것을 아는 자는, 친족들 중에서 맏이가 되고 최고인 것이 된다."〈브리 6.1.1〉

"정자는 실로 생식(生殖)이다. 이와 같이 아는 자는 아이들과 가축들로 풍성해진다."〈브리 6.1.6〉

"그러한 그 기관들은 자기 우월에 대해 논쟁하면서 브라흐만에게 갔다."〈브리 6.1.7〉

"실로 당신이 없이는 우리가 살 수 없습니다."〈브리 6.1.13〉

"실로 제가 가진 최고의 풍요로움은 당신이 가진 최고의 풍요로움입니다. … 개에 이르고 벌레에 이르고 곤충과 나방에 이르기까지, 그 무엇이든지 간에 당신의 음식입니다. 물은 옷입니다. … [아는] 자는, 실로 음식이 아닌 것을 먹게 되지 않는다. 음식이 아닌 것을 받게 되지 않는다. 그래서 베다에 정통한 현자들은 먹기 전에 입을 헹구고 먹은 후에 입을 헹군다. 바로 이를 통해 그것(생기)의 벌거벗음을 없앤다고 그들은 생각한다. 그러므로 이와 같이 아는 자는 먹기 전에 입을 헹궈야 하고 먹은 후에 입을 헹궈야 한다. 바로 이를 통해 그것(생기)의 벌거벗음을 없앤다."〈브리 6.1.14〉[9]

"믿음을 넣어 공물로 제공합니다."〈브리 6.2.9〉

"불은 그의 불 자체가 됩니다. 장작은 그의 장작이 됩니다."〈브리 6.2.14〉

"이와 같이 그것을 아는 자들과, 믿음으로 삼림에서 존재를 계속 명상하는 그러한 자들은 빛에 도달합니다. 빛으로부터 낮에, … [여섯] 달들로부터 신격의 세상에, 신격의 세상으로부터 태양에 … 브라흐만 세상들로 이끕니다. 그들은 그 브라흐만 세상들에서 지고한 자로 영구히 삽니다. 그들은 다시 되돌아오지 않습니다."〈브리 6.2.15〉

"그들은 달에 도달한 뒤에 음식이 됩니다. 그곳에서 신격들은, 마치 이곳에서 '소마 왕을 채우시오! 비우시오!'라며 그것들을 [마시듯이], 그와 같이 그들을 먹습니다. 그들의 그것(업)이 고갈될 때 … 이제 이러한 두 길을 알지 못하는 자들은, 벌레들, 나방들, 그 무엇이든지 깨무는 것들이 됩니다."〈브리 6.2.16〉

9_ "그러므로 이와 같이 아는 자는 먹기 전에 입을 헹궈야 하고 먹은 후에 입을 헹궈야 한다. 바로 이를 통해 그것(생기)의 벌거벗음을 없앤다."라는 부분은 마드얀디나 이본에만 등장한다.

〈까타〉

"죽음이여, 그러한 당신은 천국으로 이끄는 불을 알고 있습니다. 믿음이 있는 저에게 [당신이] 그것에 대해 말씀해 주십시오."〈까타 1.13〉

"[죽음은] 그에게, 세계의 시초인 그 불에 대해 말했다. 어떤 벽돌인지, 얼마만큼의 벽돌인지, 어찌어찌 하는지에 대해 말했다."〈까타 1.15〉

"인간이 죽은 경우에 어떤 자들은 그가 존재한다고 하고 또 어떤 자들은 그가 존재하지 않는다고 하는 이러한 의문을, 당신의 가르침을 통해 저는 알고 싶습니다. 이것이 [제가 받을] 은혜들 중에서 세 번째의 은혜입니다."〈까타 1.20〉

"나찌께따스여, 다른 은혜를 선택하도록 하라."〈까타 1.21〉

"백년을 살 아들들과 손자들을 요청하도록 하라."〈까타 1.23〉

"나는 그대가 욕망대상들에 대해 욕망하기 쉽도록 해주리라."〈까타 1.24〉

"나는 [그대] 나찌께따스가 지식을 얻고 싶어 한다고 생각한다. 수많은 욕망대상들도 그대를 혹되게 하지는 못한다."〈까타 2.4〉

"다른 세상을 얻는 방법은, 재물에 미혹된 우매하고 경솔한 바보에게는 나타나지 않는다. 이 세상만 존재하고 다른 [세상은] 존재하지 않는다고 생각하는 자는, 되풀이해 나의 손아귀에 빠지게 된다."〈까타 2.6〉

"그것에 대해서는 다수가 듣게 되는 것마저 불가능하고, 심지어 듣더라도 다수가 그것을 알지 못한다. 그것을 [듣게] 되어 정통한 채로 가르치는 자도 경이롭고, 정통한 자의 가르침을 통해 알게 된 자도 경이롭다."〈까타 2.7〉

"소중한 이여, 이러한 식견은 논리를 통해 얻을 수 없다. 오직 다른 이가 가르침으로써 잘 알게 된다."〈까타 2.9〉

"보기 어렵고, 비밀스러운 곳에 들어가 있으며, 공동에 놓여 있고, 심연에 존재하는 그 태고의 것을, 현자는 아뜨만에 관한 요가를 달성함으로써 신으로 숙고한 뒤에 기쁨과 슬픔을 떠난다."〈까타 2.12〉

"'다르마'와는 다른 것이라고 '다르마가 아닌 것'과는 다른 것이라고, 이러한 '행한 것'과 '행하지 않은 것'과는 다른 것이라고, 또한 '있었던 것'(과거)과 '있어야 할 것'(미래)과도 다른 것이라고 당신이 보는, 그것을 [제게] 말씀해 주십시오."〈까타 2.14〉

"모든 베다들이 전하는 것이고, 모든 고행들에서 언급하는 것이며, 금욕(학습)을 행하는 자들이 원하는 것인 그 말(경지)을 그대에게 간략히 알리노니, '옴'이라는 그것이다."〈까타 2.15〉

"현명한 지성은 태어나지도 죽지도 않는다. … 그것은 생성되지 않고 영원하며 영속적이고, 태고의 것이다."〈까타 2.18〉

"육체들 속에서 탈육화하는 것으로, 지속하지 않는 것들 속에서 지속하는 것으로, 광대(廣大)하고 편재하는 것으로 아뜨만을 숙고한 뒤에 현자는 슬퍼하지 않는다."〈까타 2.22〉

"그 무엇에게 브라흐만과 끄샤뜨리야 양자는 밥이 된다. 그 무엇에게 죽음은 반찬이 된다. 그것이 어디에 있는지, 누가 그런 식으로 알리오!"〈까타 2.25〉

"선행의 세상에서(육체에서) 행위결과를 마시는 그 둘은 궁극적으로 지고한 거처인 [심장의] 공동에 들어갔다. 브라흐만을 아는 자들은, 즉 5가지의 불을 숭배하고 '나찌께따스'를 3번 행하는 자들은, [이 둘을] '그늘과 빛'이라고 말한다."〈까타 3.1〉

"제의를 행하는 자들에게 다리(교각)이고 불멸체이자 지고한 브라흐만인 것을"〈까타 3.2〉

"아뜨만을 마차를 탄 자라고, 또 육체를 한갓 마차라고 알도록 하라. 그리고 지성을 마차꾼이라고, 또 마음을 한갓 고삐라고 알도록 하

라."〈까타 3.3〉

"감관들을 그들은 말들이라고 이른다. 그것들의 대상들을 반경(半徑)들이라고 [알도록 하라]. 몸, 기관, 마음과 연계된 것을 식자들은 '향유 주체'라고 이른다."〈까타 3.4〉

"그는 여로의 끝에 도달한다. 그곳은 비슈누의 궁극적 거처이다."〈까타 3.9〉

"감관들보다 대상들이 실로 더 지고하고, 또한 대상들보다 마음이 더 지고하다. 그리고 마음보다 지성이 더 지고하고, 지성보다 '위대한 아뜨만'이 더 지고하다."〈까타 3.10〉

"위대한 것(마하뜨)보다 미현현자가 더 지고하고, 미현현자보다 뿌루샤가 더 지고하다. 그 어떤 것도 뿌루샤보다 더 지고하지 않다. 그것은 정점이다. 그것은 궁극적 목적지이다."〈까타 3.11〉

"그것은 모든 존재들에 숨어 있고, 아뜨만으로 드러나지 않는다. 하지만 미묘한 주시자들은, 예리하고 미묘한 지력(지성)을 통해 [그것을] 본다."〈까타 3.12〉

"지적인 자는 발성기관 [등을] 마음에서 제어해야 한다. 그것(마음)을 인식의 아뜨만에서 제어해야 한다. 인식의 [아뜨만을] 위대한 아뜨만에서 제어해야 한다. 그것(위대한 아뜨만)을 평온한 아뜨만에서 제어해야 한다."〈까타 3.13〉

"소리가 없고, 감촉이 없으며, 형태(색깔)가 없고, 소실이 없으며, 또한 맛이 없고, 영원하며, 냄새를 가지지 않는 것. 시작이 없고 끝이 없으며, 위대한 것(마하뜨)보다 더 지고하고, 항구적인 것. 그것을 주시함으로써 죽음과의 대면으로부터 자유로워진다."〈까타 3.15〉

"자존(自存)하는 자가 감관들을 외부로 꿰뚫었다. 따라서 [사람들은] 외적인 것을 보지만 내재적 아뜨만을 보지 못한다. 불멸성을 원하는 어떤 지성은 눈을 감은 채 내적 아뜨만을 보았다."〈까타 4.1〉

"꿈의 대상('속')과 생시의 대상이라는 양자를 바라다보게끔 하는 '광대하고 편재하는 아뜨만'을 숙고한 뒤에, 현자는 슬퍼하지 않는다."〈까타 4.4〉
"정녕 이곳에 있는 것은 그곳에 있다. 그처럼, 그곳에 있는 것은 이곳에 있다. 이곳에 마치 다양함이 있는 듯이 보는 자는, 죽음으로부터 죽음으로 향한다."〈까타 4.10〉
"오직 마음을 통해 그것을 획득해야만 한다. 이곳에는 그 어떤 다양함도 있지 않다. 이곳에 마치 다양함이 있는 듯이 보는 자는, 죽음으로부터 죽음으로 간다."〈까타 4.11〉
"엄지손가락 크기의 뿌루샤는 몸통의 중간에 존재한다."〈까타 4.12〉
"연기가 없는 빛과 같은 엄지손가락 크기의 뿌루샤는, 과거와 미래의 주재자이다. 바로 그것이 오늘 [존재하고], 또 그것이 내일 [존재할 것이다]. 이것이 정녕 그것이다."〈까타 4.13〉
"가우따마여, 마치 깨끗한 [물에] 부은 깨끗한 물이 실로 같은 것이 되듯이, 마찬가지로 앎이 있는 현자의 아뜨만도 [그렇게] 된다."〈까타 4.15〉
"죽어야 하는 그 누구도 날숨에 의해 살지 못하고 들숨에 의해 살지 못한다. 하지만 이 둘이 의존하는 다른 무언가에 의해 사람들은 산다."〈까타 5.5〉
"자, 가우따마여, 나는 이것에 대해 그대에게 말할 것이다. 비밀스럽고 영원무궁한 브라흐만에 대해, 그리고 죽게 된 후에 아뜨만(영혼)이 있는 방식에 대해."〈까타 5.6〉
"[각각의] 행위(업)에 따라 식견에 따라, 어떤 영혼들은 육화되기 위해 자궁으로 나아가고, 어떤 영혼들은 정물을 좇아간다."〈까타 5.7〉
"그 뿌루샤는 수면에서 원하는 욕망대상들을 창조하면서 깨어 있다. 실로 그것(뿌루샤)은 순수(광휘)이다. 그것은 브라흐만이다. 오직 그것만이 불멸이라고 불린다. 모든 세상들은 그것에 머문다. 그 누구도 그것을 넘어서지 못한다."〈까타 5.8〉

"마찬가지로 하나인 '모든 존재들의 내재적 아뜨만'은 국외자(局外者)로서 세상의 고통에 의해 더럽혀지지 않는다."〈까타 5.11〉

"그곳에는 해가 빛나지 않고, 달과 별도 빛나지 않는다. 이러한 번개들도 빛나지 않는다. 이 [지상의] 불은 더더군다나 아니다."〈까타 5.15〉

"실로 그것(뿌리)은 순수하다. 그것은 브라흐만이다. 바로 그것이 불멸이라고 불린다. 그것에 모든 세상들이 매달린다. 그 무엇도 그것을 초월하지 못한다."〈까타 6.1〉

"무엇이든지 간에 이 모든 세계는 [생기로부터] 나와서 생기에서 떤다. 치켜 들린 번개와 [같이] 거대한 두려움인 그것을 아는 자들은 불멸이 된다."〈까타 6.2〉

"그것을 두려워함으로써 불이 타오른다. 두려워함으로써 태양이 타오른다. 두려워함으로써 인드라와 공기가, 그리고 제5인 죽음이 달린다."〈까타 6.3〉

"감관을 고정적으로 제어하는 것을 그들은 요가라고 간주한다."〈까타 6.11〉

"실로 '존재한다'라고 … 알려질 수 있다."〈까타 6.13〉

"심장에는 백한 개의 경맥들이 있으리라. 이것들 가운데 하나는 머리(정수리)로 빠져나가리라. 그는 그것을 따라 위로 가면서 불멸성에 도달하리라. 다른 자들은 떠날 때에 모든 쪽으로 [빠져나가게] 되리라."〈까타 6.16〉

"내재적 아뜨만인 엄지손가락 크기의 뿌루샤는, 언제나 사람들의 심장에 머무른다. 그것을, 문자 풀로부터 줄기를 끌어내듯이, 확고하게 자신의 육체로부터 끌어내야 한다. 그것을, 순수이고 불멸인 것으로 알아야 한다."〈까타 6.17〉

"이러한 지식과 또 요가의 전적인 방법을 [얻고 나서]"〈까타 6.18〉

〈문다〉

"그는 맏아들인 아타르반에게 모든 지식의 근간인 '브라흐만에 대한 지식'을 알렸다."〈문다 1.1.1〉
"존경스러운 이여, 과연 무엇을 알 때 이 모든 것을 알게 됩니까?"〈문다 1.1.3〉
"상위의 [지식]과 하위의 [지식]이라고"〈문다 1.1.4〉
"이제 상위의 [지식인] 그것을 통해 그 불멸체(不滅體)를 획득합니다."〈문다 1.1.5〉
"[불멸체는] 보일 수 없고 파악될 수 없는 것이며, 근원이 없고 특색이 없는 것이며, 눈과 귀가 없고 손과 발이 없는 것이며, 영원하고 편만하고 편재하는 것이며, 매우 미시적이고 소실되지 않는 것으로서, 현자들이 존재의 원천으로 간주하는 것입니다."〈문다 1.1.6〉
"마치 거미가 [줄을] 뿜어내고 붙들듯이, 땅에서 식물들이 자라나듯이, 살아 있는 사람에게서 머리카락과 털이 자라나듯이, 마찬가지로 불멸체로부터 여기 온 세상이 태어납니다."〈문다 1.1.7〉
"모든 것을 [넓게] 알고 모든 것을 [깊게] 알며 지식으로 이루어진 고행을 하는 그것으로부터, 이 브라흐만과 명칭, 형태(색깔), 음식이 태어납니다."〈문다 1.1.9〉
"열등하다고 말해지는 행위를 담은 이러한 제의의 열여덟 형태들은, 실로 연약한 일엽편주(一葉片舟)이다. 이것을 지선(至善)이라고 우쭐대는 무지한 자들은, 늙음과 죽음을 다시 또다시 겪는다."〈문다 1.2.7〉

"실로 삼림에서 고행과 믿음의 상태를 지키는 … 자들은 더럼이 없어진 채 태양의 관문을 통해 … 떠난다."〈문다 1.2.11〉
"행위를 통해 얻은 세상들을 검토한 뒤에 브라흐마나는 무심에 도달해야 한다. '행하지 않은 것'은 '행한 것'에 의해 생기지 않는다. 그것에 대한 지식을 위하여 그는 장작을 손에 든 채, 오직 '베다에 정통하고 브라흐만에 몰두해 있는 스승'을 찾아가야 한다."〈문다 1.2.12〉
"진리이자 불멸체인 뿌루샤를 알게끔 하는, 그 브라흐만에 대한 지식을 충실히 가르쳐야 한다."〈문다 1.2.13〉
"매우 잘 타오르는 불로부터 [불과] 같은 종류인 불꽃들이 수천 가지로 솟아나오듯이, 사랑스러운 이여, 그와 같이 불멸체로부터 다양한 존재들이 태어나고 바로 그것에 되돌아간다."〈문다 2.1.1〉
"뿌루샤는 실로 신성하고 형상이 없으며, 실로 안과 밖 모두이고 생성되지 않은 것이며, 실로 생기가 없고 마음이 없으며 순수하고, 실로 지고한 불멸체보다 더 지고하다."〈문다 2.1.2〉
"그것(뿌루샤)으로부터 생기, 마음, 모든 기관들, 에테르, 공기, 불, 물, 그리고 모든 것을 지지하는 흙이 태어난다."〈문다 2.1.3〉
"머리는 불이고, 두 눈은 달과 해이며, 두 귀는 방향이고, 말은 계시된 베다들이며, 숨은 공기이고, 심장은 온 세상이며, 그것의 두 발로부터 흙. 실로 그것은 모든 존재들의 내부 아뜨만이다."〈문다 2.1.4〉
"그것(뿌루샤)으로부터 해를 땔감으로 하는 불이"〈문다 2.1.5〉
"그것으로부터 7개의 생기들이 태어난다. … 생기들은 공동(空洞)에 누운 채 일곱으로 일곱으로 놓여 있다."〈문다 2.1.8〉
"그것으로부터 또한 모든 풀(곡물)들과 액즙(맛)들이 [태어난다]."〈문다 2.1.9〉
"오직 뿌루샤만이 이 모든 것이다. 의례이고 고행이며 브라흐만이고 지고의 불멸이다."〈문다 2.1.10〉

"그 무엇에서 천상과 지상과 중간대가, 그리고 모든 생기(기관)들과 함께 마음이 엮인다. 바로 그것을 단일한(유일한) 아뜨만으로 알도록 하라. 다른 이야기(말)들은 그만두도록 하라. 그것이 불멸의 다리일지니!"〈문다 2.2.5〉
"아뜨만을 그와 같이 '옴'으로 명상하도록 하라."〈문다 2.2.6〉
"지고한 것(원인)이자 지고하지 않은 것(결과)인 그것(아뜨만)이 보일 때, 마음의 매듭이 끊기고 모든 의심들이 풀리며, 또한 그의 행위들이 소멸된다."〈문다 2.2.8〉
"황금으로 이루어진 지고한 덮개에, 더럼이 없고 부분이 없는 브라흐만이 [존재한다]. 그것은 순수이고 빛들의 빛이다. 그것은 아뜨만을 아는 자들이 아는 것이다."〈문다 2.2.9〉
"그곳에는 해가 빛나지 않고, 달과 별도 빛나지 않는다. 이러한 번개들도 빛나지 않는다. 이 [지상의] 불은 더더군다나 아니다. 빛나는 바로 그것을 따라 모든 것은 빛나고, 그것의 빛에 의해 이 모든 것이 빛난다."〈문다 2.2.10〉
"실로 그것은 불멸인 브라흐만이다. 앞쪽(동쪽)에 브라흐만이며 뒤쪽(서쪽)에 브라흐만이다. 또한 오른쪽(남쪽)에도 왼쪽(북쪽)에도 … 실로 브라흐만은 이 모든 것이고 그 제일의 것이다."〈문다 2.2.11〉
"함께하는 동료인 두 마리의 새가 동일한 나무에 깃들여 있다. 둘 중에 하나는 달콤한 과육을 먹고, 다른 하나는 먹지 않은 채 구경한다."〈문다 3.1.1〉
"같은 나무에서 어떤 사람은, 가라앉은 채, 무기력에 의해 당혹해 하면서 슬퍼한다. 그가 다른 하나인 '만족하는 신'과 그의 영광을 볼 때에, [그의] 슬픔은 사라진다."〈문다 3.1.2〉
"조물주, 신, 뿌루샤, 브라흐만의 원천을 … 공덕과 악덕을 털어낸 뒤에 오점이 없이 궁극적인 합치에 도달한다."〈문다 3.1.3〉

"그것은 눈으로도 언어로도 파악되지 않는다. 다른 기관들로도 고행이나 의례로도 파악되지 않는다. 지식의 청명함을 통해 그 존재가 순수해지고, 그로부터 부분이 없는 그것을 명상을 통해 본다."〈문다 3.1.8〉
"생기가 다섯 방식으로 들어간 이 원자적인(미세한) 아뜨만을, 지력을 통해 알아야만 한다."〈문다 3.1.9〉
"베단따의 지식을 통해 대상을 철저히 확정하고, 탈속의 요가를 통해 제어된 채 마음이 정화된 [그들은]"〈문다 3.2.6〉
"열다섯 부분들은 바탕(원소)으로 들어가고"〈문다 3.2.7〉
"흐르는 강들이 명칭과 형태를 버린 채로 바다에서 소멸되듯이, 마찬가지로 지식을 가진 자는 명칭과 형태로부터 자유로워지고, 지고한 것보다 더 지고한 신성의 뿌루샤에 도달한다."〈문다 3.2.8〉
"실로 그 지고한 브라흐만을 아는 자는 브라흐만 자체가 된다."〈문다 3.2.9〉
"정녕 가르침에 따라 '머리의 서약'을 지킨 자, 오직 그들에게 브라흐만에 대한 이 지식을 말해야 한다."〈문다 3.2.10〉
"서약을 지키지 않은 자는 이것을 읽지 말아야 한다."〈문다 3.2.11〉

〈까우〉

"정녕 이 세상으로부터 떠나는 자들이라면, 바로 그 달로 모두 갑니다."〈까우 1.2〉
"그는 '신의 길'이라는 이 길에 도달한 뒤에 불의 세상으로 옵니다. 그는 공기의 세상으로 옵니다. 그는 바루나의 세상으로 옵니다. 그는 인드라의 세상으로 옵니다. 그는 쁘라자빠띠(비라뜨)의 세상으로 옵니다. 그는 브라흐만 세상으로 옵니다."〈까우 1.3〉

"그는 비라자 강으로 옵니다. 오직 마음을 통해 그 [강을] 건넙니다. 그 때에 그는 선행과 악행을 털어냅니다. 그가 호감을 가지는 친족들은 선행을 물려받고, 반감을 가지는 친족들은 악행을 물려받습니다."〈까우 1.4〉

"그가 그에게 말했다: 실로 물이 경계가 되고, 이 세상은 [그대의 것이리라!][10] … 브라흐만의 어떤 승리이든 그는 그 승리를 얻고, 브라흐만의 어떤 결과(성공)이든 그는 그 결과(성공)를 얻습니다."〈까우 1.7〉

"그 경우에 그는 생기를 발성기관에게 공양한다. … 그 경우에 그는 발성기관을 생기에게 공양한다. 그는 무한히 불멸하는 이러한 두 공물을 깨어 있으면서 또 자면서 영원히 공양한다. … 실로 이러한 그것에 대해 지식이 있는 옛사람들은 아그니호뜨라를 실행하지 않았다."〈까우 2.5〉

"이제 여기서부터는 가장 우월함에 대한 결정이다. 실로 그러한 신격들은 자기 우월에 대해 논쟁하면서 … 실로 그러한 그 모든 신격들은 생기의 지고함을 안 다음에 … 만약(이제) 생기에 관해 가장 우월함을 알고 나서, 이와 같이 지식을 가진 자는"〈까우 2.14〉

"한때 디보다사의 아들인 쁘라따르다나가 투지와 용맹을 통해 인드라의 소중한 거처에 도착했다. … 그대는 은혜를 선택하도록 하라. … 저에게 바로 당신께서, 인간에게 가장 유익하다고 당신이 생각하는 것을 선택해 주십시오. … 오직 '나'만을 알도록 하라. … 나는 머리 셋 달린 '뜨바슈뜨리의 아들'을 죽였고, 베다를 잘 모르는 고행자들을 늑대들에

10_ "그가 그에게 말했다: 실로 강이 경계가 되고, 이 세상은 [그대의 것이리라!]"라는 부분은 매우 다양하게 읽히는데, 일반적으로는 "그가 그에게 말했다: 실로 물은 나의 세상이다. 이것은 너의 것이다."라고 번역되는 편이다. Olivelle은 "그(브라흐만)가 그에게 말했다: 실로 그대는 나의 이 세상을 얻었노라! 이것은 그대의 것이리라!"라고 번역한다.

게 내주었다. … 또한 그러한 그 와중에 나는 털끝 하나도 다치지 않았다. 이러한 나를 아는 자의 세상은, 실로 그 어떤 행위에 의해서도 다치지 않는다. … 도둑질에 의해서도 낙태에 의해서도 [다치지] 않는다."〈까우 3.1〉

"그(인드라)가 말했다: 나는 생기로서 지성적 아뜨만이다. 이러한 나를 삶과 불멸로 계속 명상하도록 하라. 삶은 생기이고, 또 생기는 불멸이다.[11] 왜냐하면 이 육체에 생기가 있는 한, 그런 만큼 삶이 있기 때문이다. … 하지만 [생기가] 있는 경우에 생기(기관)들 가운데 가장 우월한 것이 있다."〈까우 3.2〉

"이제, 실로 생기 그 자체인 지성적 아뜨만이 이 육신을 붙잡고서 들어 올린다. 따라서 바로 이것(생기)을 '욱타'로 계속 명상해야 한다. … 잠자는 자가 그 어떤 꿈도 꾸지 않고서 오직 그 생기와 하나인 것이 되는 경우에, 발성기관이 모든 명칭들과 함께 그것(생기)에 되들어간다. 눈이 모든 형태들과 함께 [그것에] 되들어간다. 귀가 모든 소리들과 함께 [그것에] 되들어간다. 마음이 모든 생각들과 함께 [그것에] 되들어간다. 그가 깨어날 때, 타오르는 불로부터 불꽃들이 사방팔방으로 흩날리듯이, 바로 그와 같이 이 아뜨만으로부터 [모든] 생기들이 처소를 향해 움직인다. 생기들로부터 신격들이, 신격들로부터 세상들이 움직인다. … 실로 생기인 것은 지성이고, 실로 지성인 것은 생기이다. 왜냐하면 이 둘은 이 육체에서 함께 살고 함께 떠나기 때문이다. … 그가 이 육체로부터 떠날 때, 바로 이 모든 것과 함께 떠난다."〈까우 3.3〉

"이제, 어떻게 모든 존재들이 이 지성과 하나가 되는지, 우리는 설명할 것이다."〈까우 3.4〉

11_ "삶은 생기이고, 또 생기는 불멸이다."라는 부분을 "삶은 생기이고, 또 생기는 삶이다."라고 읽기도 한다.

"실로 발성기관은 그것(지성)에서 끌어낸 한 부분이다. 명칭은 그것(발성기관)과 외부적으로 대응하는 존재적인 것이다."〈까우 3.5〉

"지성을 통해 발성기관에 오른 뒤에, 발성기관을 통해 모든 명칭들을 획득한다. … 지성을 통해 육체에 오른 뒤에"〈까우 3.6〉

"발성기관(말)을 알고자 하지 말아야 한다. 말하는 자를 알아야 한다. … 실로 단지 10개인 이러한 이 존재적인 것들은 지성과 관련된다. 10개의 지성적인 것들은 존재와 관련된다. 왜냐하면 만약 존재적인 것들이 없으면 지성적인 것들이 없을 것이기 때문이다. 왜냐하면 만약 지성적인 것들이 없으면 존재적인 것들이 없을 것이기 때문이다. 둘 중 하나로부터는 실로 그 어떤 현상도 이루어질 수 없다. [하지만] 이러한 다양함이란 없다. 그래서 마치 마차에서 바퀴테(외륜)가 바퀴살들에 고정되고 바퀴살들이 바퀴통(내륜)에 고정되듯이, 바로 그와 같이 이러한 존재적인 것들은 지성적인 것들에 고정되고 지성적인 것들은 생기에 고정된다. 생기 그 자체인 그러한 이 지성적 아뜨만은 환희이고 불로(不老)이고 불멸이다. 그것은 선행에 의해 더 위대하게 되지 않고, 악행에 의해 결코 더 왜소하게 되지 않는다. 바로 그것은, 실로 '이 세상들로부터 끌어올리고자 하는 자'로 하여금 선행을 행하게끔 한다. 바로 그것은, 실로 '이 세상들로부터 끌어내리고자 하는 자'로 하여금 악행을 행하게끔 한다. 그것은 세상의 지배자이다. 그것은 세상의 보호자이다. 그것은 세상의 주인이다. '그것(생기)은 나의 아뜨만이다.'라고 알아야 한다."〈까우 3.8〉

"나는 당신에게 브라흐만에 대해 말하려고 합니다."〈까우 4.1〉

"실로 헛되게도, 그대는 '나는 당신에게 브라흐만에 대해 말하려고 합니다.'라고 내게 이야기했습니다. … 발라끼여, 실로 그러한 뿌루샤들의 조물주이고, 오히려 이것(세계)을 과업으로 삼는, 그것을 알아야만 합니다. … 발라끼여, 이 경우에 그 사람은 어디에 누웠습니까? 또 그는 어디에 있었습니까? 그는 어디로부터 왔습니까? … 잠자는 자가 그 어떤 꿈도 꾸지 않는 경우에, 그는 그곳(경맥)들에서 존재합니다."〈까우 4.19〉

"그러면 그는 그 생기 자체와 하나가 됩니다. … 이 아뜨만으로부터 [모든] 생기들이 처소를 향해 움직입니다. 생기들로부터 신격들이, 신격들로부터 세상들이 움직입니다. … 머리털까지 손톱까지 … 이 경우의 예를 들어, 우두머리가 자신의 [수하들과] 함께 향유하듯이, 바로 그와 같이 그 지성적 아뜨만은 그러한 아뜨만들과 함께 향유합니다. 혹은 예를 들어, 우두머리를 자신의 [수하들이] 지키듯이, 바로 그와 같이 그 [지성적] 아뜨만을 그러한 아뜨만들은 지킵니다. … 모든 죄악들을 제거하고, 모든 존재들의 지상(至上), 자치권, 통치권에 도달합니다. 이와 같음을 아는 자는."〈까우 4.20〉

〈따잇〉

"미뜨라가 우리에게 축복이기를! 바루나가 우리에게 축복이기를!"〈따잇 1.1.1〉

"모든 신격들은 그를 위해 공물을 가져온다."〈따잇 1.5.3〉

"그는 자치권을 얻는다. 그는 마음의 통치자를 얻는다. 언어의 통치자와 눈의 통치자, 귀의 통치자와 인식의 통치자 … 허공을 신체로 가지는 브라흐만"〈따잇 1.6.2〉

"에테르로서의 아뜨만"〈따잇 1.7.1〉

"스승을 위해 소중한 재물을 가져오고, 자손의 대가 끊이지 않도록 하라."〈따잇 1.11.1〉

"결함이 없는 행위들을 추구해야만 한다. 다른 것들을 추구해서는 안

된다. 우리의 좋은 행동들을 그대는 본받아야만 한다."〈따잇 1.11.2〉
"브라흐만을 아는 자는 지고함을 얻는다. … 브라흐만은 존재이자 지식이자 무한이다. [심장의] 공동에, 궁극적인 천공에 놓여 있는 [그것을] 아는 자는 … 그러한 이 아뜨만으로부터 실로 허공(에테르)이 산출되었다. 허공(에테르)으로부터 공기, 공기로부터 불, 불로부터 물, 물로부터 흙, 흙으로부터 식물, 식물로부터 음식 … 실로 그러한 이 '사람'은 '음식의 정수로 이루어진 것'이다. … 이것은 지지대로서 꼬리이다."〈따잇 2.1.1〉
"실로 그러한 이 '음식의 정수로 이루어진 것'과는 또 다른 내부의 아뜨만이 '생기로 이루어진 것'이다."〈따잇 2.2.1〉
"육화(肉化)된 아뜨만이다. … 또 다른 내부의 아뜨만이 '마음으로 이루어진 것'이다."〈따잇 2.3.1〉
"또 다른 내부의 아뜨만이 '인식으로 이루어진 것'이다. … 그것(인식으로 이루어진 것)에서는 실로 믿음이 머리이다."〈따잇 2.4.1〉
"인식은 제의를 실현하고 또 의례들도 실현하리라. 모든 신격들은 으뜸인 인식을 브라흐만으로 계속 명상하리라. … 실로 그러한 이 '인식으로 이루어진 것'과는 또 다른 내부의 아뜨만이 '환희로 이루어진 것'이다. … 그것(환희로 이루어진 것)에서는 실로 기쁨이 머리이다. 즐거움은 오른쪽 부위이다. 더한 즐거움은 왼쪽 부위이다. 환희는 몸통이다. 브라흐만은 지지대로서 꼬리이다. … 그에 대해서 또한 이러한 시구가 있다."〈따잇 2.5.1〉
"만약 브라흐만이 비(非)존재라고 안다면, 그는 비존재 자체가 되리라. 만약 브라흐만이 존재한다고 안다면, 그로부터 [사람들은] 그가 존재한다는 것을 알리라. … 바로 이것(환희로 이루어진 것)이, 앞서는 그것(인식으로 이루어진 것)의 육화된 아뜨만이다. … 그는 '나는 다수가 될 것이리라. 나는 태어날 것이리라.'라고 욕망했다. 그는 숙고(고행)

했다. 숙고하고 나서 그는, 그렇게 있는 그 무엇이든, 이 모든 것을 창조했다. 그것(모든 것)을 창조하고 나서, 바로 그것에 그는 들어갔다. [그것에 들어간 뒤에], 가시적인 것과 미시적인 것이 되었다. 설명되는 것과 설명되지 않는 것, … 인식이 있는 것과 인식이 없는 것, … 그것을 '존재'라고 그들은 부른다. 그에 대해서 또한 이러한 시구가 있다." 〈따잇 2.6.1〉

"실로 태초에 이것(세계)은 비존재였으리라. 그것으로부터 존재가 태어났으리라. 그것은 그 자체를 스스로 만들었도다. … 그것은 실로 정수(맛)이다. 왜냐하면 실로 정수를 획득한 후에는 누구든지 환희에 차기 때문이다. 만약 [가슴 속] 공동(空洞)에 이 환희가 없다면, 실로 누가 들이쉬고 누가 내쉴 것인가? 참으로 오직 그것만이 환희를 띠게 한다. 왜냐하면 누구든지 가시적이지 않고, 육화되지 않고, 설명되지 않고, 지지물이 없는 그것(브라흐만)에서 두려움이 없는 상태를 얻는 바로 그때, 그러면 두려움이 없음에 그가 도달하게 되기 때문이다. 왜냐하면 누구든지 그것에서 조금이라도 간극(차이)을 만드는 바로 그때, 그러면 두려움이 그에게 생기기 때문이다. 실로 바로 그것(브라흐만)은 현명하지 않은 식자에게는 두려움이다."〈따잇 2.7.1〉

"그것을 두려워함으로써 바람(공기)이 불리라. 두려워함으로써 태양이 떠오르리라. 그것을 두려워함으로써 불과 인드라가, 그리고 제5인 죽음이 달리리라. … 그리하여 다음은 환희에 대한 고찰이다. … 〈따잇 2.8.1〉

"이 '환희로 이루어진 아뜨만'을 획득한다. 그에 대해서 또한 이러한 시구가 있다."〈따잇 2.8.5〉

"언어가 마음과 함께 도달하지 못하여 그것으로부터 돌아서고 말리라. 그 브라흐만의 환희를 아는 자는 아무것도 두려워하지 않으리라. '나는 왜 선을 행하지 않았는가? 나는 왜 악(죄)을 행했는가?'라는 것은,

실로 그에게 고통을 주지 못한다."〈따잇 2.9.1〉
"바루나의 아들인 브리구가, 아버지인 바루나에게로 다가갔다: 존경스러운 이여, 브라흐만을 가르쳐 주십시오. … 정녕 그 무엇으로부터 이러한 존재들이 태어난다. 그 무엇에 의해서 태어난 것들이 살아간다. 그 무엇으로 [태어난 것들이] 나아가고 되들어간다. 그것을 알고자 욕구하라. 그것이 브라흐만이다."〈따잇 3.1.1〉
"고행을 통해 브라흐만을 알고자 하라. 고행이 브라흐만이다."〈따잇 3.2.1〉
"환희가 브라흐만이라는 것을 그는 알았다. 실로, 정녕 환희로부터 이러한 존재들이 태어난다. 환희에 의해서 태어난 것들이 살아간다. 환희로 [태어난 것들이] 나아가고 되들어간다. 이러한 이것은 [가슴 속] 궁극의 천공에서 확립된 브리구와 바루나의 지식이다."〈따잇 3.6.1〉
"나는 음식이리라. 나는 음식이리라. 나는 음식이리라. 나는 음식을 먹는 자이도다."〈따잇 3.10.6〉

〈슈베〉

"브라흐만주의자들은 말한다: 원인인 브라흐만은 무엇인가?"〈슈베 1.1〉
"명상의 요가를 따르는 그들은, [내재력] 그 자체의 속성(구나)들에 의해 숨겨진 '신격적 아뜨만의 내재력'을 보았다."〈슈베 1.3〉
"신을 앎으로써 모든 굴레들이 사라진다. 번뇌들이 근절됨으로써 태어남과 죽음이 사라진다. 그(신)에 대한 깊은 명상을 통해 육체가 와해될 때에 우주적 신성인 제3을 [얻는다]. 독존인 채로 그의 욕망은 충족된다."〈슈베 1.11〉

"향유주체, 향유대상, 명령자를 생각(명상)할 때, 이 모든 것이 가르쳐진다. [모든 것은] 세 종류의 브라흐만이라고 가르쳐진다."〈슈베 1.12〉
"셋을 세운 채로 몸을 균형 잡고"〈슈베 2.8〉
"평평하고 청정한 곳에서, 자갈과 불과 모래가 없는 곳에서, 소음과 물등이 [있는 공중(公衆)의] 거처가 [아닌 곳에서], 마음에 거슬리지 않고 또 눈을 자극하지 않는 곳에서, 바람 없는 동굴과 [같은] 은신처에서 수행해야 한다."〈슈베 2.10〉
"흙, 물, 불, 공기, 에테르라는 5가지로 이루어진 [육체가] 소생할 때, 요가의 특성이 작용할 때, 요가의 불로 만들어진 육체를 얻은 자에게는 병이 없고, 노쇠함이 없으며, 죽음이 없다."〈슈베 2.12〉
"나는 태양처럼 빛나고 어둠을 넘어서는 그 위대한 뿌루샤를 안다. 오직 그를 앎으로써 죽음을 넘어선다. 가야 할 다른 길은 없다."〈슈베 3.8〉
"그 무엇도 그보다 더 높거나 더 낮지 않다."〈슈베 3.9〉
"그는 손도 없이 붙잡고 발도 없이 날쌔며, 눈도 없이 보고 귀도 없이 듣는다. 그는 알려질 수 있는 [모든] 것을 알지만, 그에 대해 아는 자는 없다. 그들은 그를 '시초', '뿌루샤', '광대'(廣大)라고 부른다."〈슈베 3.19〉
"당신은 여자이고 당신은 남자이며, 당신은 소년이고 또한 소녀. 당신은 지팡이로 비틀거리는 노인. 당신은 태어나면서 사방으로 향한 얼굴을 가지게 된 자이다."〈슈베 4.3〉
"붉고 희고 검은 색을 가지며, 같은 형태(종류)의 수많은 창조물들을 창조한, 생성되지 않은 어떤 여자. 실로 생성되지 않은 한 남자는 즐기면서 [그녀의 곁에] 눕지만, 생성되지 않은 다른 남자는 향락을 경험한 그녀를 떠난다."〈슈베 4.5〉
"함께하는 동료인 두 마리의 새가 동일한 나무에 깃들여 있다. 둘 중에

하나는 달콤한 과육을 먹고, 다른 하나는 먹지 않은 채 구경한다."〈슈베 4.6〉

"같은 나무에서 어떤 사람은, 가라앉은 채, 무기력에 의해 당혹해 하면서 슬퍼한다. 그가 다른 하나인 '만족하는 신'과 그의 영광을 볼 때에, [그의] 슬픔은 사라진다."〈슈베 4.7〉

"바로 그 쁘라끄리띠를 환술로, 또 환술을 가진 자를 마헤슈바라로 알아야 한다."〈슈베 4.10〉

"모든 원천들을 지배하는 유일자이고"〈슈베 4.11〉

"이름이 '위대한 영광'인 그에 대해서는, 닮은꼴이란 존재하지 않는다."〈슈베 4.19〉

"태초에 태어나는 성자 까삘라를 보았고, 또 탄생한 그를 교양들로 채웠다."〈슈베 5.2〉

"지성의 성질을 가지는 것으로서 또 몸의 성질을 가지는 것으로서, 몰이 막대기 끄트머리의 크기인 것으로서 열등한 듯이 관찰된다."〈슈베 5.8〉

"그 개별자아를, 상상된 머리카락 끝을 100으로 나누고 그 부분을 [다시] 백으로 나눈 부분이라고, 알아야만 한다. 그러나 그것은 무한하다고 간주된다."〈슈베 5.9〉

"그에게는 신체도 감관도 없다. 그와 동등한 것도 그를 능가하는 것도 보이지 않는다. 그의 지고한 권능은 실로 다양하다고 들린다. 또한 그가 지식을 행하는 것과 권위를 행하는 것은 자발적이다."〈슈베 6.8〉

"그는 [세계의] 원인이고, 감관의 지배자에 대한 지배자이며, 또 그를 창조하는 그 어떤 자도 없고 지배하는 자 역시 없다."〈슈베 6.9〉

"하나의 신은 모든 존재들에 숨겨져 있다. 그는 편재하는 자이고, 모든 존재들의 내재적(안에 있는) 아뜨만이다. 행위의 주시자이고, 모든 존재들에 체재한다. 관찰자이고, 의식체이며, 독존이고, 무속성이다."

〈슈베 6.11〉
“하나의 씨앗을 여럿으로 만든다.”〈슈베 6.12〉
“상크야와 요가를 통해 도달되는 그 원인을 신으로 알고 나서, 모든 굴레들로부터 해방된다.”〈슈베 6.13〉
“그곳에는 해가 빛나지 않고, 달과 별도 빛나지 않는다. 이러한 번개들도 빛나지 않는다. 이 [지상의] 불은 더더군다나 아니다.”〈슈베 6.14〉
“오직 그를 앎으로써 죽음을 넘어선다. 가야 할 다른 길은 없다.”〈슈베 6.15〉
“옛적에 브라흐마를 창조했고, 그에게 베다들을 전했으며, 또 자신의 지성에 의해 빛나는 그 신을, 나는 해탈을 욕구하면서 의지처로 삼는다.”〈슈베 6.18〉
“부분이 없고 동작이 없으며 평온이고 과실이 없으며 오점이 없는 그를! 불멸에 이르는 지고의 다리이며, 땔감을 연소한 불과도 같은 그를!”〈슈베 6.19〉

〈쁘라〉

“브라흐만을 목적으로 하고 브라흐만에 몰두해 있으며 지고한 브라흐만을 추구하면서, 그들은 ‘실로 그가 그것에 대해 모든 것을 말해줄 것이리라!’라며, 장작을 손에 든 채 존경스러운 삡빨라다에게 다가갔다.”〈쁘라 1.1〉
“이제, 고행을 통해 금욕(학습)을 통해, 믿음을 통해 명상적 지식을 통해 아뜨만을 추구함으로써 북쪽을 따라 태양을 정복한다. 실로 그곳은 생기들의 거주지이다. 그곳은 불멸이고 두려움이 없음이다. 그곳은 궁극적 목적지이다. 그곳으로부터, ‘그들은 되돌아오지 않는다’라고 한

다."〈쁘라 1.10〉

"그들에게 제일의 생기가 말했다: 미혹에 빠지지 말라. 바로 내가 이 자신을 5가지로 나눈 뒤에 이 육신을 지지하면서 붙잡고 있다."〈쁘라 2.3〉

"아뜨만으로부터 이 생기가 태어난다."〈쁘라 3.3〉

"이 아뜨만은 실로 심장에 있다."〈쁘라 3.6〉

"따라서 불이 꺼져버린 자는 마음에 융합된 기관들과 함께 다시 태어난다."〈쁘라 3.9〉

"그는 [죽을 때 가졌던] 생각과 함께 생기로 들어간다. 생기는 불(빛)과 연계되고 아뜨만과 함께한 채로 결의한 바대로의 세상을 이끌어 온다."〈쁘라 3.10〉

"듣지 못하고 보지 못하며"〈쁘라 4.2〉

"오직 생기의 불들만이 이 [몸의] 마을에서 깨어 있다."〈쁘라 4.3〉

"그러면 그 신격(마음)은 꿈들을 보지 않는다. 그러면 그 경우에, 이 육체에 그 즐거움이 생긴다."〈쁘라 4.6〉

"눈과 보이는 대상, … 손과 잡히는 대상, 생식기관과 성교하게 되는 대상, 배설기관과 배설하게 되는 대상, 발과 돌아다니게 되는 대상"〈쁘라 4.8〉

"정녕 이것은 보는 자, … 듣는 자, … 생각하는 자, 확정하는 자, 행하는 자로서, 인식을 본질로 하는 뿌루샤이다."〈쁘라 4.9〉

"사뜨야까마여, 실로 음절 '옴'은 상위이고 또 하위인 브라흐만이다. 따라서 현자는 바로 그 의지처를 통해 둘 중 하나에 도달한다."〈쁘라 5.2〉

"그는 달(소마)의 세상에서 위대함을 경험한 뒤에 다시 되돌아온다."〈쁘라 5.4〉

"또 다시, 3개의 요소로 이루어진 '옴'이라는 바로 이 음절을 통해 그 지고한 뿌루샤를 깊게 명상한다면, 그는 빛의 태양에 결합된다. 뱀이 허물로부터 자유로워지듯이, 실로 마찬가지로, 그는 죄악으로부터 자유로워진다. 그는 사마 만뜨라들에 의해 브라흐만 세상으로 들어 올려진다. 그는, 그 개별자아의 덩어리보다 더 지고하고도 지고하고 [몸의] 마을에서 쉬는(거주하는) 뿌루샤를, 마음으로 바라본다."〈쁘라 5.5〉
"열여섯 부분(단위)을 가지는"〈쁘라 6.1〉
"그는 마음으로 바라보았다: '누가 떠날 때에 내가 떠나게 될 것이리? 또는 누가 머무를 때에 내가 머무르게 될 것이리?'"〈쁘라 6.3〉
"그는 생기를 창조했다. 생기로부터 믿음, 에테르, 공기, 불, 물, 흙, 기관, 마음, 음식을 [창조했다]."〈쁘라 6.4〉
"바로 그와 같이 그 두루 보는 자(뿌루샤)의 그 열여섯 부분들은 뿌루샤로 가는 것들로서 뿌루샤에 도달한 뒤에 소멸된다. 그리고 그것들의 명칭과 형태는 소실된다. [그러면] '뿌루샤'라고 그와 같이 불린다. 그러한 그는 부분이 없게 되고 불멸이 된다."〈쁘라 6.5〉
"당신은 정녕 무지를 넘어서 피안으로 우리들을 건너게끔 하는 우리들의 아버지이십니다."〈쁘라 6.8〉

〈아이〉

"실로 태초에 이것(세계)은 오직 하나의 아뜨만이었다. 다른 그 어떤 것도 눈을 깜박이지 않았다. 그는 '나는 세상들을 창조하리라'라고 마음으로 바라보았다."〈아이 1.1.1〉
"그는 이러한 세상들을 창조했다. 천상수(천상계), 광선(중간계), 죽음(지상계), 물(지하계). 하늘의 위에 있는 것이 천상수(천상계)이고"〈아이 1.1.2〉

"그(신)는 그들에게 암소를 데려왔다. … 그는 그들에게 말을 데려왔다."〈아이 1.2.2〉
"그는 그들에게 인간(뿌루샤)을 데려왔다. 그들은 말했다."〈아이 1.2.3〉
"불은 발성기관이 된 채 입으로 들어갔다. 공기는 생기가 된 채 코로 들어갔다."〈아이 1.2.4〉
"과연 '나' 없이 어떻게 그것이 존재할 수 있으리! … 만약 발성기관에 의해 발화된다면, 만약 생기(코)에 의해 숨을 쉰다면 … 그 경우에 '나'란 무엇이리!"〈아이 1.3.11〉
"그는 바로 그 경계를 가르고 나서 그 관문을 통해 들어갔다."〈아이 1.3.12〉
"그는 바로 그 뿌루샤를 가장 편재하는 브라흐만으로 직관했다."〈아이 1.3.13〉
"이것은 브라흐만이다. 이것은 인드라이다. … 이 모든 것은 앎을 눈으로 가지고, 앎에서 확립된다. 세상은 앎을 눈으로 가지고, 앎을 지지대로 삼는다. 앎은 브라흐만이다."〈아이 3.3〉

〈자발〉

"무한하고 불가사의한 이 아뜨만은 '아비묵따'(해탈되지 않은 개별자아)에 머뭅니다. 그 '아비묵따'는 어디에 머뭅니까? 바라나와 나시의 중간에 머뭅니다. 바라나는 무엇이고, 또 나시는 무엇입니까? … 어느 것이 또 이것(아비묵따)의 자리가 됩니까? 두 눈썹과 코의 연결부(連結部)인 그것이 천상 세계와 다른 것(지상)의 연결부가 됩니다."〈자발 2〉

"학습기를 끝마친 뒤에 가장이 되어야 합니다. 가장이 된 뒤에 은퇴자가 되어야 합니다. 은퇴자가 된 뒤에 출가해야 합니다. 그렇지 않으면, 혹여 학습기 그 자체로부터 출가해야 합니다. 혹은 가정기나 은퇴기로부터 출가해야 합니다. 실로 더 나아가, 서약자이든 서약자가 아니든, 조교이든 조교가 아니든, 불을 포기한 자이든 불을 피우지 않는 자이든 [출가해야 합니다]."〈자발 4〉
"이제 출가자는, 무색의 옷을 입고 머리칼이 없으며 소유하지 않고 청정하며 적의가 없고 구걸로 살며, 브라흐만이 되기 위해 존재합니다."〈자발 5〉

〈께나〉

"그것(브라흐만)은 실로 알려진 것과는 다르고 또 알려지지 않은 것과도 상이하다."〈께나 1.4〉
"그 무엇은 언어에 의해 표현되지 않으리라. 그 무엇에 의해 언어가 표현되리라. 바로 그것이 브라흐만임을 그대는 알도록 하라. [사람들이] '이것'이라고 계속 명상하는 것은 [브라흐만이] 아니니라."〈께나 1.5〉
"[브라흐만은] 생각하지 않은 자에게 생각되고, 생각한 자는 알지 못한다. 아는 자들에게 알려지지 않고, 알지 않은 자들에게 알려진다."〈께나 2.3〉

〈이샤〉

"이 세상에서는 실로 행위(의례)들을 하면서 백 년을 살고자 해야 한

다. 이와 같이 그대에게는, 이것 이외에 다른 방식이 없다. 행위는 사람을 더럽히지 않는다."〈이샤 2〉
"모든 존재들이 아뜨만 자체가 된다는 것을 안다면, 그 경우에 [아뜨만의] 유일성을 바라다보는 자에게 무슨 미혹이 있겠고 무슨 슬픔이 있겠는가!"〈이샤 7〉
"그것은 편재함이고 광휘이며, 육신이 없고 손상이 없으며, 근육이 없고 순수하며, 죄악에 의해 손상되지 않는다."〈이샤 8〉

〈나라〉

"탈속하기란 브라흐마(히란야가르바)이다. 왜냐하면 브라흐마는 지고한 자이고 지고한 자는 브라흐마이기 때문이다. 실로 그러한 그 고행들은 열등하다. 바로 그 탈속하기가 더 낫다."〈나라 78〉
"이와 같은 지식이 있는 그의 제의에서, 영혼은 제의 고용주이고 믿음은 아내이다. … 그는 브라흐만의 위대성을 획득한다."〈나라 80〉
"새벽, 정오, 저녁에 속하는 그러한 것들"〈나라 80〉

〈리그〉

"우리가 바이슈바나라의 은총 안에 있게 하소서! 왜냐하면 그는 세상들의 왕이고 행복이며 영광이기 때문이리니."〈리그 1.98.1〉
"인드라여, 나는 당신이 앉을 자리를 만들었도다."〈리그 1.104.1〉
"불사이고 궁극인 '천공'에 베다들. 그(천공) 위에 모든 신격들이 거주하리라."〈리그 1.164.39〉

"태어날 때에 이미 최고였고 사려 깊었던 그(인드라)는"〈리그 2.12.1〉
"다섯 사람들에 속하는 인간들이"〈리그 8.53.7〉
"소마를 암소들과 섞도록 하라."〈리그 9.46.4〉
"쁘라자빠띠는 '에떼'라고 [생각함으로써] 신격들을 창조했도다. 그는 '아스리그람'이라고 [생각함으로써] 인간들을, '인다바하'라고 [생각함으로써] 조상들을, '띠라하빠비뜨람'이라고 [생각함으로써] 행성들을, '아샤바하'라고 [생각함으로써] 찬송가를, '비슈바니'라고 [생각함으로써] 샤스뜨라를, '아비사우바가하'라고 [생각함으로써] 다른 창조물들을 창조했도다."〈리그 9.62.1〉[12]
"사람들이 함께 만나는 [곳인] 바이바스바따(야마)에게"〈리그 10.14.1〉
"제의를 통해서 그들은 말의 경로를 따라갔도다. 그들은 성자들에 들어가 있는 [그것을] 찾았도다."〈리그 10.71.3〉
"그것(불)은 [그 자체의] 광채와 함께 이 지상과 천상, 또 지상과 천상의 중간대로 널리 퍼지리라."〈리그 10.88.3〉
"신들은 모든 세상을 위하여 낮들의 표징인 바이슈바나라 불을 만들었으리."〈리그 10.88.12〉
"태초에 히란야가르바가 출생했도다. 태어나서 그것은 존재의 유일한 주인이 되었도다. 그는 지상과 또 이 천상을 지탱했도다. 우리는 어느 신에게 공물로 숭배할 것인가?"〈리그 10.121.1〉
"그때에는 죽음도 존재하지 않았고 불멸수(不滅水)도 존재하지 않았으리. 밤의 상징(달)도 낮의 상징(해)도 존재하지 않았으리. 그 '하나'는 공기도 없이 그 자체로 숨 쉬었도다. 그것과는 다르거나 그것보다 지고한 그 무엇도 존재하지 않았으리라."〈리그 10.129.2〉

12_ <리그 9.62.1>에 대한 직접 인용이 아니지만 그곳에는 '에떼' 등의 말들이 등장한다.

"실로 누가 알고, 누가 이 세상에서 말했겠는가? 이 창조가 무엇으로부터 비롯되었는지,"〈리그 10.129.6〉
"조물주는 해와 달을, 천상과 지상과 중간대를, 그리고 천국을 예전대로 만들어 냈도다."〈리그 10.190.3〉

〈따잇-상〉

"이셰 뜨바."〈따잇-상 1.1.1〉
"다섯들에 대하여 다섯 사람(신격)들에 대하여, 그대(공물)를"〈따잇-상 1.6.2.2〉
"[버터기름을] 나눠 마신 자들의 마음은 빛."〈따잇-상 1.6.3.3〉
"실로 믿음이란 물이다."〈따잇-상 1.6.8〉
"번영을 바라는 자는 공기의 [신격에게] 흰 [동물을] 희생으로 바쳐야 한다. 실로 공기는 가장 빠른 신격이다. 그(제의 집행자)는 자신의 몫을 따라 공기 자체를 향해 달린다. 바로 그(공기의 신격)가 그를 번영으로 이끈다."〈따잇-상 2.1.1〉
"마누가 말한 것은 무엇이든지 간에 치료제이다."〈따잇-상 2.2.10.2〉
"열한 개 질그릇의 뿌로다샤(떡)가, 왕 인드라에게! 최고의 왕 인드라에게! 자체의 왕 인드라에게! … 모든 [신격들에게] 가게끔 하면서, 실패를 낳지 않도록 나눈다."〈따잇-상 2.3.6〉
"그는 울부짖었다."〈따잇-상 2.5.11〉
"실로 생기들은 머리에 속하는 것이 일곱이고, 아래에 놓인 것이 둘이다."〈따잇-상 5.1.7.1〉
"실로 사람에게서 생기들은 아홉이고, 배꼽이 열 번째이다."〈따잇-상 5.3.2.3〉

"아슈바메다로써 제의를 행한 자나 또는 바로 이것에 대해 아는 자는 브라흐만을 살해한 [죄를] 넘어선다."〈따잇-상 5.3.12.2〉
"따라서 슈드라는 제의에 부적절하다."〈따잇-상 7.1.1.6〉

〈따잇-브〉

"그는 '부후'(지상)라고 발화하면서, 그는 지상을 창조했다."〈따잇-브 2.2.4.2〉
"불(제의 집행자)이 욕망했다: 나는 신격들의 음식을 먹는 자가 될 것이리라. 그(제의 집행자)는 불에게, '끄릿띠까'들을 위해, 그 '여덟 그릇의 뿌로다샤(떡)'을 바쳤다."〈따잇-브 3.1.4.1〉
"태양은 그 무언가의 광휘에 의해 불붙은 채로 비춘다. … 베다에 정통하지 않은 자는 그 대(大)존재를 숙고하지 못한다."〈따잇-브 3.12.9.7〉

〈아이-브〉

"이제 여기서부터는 정액을 통한 창조이다. 신격들은 쁘라자빠띠의 정액이다."〈아이-브 2.1.3.1〉
"[호뜨리 사제가] '바샤뜨'를 발화하려고 할 때에, 그는 [아드바르유 사제가] 제공할 공물을 [받는] 신격을 마음으로 명상해야 한다. … '산드야'를 마음으로 명상해야 한다."〈아이-브 3.8.1〉

〈샤따-브〉

"실로 제의에서 사제가 기원하는 축복이라면, 그 어떤 것이라도 오직 제의 고용주를 위해 기원한다고 그는 말했다."〈샤따-브 1.3.1.26〉
"이에 대해 '비존재였던 그것은 무엇인가?'라고 그들이 말한다. 바로 그 성자들이 태초에 비존재였다. 이에 대해 '그들 성자들은 누구인가?'라고 그들이 말한다. 성자들은 바로 그 생기들이다."〈샤따-브 6.1.1.1〉
"흙이 말했다. … 물이 말했다."〈샤따-브 6.1.3.2-4〉
"그들은 낮과 밤의 세상들에 매달린다."〈샤따-브 10.2.6.8〉
"실로 사람이 잠잘 때에, 그 경우에는 언어가 생기(숨)에 되들어간다. 눈이 생기에 귀가 생기에 마음이 생기에 되들어간다. 그가 깨어날 때에는 바로 그 생기로부터 그것들이 다시 나온다."〈샤따-브 10.3.3.6〉
"실로 저 구체에 있는 바로 그러한 저 뿌루샤는 죽음이다."〈샤따-브 10.5.2.3〉
"타오르는 저 구체인 것은"〈샤따-브 10.5.2.23〉
"불에 의해 쌓아올려진 그것은 정녕 이 세상이다."〈샤따-브 10.5.4.1〉
"그러한 이 바이슈바나라 불은 뿌루샤이다. 이와 같은 이 바이슈바나라 불을 일종의 뿌루샤로, 뿌루샤의 안에 머무는 것으로 아는 그는"〈샤따-브 10.6.1.11〉
"무엇이든 결의하는 동안에 그는 이 세상을 떠난다."〈샤따-브 10.6.3.1〉
"쌀알이나 보리알, 혹은 조의 씨앗이나 조의 알곡과 같이, 그 '황금으로 이루어진 뿌루샤'는 그와 같이 영혼의 안에 있다. … 허공보다 더 큰(위대한)"〈샤따-브 10.6.3.2〉
"그를 입문시켰다."〈샤따-브 11.5.3.13〉
"실로 그러한 그 두 공물들은, 제공되었을 때에 올라간다."〈샤따-브 11.6.2.6〉

"아뜨만에서 살지만 아뜨만을 안으로부터 지배하는 것"〈샤따-브 14.6.7.30〉

〈딴드-브〉

"까뻬의 후손들이 찌뜨라라타로 하여금 이 제의를 행하게끔 했다."〈딴드-브 20.12.5〉
"아그니(불)여, 공물 제의를 진척시키기를!"〈딴드-브 21.10.11〉

〈샤드-브〉

"인드라는 숫양이 된 채 깐바의 후손인 메다띠티를 데려갔다."〈샤드-브 1.1〉

〈따잇-아〉

"모든 형태들을 현현시킨 뒤에 명칭들을 붙인 다음, 지성체(뿌루샤)는 그것들을 계속해서 부른다."〈따잇-아 3.12.7〉
"이와 같은 지식이 있는 그의 제의에서, 영혼은 제의 고용주이고 믿음은 아내이다. … 그는 브라흐만의 위대성을 획득한다."〈따잇-아 10.64〉

〈아이-아〉

"사람들이 실로 '욱타, 욱타'라고 부르는 바로 그 욱타가, 바로 이 흙이다."〈아이-아 2.1.2.1〉
"'나는 욱타(생기)이다.'라고 알아야 한다."〈아이-아 2.1.2.6〉
"이 경우에 '나'라는 것은 '그'이고, '그'라는 것은 '나'이다."〈아이-아 2.2.4.6〉
"그에게서 더 탁월한 현현인 아뜨만을 아는 자는"〈아이-아 2.3.2.1〉
"왜냐하면 실로 『리그베다』의 추종자들은 그것을 '위대한 욱타'에서, 『야주르베다』의 추종자들은 그것을 '불'에서, 『사마베다』의 추종자들은 그것을 '마하브라따'에서 숙고(명상)하기 때문이다."〈아이-아 3.2.3.12〉

〈마누〉

"추리될 수 없고 알려질 수 없는 것으로서, 전적으로 숙면처럼 [존재했다]."〈마누 1.5〉
"한편, 태초에 그는 오직 베다의 말들로부터, 모든 것의 명칭들과 행위들을 또 다양한 삶의 양상들을 별도로 별도로 창조했다."〈마누 1.21〉
"소멸하지 않는 지극히 미세한 요소들은 실로 다섯이라고 전승된다. 그것들과 함께 이 모든 것이 차례로 산출된다."〈마누 1.27〉
"실로 브라흐마나는 단지 음송을 통해 성취할 수 있다. 이에 대해서는 의심의 [여지가] 없다. 다른 것을 행하든 행하지 않든, 친절한 자가 브라흐마나로 불린다."〈마누 2.87〉
"슈드라와는 [베다에 대한] 식견(識見)을 나누지 말아야 한다."〈마누

4.80〉
"슈드라는 네 번째 계급(바르나)으로서 일생자(一生者)이다."〈마누 10.4〉
"슈드라에게는 [신분을 추락시키는] 그 어떤 죄악도 없다. 또한 그는, 그 어떤 신성한 의례에도 적합하지 않다."〈마누 10.126〉
"모든 존재들에서 아뜨만을, 또 아뜨만에서 모든 존재들을 동등하게 봄으로써, 실로 아뜨만을 숭배하는 자는 자치권(自治權)을 획득한다."〈마누 12.91〉[13]
"다르마의 청정함을 얻고 싶어 하는 자는, 지각, 추론, 다양한 전통에 따르는 성전이라는 3가지를 잘 알려고 해야만 한다."〈마누 12.105〉
"'베다'와 '다르마를 가르치는 [전승서]'를, 베다 성전과 모순되지 않는 논리를 통해 탐구하는 자가 다르마를 알 뿐, 다른 자는 알지 못한다."〈마누 12.106〉

〈마하〉

"그러고 나서 야마(죽음의 신)는 사뜨야바뜨의 육신으로부터, 올가미에 씌고 순종적이 된 엄지손가락 크기의 뿌루샤를 강제로 끄집어냈습니다."〈마하 3.297.17〉
"불을 입으로, 천상을 머리로, 에테르를 배꼽으로, 흙을 두 발로, 태양을 눈으로, 방향을 귀로 가진, 그 '세상의 아뜨만'에게 경배합니다."〈마하 12.47.68〉

13_ 〈마누 12.91〉은 일반적으로 다음과 같이 읽는다: "모든 존재들에서 아뜨만을, 또 아뜨만에서 모든 존재들을 동등하게(samam) 봄으로써, 아뜨만을 숭배하는 자는 자치권(自治權)을 획득한다."

"신성한 성자여, 세계의 근간인 흙은 물에서 소멸됩니다. 물은 불에서 소멸됩니다. 불은 공기에서 소멸됩니다."〈마하 12.339.29〉

"실로 마음, 위대한 것(마하뜨), 성찰, 브라흐마, 본거지(本據地), 지성, 명망(名望), 신, 예지, 인식, 사유, 기억이라고 불립니다."〈마하 13.10.11〉

"브라흐마나여, 뿌루샤는 다수입니까, 아니라면 오직 하나일 뿐입니까? … 왕이시여, 상크야 · 요가 탐구자들에게는 뿌루샤가 다수입니다. … 실로 예컨대, 수많은 사람들이 하나의 원천(땅)을 가진다고 말하듯이, 마찬가지로 속성들을 넘어서는 그 우주적 뿌루샤를 제가 알려줄 것입니다. … 그것은 저와 당신의 내부 아뜨만이고, 다른 모든 육신적 존재들의 관찰자인 것이며, 그 누구에 의해서도 그 어디에서도 파악될 수 없습니다. 모든 머리와 모든 팔, 모든 발 · 눈 · 코를 가지는 [그] 유일자는, 존재들 속에서 즐거운 바대로 자유롭게 움직입니다."〈마하〉

"모든 존재들을 아뜨만으로 삼고 [모든] 존재들을 참되게 직관하는 자의 길에 관해서는, 심지어 신격들도 행로가 없는 [그의] 행로를 찾으면서 당혹스러워 합니다."〈마하〉

〈기따〉

"그것은 영원하고 편재하며 부동하고 안정적이며 영원무궁합니다."〈기따 2.24〉

"그것은 현현되지 않은 것이고, 그것은 생각할 수 없는 것이며, 그것은 불변하는 것이라고 말합니다."〈기따 2.25〉

"쁘리타의 아들이여, 그대는 이러한 지식을 가진 채로 행위의 속박을 물리칠 것입니다."〈기따 2.39〉

"다난자야여, 실로 '지성의 요가'로부터 멀어지면 행위는 열등합니다."〈기따 2.49〉
"지혜가 확고한 자에 대해 어떠하다고 말합니까?"〈기따 2.54〉
"하지만 실로 아뜨만에서 기쁨을 가질 수 있고 아뜨만에 만족하며 바로 그 아뜨만에 대해 완전히 충족된 사람에게는, 행해야만 하는 것이 존재하지 않습니다."〈기따 3.17〉
"무가치한 자신의 다르마가 잘 실행된 타인의 다르마보다 더 우월합니다."〈기따 3.35〉
"나에게 다가오는 방식대로, 바로 그와 같이 나는 그들에게 베풉니다."〈기따 4.11〉
"아르주나여, 마치 타오르는 불이 장작들을 재로 만들듯이, 마찬가지로 지식의 불은 모든 업(행위)들을 재로 만듭니다."〈기따 4.37〉
"행위주체가 아닌 주인은 세상의 행위를 낳지도 않고 행위 결과와의 연결을 낳지도 않습니다. 하지만 [물질적] 본성이 작용합니다."〈기타 5.14〉
"주인은 그 무엇의 악행이나 선행도 결코 취하지 않습니다. [그런데] 무지에 의해 지식이 가려집니다. 그로 인해 사람들은 미혹에 빠집니다."〈기타 5.15〉
"그것을 생각하고, 그것을 본질로 하며, 그것에 몰두하고, 그것을 궁극적 목적지로 삼는 자들은"〈기따 5.17〉
"행위의 결과에 의지하지 않은 채로 '행해야만 하는 행위'를 행하는 자는"〈기따 6.1〉
"청정한 장소에 … 고정되게 자신의 아사나(좌법)를 마련하고"〈기따 6.11〉
"끄리슈나여 … 요가의 완성을 얻지 못한 채로는 어떤 목적지로 나아갑니까?"〈기따 6.37〉

"아끼는 이여, 왜냐하면 좋은 일을 행한 자는 그 누구도 나쁜 목적지로 나아가지 않기 때문입니다."〈기따 6.40〉

"그곳에서 그에게는, 전생과 관련되는 지식이 그렇게 주어지게 됩니다."〈기따 6.43〉

"무수한 생애를 통해 완성을 얻은 자입니다. 그곳으로부터 그는 지고한 목적지로 나아갑니다."〈기따 6.45〉

"나는 모든 세계의 기원이요, 또한 최후입니다."〈기따 7.6〉

"'바수데바가 모든 것이다'라고"〈기따 7.19〉

"섬기는 자가 [신의] 그 어떤 모습이라도 믿음으로 숭배하기를 원한다면, 나는 그 누구든지 그가 가지는 바로 그 믿음을 굳건하게 만듭니다.〈기따 7.21〉

"그 믿음을 가진 채로 그는 그 모습에 대한 숭배에 열중하고, 바로 내가 규정한 그 욕망한 것들을 그로부터 얻습니다."〈기따 7.22〉

"최후에 어떠어떠한 존재를 기억하면서 육신을 떠나든지 간에, 바로 그러그러한 것에 도달합니다. 꾼띠의 아들이여, 언제나 그것에 대한 생각으로 가득한 자는!"〈기따 8.6〉

"굳건한 마음과 함께 … 죽음의 시간에"〈기따 8.10〉

"이제, 바라따의 으뜸이여, 죽은 요가 수행자들이 되돌아오지 않음과 또 되돌아옴으로 나아가는 그러한 시간들에 관해, 나는 말할 것입니다."〈기따 8.23〉

"불과 빛과 낮과, 달이 차오르는 보름과, 태양이 북진하는 여섯 달. 그곳에서(그 길에서) 망자들은 브라흐만에 도달합니다. 브라흐만을 아는 사람들은!"〈기따 8.24〉

"연기와 밤과, 달이 사그라지는 보름과, 태양이 남진하는 여섯 달."〈기따 8.25〉

"희고 검은 그 두 여로는 세계에서 실로 영원하다고 간주됩니다. 하나

를 통해 되돌아오지 않음으로 나아가고, 다른 것을 통해 다시 되돌아 옵니다."〈기따 8.26〉

"나의 기원은 신의 무리들도 알지 못하고 위대한 성자들도 알지 못합니다. 왜냐하면 나는 전적으로 신들과 위대한 성자들의 근원이기 때문입니다."〈기따 10.2〉

"지성, 지식, 미혹되지 않음"〈기따 10.4〉

"존재들의 다종다양한 성향들은 오직 나로부터 생깁니다."〈기따 10.5〉

"또한 현자들 가운데 나는 브야사이고"〈기따 10.37〉

"실로 위력적이거나 영예롭거나 강대한 그러그러한 존재들. 그대는 알도록 하시오. 바로 그것들이 내 영광의 일부로부터 발생했다는 것을!"〈기따 10.41〉

"나는 이 모든 세계를 [단지 나의] 일부분으로써 지탱하고 있습니다."〈기따 10.42〉

"더 나아가, 바라따의 자손이여, '나'라는 [존재가] 모든 몸들과 관계하여 '몸을 아는 자'임을 알도록 하시오."〈기따 13.2〉

"[이제] 알아야만 하는 것에 관해 나는 말할 것입니다. 그것을 알게 되면 불멸을 얻습니다. 지고한 브라흐만은 시초를 가지지 않습니다. 그것은 '존재'라고도 '비존재'라고도 불리지 않습니다."〈기따 13.12〉

"그것은 모든 곳에 손과 발이 있고, 모든 곳에 눈과 머리와 입이 있으며, 모든 곳에 귀가 있습니다. 그것은 만물로 충만한 채 이 세상에 존재합니다."〈기따 13.13〉

"모든 존재들에 동등하게 머무르고 … 지고한 신을"〈기따 13.27〉

"꾼띠의 아들이여, 그것은 육체에 머물지라도 행하지 않고 더럽혀지지 않습니다."〈기따 13.31〉

"삿뜨바로부터 지식이 산출되고"〈기따 14.17〉

"이 세상에서는 그것의 형태가 그와 같이 알려지지 않고, 그것의 시작도 끝도 지속도 알려지지 않습니다."〈기따 15.3〉
"해가 그곳(거처)을 비추지 못합니다. 달도 못하고 불도 못합니다. 그들이 도달하고 나서 되돌아오지 않을 그곳이, 나의 궁극적 거처입니다."〈기따 15.6〉
"생명체의 세상에서 개별자아(개별영혼)로 존재하는 것은, 실로 나의 영원한 부분입니다."〈기따 15.7〉
"전 세계를 비추는, 해에 존재하는 빛. 달에서의 빛과 불에서의 빛. 그 빛이 나의 것임을 알도록 하시오."〈기따 15.12〉
"바라따의 후손이여, 이것을 알고 나면 지혜롭게 되고 또 이루어져야만 하는 것이 이루어지게 될 것입니다."〈기따 15.20〉
"아르주나여, 신은 모든 존재들의 심장부에 거주합니다. 기계에 올라앉은 [듯한] 모든 존재들을, 환술을 통해 회전시키면서!"〈기따 18.61〉

〈만두-까〉

"시초가 없는 환술에 의해 잠자던 개별자아는, 깨어날 때에, 태어나지 않고 잠이 없으며 꿈이 없는 비이원성을 깨우친다."〈만두-까 1.16〉
"찰흙, 금, 불꽃 등을 통해 다르게 제언되는 창조란 [동일성의 관념을] 발현하기 위한 수단이다. 여하튼 차이(다양성)라는 것은 없다."〈만두-까 3.15〉

〈미맘사-수〉

"이제 이로부터, 다르마에 대한 탐구욕이 [나아간다]."〈미맘사-수 1.1.1〉

"그것(다르마)에 대한 지식의 [수단은] 교시(명령)이다. … 독립적이기 때문이다."〈미맘사-수 1.1.5〉

"[문장에서는] 그러한 존재하는 것들을 [지시하는 말들이] 행위를 의도하는 [말과] 나란히 놓인다."〈미맘사-수 1.1.25〉

"성전은 행위를 의도하기 때문에 그것을 의도하지 않는 것들은 무용하다."〈미맘사-수 1.2.1〉

"하지만 [그것들은] 명령과의 문장적 통일성으로 말미암아 명령들에 대한 찬양을 의도함으로써 [권위를] 가질 것이다."〈미맘사-수 1.2.7〉

"한편 [계시서와] 모순되는 경우에 [전승서를] 무시해야 한다. 실로 [모순이] 없는 경우에 [전승서가 계시서를 따른다고] 추론한다."〈미맘사-수 1.3.3〉

"이견은 동등하게 [권위를 가질] 수 있다."〈미맘사-수 1.3.8〉

"실로 성전에서 확립된 [견해가 수용된다]; [다르마가] 그것(성전)에 입각하기 때문이다."〈미맘사-수 1.3.9〉

"말의 차이에서 의례의 차이가 있다; [말은] 행하는 것과 결부되기 때문이다."〈미맘사-수 2.2.1〉

"명칭들로 [말미암아 의례들은 다르지] 않을 것이다; [명칭들은] 신성한 명령을 위해 불리지 않기 때문이다."〈미맘사-수 2.4.10〉

"부차적인 것과 일차적인 것이 상반되는 경우에 [부차적인 것은] 그것(일차적인 것)을 목적으로 하기 때문에, 베다는 일차적인 것과 관련된다."〈미맘사-수 3.3.9〉

"계시어, 표징, 문장, 맥락, 위치, 이름이 상충할 때에 뒤따르는 것에 힘

이 없다; [뒤따르는 것은] 목적(의미)하는 바와 거리가 멀기 때문이다."〈미맘사-수 3.3.14〉

"뿌샨과 관계하는 [공물] 갈기는, [다르샤뿌르나마사의] 변형적 제의와 관계한다고 이해해야 한다."〈미맘사-수 3.3.34〉

"하지만 '붙잡는 것'의 경우에는 명령이다; 낯선 것이기 때문이다."〈미맘사-수 3.4.9〉

"[소마를] 마시는 것으로부터 [발생한] 재앙 또한, 그와 같을 [것이다]."〈미맘사-수 3.4.32〉

"이제 이로부터, 제의의 목적과 인간의 목적에 [보조적인 것에] 대한 탐구욕이 [나아간다]."〈미맘사-수 4.1.1〉

"신격들은 [자격이] 없다; 다른 신격이 없기 때문이다."〈미맘사-수 6.1.6〉

"성자들은 [자격이] 없다; 성자와 관계된 다른 것이 없기 때문이다."〈미맘사-수 6.1.7〉[14]

"서약을 어긴 [학인은] 짐승을 그것(입문식)에서처럼 [희생으로 바쳐야 한다]; [학인의 경우에는 결혼식 이후의] 불 피우기(성교)가 무르익지 못한 시기이기 때문이다."〈미맘사-수 6.8.22〉

"하지만 다시, 보조적 문장이 되기 때문에 다른 것을 배제하게 될 것이다. 부정인 경우에는 택일이 있을 것이다."〈미맘사-수 10.8.15〉

"만약 [아베슈띠가 라자수야] 제의를 목적으로 하는 경우라고 한다면, 아니다; 세 가지 계급(바르나)과 연계되기 때문이다."〈미맘사-수 11.4.9〉

14_ <미맘사-수 6.1.6>과 <미맘사-수 6.1.7>은 후대에 추가된 수뜨라들로 보인다.

〈미맘사-바〉

"실로 그것(베다)의 목적은 행위(의례)에 대한 앎이라고 알려진다." 〈미맘사-바 1.1.1〉

"신성한 명령이란 행위를 촉발시키는 진술이다."〈미맘사-바 1.1.2〉

〈느야야-수〉

"고통, 탄생, 행동, 결점, 거짓된 지식의 [연쇄에서] 각각 뒤의 것이 사라지는 경우에 그 바로 앞의 것이 사라짐으로 말미암아 지고선(해방)이 [있다]."〈느야야-수 1.1.2〉

"[애욕 등의] 결점들은 동작촉발을 특징으로 한다."〈느야야-수 1.1.18〉

〈바이-수〉[15]

"실체들은 다른 실체를 산출한다. 또한 성질들은 다른 성질을 [산출한다]."〈바이-수 1.1.8-9〉

"존재하는 것이자 원인을 가지지 않는 것이 영원하다."〈바이-수 4.1.1〉

"또한 '영원하지 않다'라는 부정이 특별히 [합당하지] 않다."〈바이-수 4.1.4〉

"또한 무지가 [있다]."〈바이-수 4.1.5〉

15_ <바이-수>의 출처는 다음 판본을 따른다: *Vaiśeṣikasūtra of Kaṇāda*, Gaekwad's Oriental Series No. 136, ed. Muni Śrī Jambuvijayaji, Baroda, Oriental Institute, 1982.

"지각 가능한 것들과 지각 불가능한 것들의 결합은 지각 불가능하기 때문에, [육체는] 오원소로 이루어진 것이 아니다."〈바이-수 4.2.1〉

"원인의 '여럿임'으로부터, 원인의 '큼'으로부터, 또 특정한 '성긴 결합'으로부터, '큼'이 [산출된다]."〈바이-수 7.1.16〉

"그것(큼)과 상반되는 것은 '지극한 미세함'이다."〈바이-수 7.1.17〉

"이로써 '김'과 '짧음'을 설명했다."〈바이-수 7.1.23〉

"원인과 결과 사이에는 결합과 분리가 일어나지 않는다."〈바이-수 7.2.14〉

〈상크야-까〉

"'근원적 원형물'은 변형물이 아니다. 마하뜨(위대한 것) 등의 7가지는 원형물이기도 하고 변형물이기도 하다. 16가지는 변형물일 뿐이다. 순수정신(뿌루샤)은 원형물도 아니고 변형물도 아니다."〈상크야-까 3〉

〈요가-수〉[16]

"[그 다섯 가지는] 올바른 인식, 그릇된 인식, 망상, 수면, 기억이다."〈요가-수 1.6〉

"성전 공부를 통해 원하는 신격과 접속한다."〈요가-수 2.44〉

16_ <요가-수>의 번역은 대체로 정승석의 번역본을 따른다.

〈다르마-수〉

“그것으로부터 모든 육신들이 발생한다. 그것은 근원이고, 그것은 불변적인 것이며 영원이다.”〈다르마-수 1.8.23.2〉

〈아슈따〉

“‘태어나다’라는 동사 어근의 행위주체를 [낳는] 원물질은 [5격으로 지시된다].”〈아슈따 1.4.30〉

“방향이나 수가 [‘다른 말’과 이루는 복합어는] 명칭에 대해서이다.”〈아슈따 2.1.50〉

“어떤 것으로 ‘이루어짐’을 의미하는 경우에 ‘마야뜨’가 [첨가된다].”〈아슈따 5.4.21〉

“‘바후’(많은)에 [접미사 ‘이만’이 첨가된 후 ‘이’가] 탈락되고, ‘바후’가 ‘부’로 [대체된 것이다].”〈아슈따 6.4.158〉

빠잉기라하스야 브라흐마나

“‘둘 중에 하나는 달콤한 과육을 먹고’라는 것은 삿뜨바와 [관계하고], ‘다른 하나는 먹지 않은 채 구경한다.’ 즉 ‘다른 하나는 먹지 않은 채 본다’라는 것은 아는 자와 [관계한다]. 이러한 이 둘은 ‘삿뜨바와 몸을 아는 자’이다.”

“그 삿뜨바란 꿈을 보게끔 하는 것이고, 그 몸을 아는 자란 저 육화된 자 또는 관찰하는 자이다. 이러한 이 둘이 ‘삿뜨바와 몸을 아는 자’이다.”

"이러한 이 둘이 '샷뜨바와 몸을 아는 자'이며, 정녕 이와 같이 아는 자에게는 그 어떤 무지도 들러붙지 못한다."

출처불명[17]

"브라흐마나는 제의를 행해야 한다."
"눈이 있지만 눈이 없는 듯이, 귀가 있지만 귀가 없는 듯이, 말이 있지만 말이 없는 듯이, 마음이 있지만 마음이 없는 듯이, 생기가 있지만 생기가 없는 듯이"
"아들 · 육체 등이 지양됨으로 말미암아 이차적이고 거짓된 아뜨만이 존재하지 않을 때, '나는 존재로서의 브라흐만을 본질로 한다'는 그와 같은 깨달음에서 어떻게 행위가 존재할 것이란 말인가? '추구해야만 하는 아뜨만에 대한 지식' 이전에는 아뜨만이 지식주체이지만, 추구된 것은 죄악과 결점 등이 없는 바로 그 지식주체(아뜨만)일 것이다. 육체를 아뜨만으로 [간주하는] 관념이 일상적으로 타당하다고 가정되듯이, 바로 그와 마찬가지로 실로 아뜨만이 확정될 때까지는 이것(지식수단)도 일상적으로 타당하다."
"하나는 결핍 상태이고 다른 하나는 충만하다.
"무엇을 명상하느냐에 따라, 바로 그 무엇이 된다."
"아뜨만을 추구해야만 한다."
"아뜨만의 획득보다 지고한 것은 없다."
"허공(에테르)처럼 편재하고 영원한"
"나라다여, 그대가 보는 '나'라는 것은, 실로 내가 창조한 환영이다. 내

17_ 출처불명인 문장들은 등장 순서에 따른 차례이다.

가 모든 존재의 특성들을 가진다고, 그대는 그와 같이 나를 알려고 해서는 안 된다."

"또한 힘으로 행해진 것이라면 그 무엇이든지 오직 인드라가 한 일이다."

"공동에 들어간 아뜨만을 찾도록 하라."

"실로 그는 첫 번째로 육화된 존재이도다. 그는 '뿌루샤'라고 불리도다. 그는 존재들의 창조주이리라. 태초에 브라흐마가 출생했도다."

"알도록 하라. 천상을 머리로, 에테르를 배꼽으로, 달과 해를 두 눈으로, 방향을 두 귀로, 흙을 두 발로 가진다고 현인들이 말하는 그것은, 불가해(不可解)한 아뜨만, 모든 존재의 창조자이다."

"소위 한 뼘의 척도인 [그를] 잘 알게 된 신격들은 실로 [그에게] 결합되었다. 내가 한 뼘의 척도 자체를 [그에게] 결합시키는 바대로, 그와 같이 나는 그것들(부위들)을 그대들에게 말할 것이다. 이렇게 그(왕)가 말했다. 머리(정수리)를 가리키면서 '이것이 최고인 것(천상)으로서 바이슈바나라이다.'라고 말했다. 두 눈을 가리키면서 '이것이 밝은 빛(태양)으로서 바이슈바나라이다.'라고 말했다. 두 콧구멍을 가리키면서 '이것이 다양한 경로로 이루어진 것(공기)으로서 바이슈바나라이다.'라고 말했다. 입의 공동을 가리키면서 '이것이 광대함(에테르)으로서 바이슈바나라이다.'라고 말했다. 입의 침을 가리키면서 '이것이 부유함(물)으로서 바이슈바나라이다.'라고 말했다. 턱을 가리키면서 '이것이 지지대(흙)로서 바이슈바나라이다.'라고 말했다."

"바라따의 으뜸가는 이여, 요가 수행자는 위력(偉力)을 얻은 뒤에 자신으로부터 수많은 육체들을 만들어야 하고, 또 그것들(육체들) 모두를 통해 지상을 돌아다녀야 합니다. 그는 그 어떤 육체들을 통해 [원하는] 대상들을 획득해야 하고, 그 어떤 육체들을 통해 지난한 고행을 행해야 합니다. 또한 그는, 태양이 광선의 무리를 철회하듯이, 다시 그것들을 철회해야 합니다."

"태초에 스바얌부에 의해, 시작과 끝이 없고 영원하며 베다로 이루어지고 신성하며 모든 행위들을 [나아가게끔 하는], 말이 발화되었다."

"태초에 그 마헤슈바라는 오직 베다의 말들로부터, 존재들의 명칭과 형태를 또 행위(의례)들의 절차를 창조했다."

"하지만 말은 오직 글자들이다."

"옛적에 스바얌부(스스로 존재하는 자)의 허가를 얻은 대(大)성자들은 고행을 통해, 유가의 끝에 거두어진 베다들을 이띠하사(서사집)들과 함께 얻었다."

"마듯찬다스를 비롯한 성자들이 『리그베다』 제10권의 찬가들을 보았다."

"실로 성자와 관련된 것, 운율, 신격, 브라흐마나를 모른 채로 만뜨라를 통해 제의를 행하게끔 하거나 가르친다면, 그는 정물(靜物)에 들어가거나 구덩이(지옥)에 떨어진다. … 따라서 모든 만뜨라에서 이것들을 알아야 한다."

"그것(생명체)들 가운데 '이전의 창조'에서 그 어떤 행위들을 좇은 것들은, 되풀이해 창조되면서 바로 그것(행위)들로 나아간다. 해롭거나 해롭지 않고 온화하거나 잔인하며 정의롭거나 정의롭지 않고 진실이거나 허위인 그것(행위)들에 좌우된 채로, [생명체들은] 나아간다. 따라서 어떤 것(생명체)은 어떤 것(행위)을 좋아한다."

"생성되지 않은 자는, 성자들의 '이름들'과 '베다들에 대한 직관들'이라는 바로 그것들을, 밤(대소멸)의 끝에 태어난 그들(성자들)에게 준다. 계절들에서 계절에 대한 다양한 형태의 징표들이 순환되면서 바로 그 그러그러한 것들이라고 알려지듯이, 유가 등에서의 존재들도 그와 같다. 자기 가정을 한 바대로, 과거의 그것들은 지금 이곳의 것들과 똑같다. 예를 들어 신들은 실로 형태들과 명칭들에서 과거의 신들과 똑같다."

"태양은 사람이 된 채 꾼띠에게로 다가왔다."
"그에게서 '짜이뜨라라티'라는 이름의 한 '끄샤뜨리야 군주'가 태어났다."
"그리고 베다를 들은 그(슈드라)의 귀는 납과 랙으로 채워진다."
"실로 슈드라인 자는 '발을 가진 화장터'와 같다. 따라서 슈드라의 근처에서 낭독(공부)해서는 안 된다."
"학습하기, 제의, 자선(慈善)은 재생자(再生者)들에게 속한다."
"4계급(바르나)들에게 들려주어야 한다."
"미시적(微視的)이고 알려질 수 없는 그것은 … 실로 존재들의 내부 아뜨만이고 몸을 아는 자라고 묘사됩니다. … 브라흐마나여, 그것으로부터 3구나를 가지는 미현현자가 생성됩니다."
"브라흐만이여, 미현현자가 무속성의 뿌루샤에 완전히 소멸됩니다."
"따라서 또한, 이러한 핵심을 듣도록 하라. 태고의 나라야나는 이 모든 것이다. 그는 창조기에 모든 것을 만들고, 소멸기에 그것을 다시 파괴한다."
"이제, 요가는 실재에 대한 직관(지식)의 수단이다."
"실로 생각할 수 없는 존재들은 논리와 관련시키지 말아야 한다."
"어쨌든 오래 살 수 없을 거라고 그는 알아야 한다. … 이제 꿈에서 검은 이빨의 검은 사람을 본다면, 그는 그(검은 사람)에 의해 죽는다."
"실로 불가사의한 존재들에 대해서는 논리가 적용될 수 없다. 그리고 원형물들을 넘어서는 것이야말로 불가사의한 [존재의] 징표이다."
"공간들에 야생동물들을 희생으로 바쳐야 한다."
"그것은 마치 무한한 이 에테르와 같다. 마찬가지로 아뜨만도 무한하다고 알려져야만 한다."
"그 어떤 지식도 나의 바깥에 놓인 채로는 존재하지 않습니다."
"실로 태초에 이것은 쁘라자빠띠였다. 그는 스스로를 마음으로 바라보았다. 그는 마음을 창조했다. 그래서 오직 마음만이 존재했다. 그것(마음)은 스스로를 마음으로 바라보았다. 그것은 발성기관을 창조했다."
"비록 노련하지 않은 어떤 자들이 물에서 냄새를 지각한 뒤에 [물에 속한다고] 말할지도 모르지만, 그것(냄새)은 물과 공기에 의존하더라도 바로 그 흙에 속한다고 알아야 한다."
"기관들이 정지할 때 만약 마음이 정지하지 않은 채 그저 대상들을 누린다면, 그것을 꿈의 경험이라고 알도록 하라."
"제의란 말과 생각(지성)이 잇따르는 순서를 가지는 것이다."
"다샤(어부)들은 브라흐만이다. 다사(노예)들은 브라흐만이다. 이 끼따바(노름꾼)들은 바로 그 브라흐만이다."
"그 가운데 지고한 아뜨만이라는 것은 영원하고 속성이 없다고 간주된다. 또한 [그것은] 연꽃의 잎이 물에 의해 더럽혀지지 않듯이 심지어 행위결과들에 의해 더럽혀지지 않는다. 반면에 행위를 본질로 하는 또 다른 것은, 해탈이나 속박에 매이는 것이다. 그것은 또 17개의 덩어리와 다시금 연계된다."
"그것(개별자아)은 [그 자체의] 표징신체인 '생기 등의 여덟 집합'과 연계된다. 실로 그것(집합)들에 의해 속박되는 것이 속박이요, 그것들로부터 해탈되는 것이 해탈이다."
"생기는 곧 공기이다. 그러한 그 공기는 '쁘라나, 아빠나, 브야나, 우다나, 사마나'의 다섯 종류이다."
"발성기관 등이 잠잘 때 오직 생기 하나만이 깨어 있다."
"오직 생기 하나만이 죽음에 의해 점령되지 않는다."
"생기는 흡수하는 것, 발성기관 등을 빨아들인다."
"어머니가 아들들을 보호하듯이, 생기는 다른 생기들을 보호한다."
"그것(생기)을 통해 무엇을 먹든지 무엇을 마시든지, 그는 그것(생기)을 통해 다른 생기들을 비호한다."

"실재를 직관하는 브라흐마나들은, 발성기관이란 인격적인 것이고 말의 대상이란 대상적인 것이며 불이란 그 경우에 신격적인 것이라고 말한다."
"실로 물은 성스러운 의례를 위해 그에게 믿음을 산출한다."
"천국을 바라는 자는 제의를 행해야 한다."
"계급(바르나)과 인생단계에 따라 자신의 행위에 몰두하는 자들은 죽은 뒤에 행위의 결과를 경험하고, 그 후에 나머지에 따라 특정한 장소, 카스트, 가문, 용모, 수명, 학식, 행동거지, 재물, 행복, 지성을 가진 채로 탄생하게 된다."
"가끔씩 이곳에서는, 윤회에 빠져 있는 자가 고통으로부터 자유로워질 때까지, 선한 행위가 불변한 채로 존립한다."
"베다들은 [좋은] 행실을 결여한 자를 순화하지 않는다."
"모든 존재들을 살생하지 말아야 한다."
"아그니와 소마를 위해 짐승을 희생으로 바쳐야 한다."
"[꿈에서] 검은 이빨의 검은 사람을 보면, 그는 그(검은 사람)에 의해 죽는다."
"한때 그(바슈깔린)는 말했다: 선생님, [브라흐만에 대한] 가르침을 주십시오. 그(바드바)는 침묵을 지켰다. 두 번째로 세 번째로 그것을 물었을 때, 그는 말했다: 실로 나는 말했지만, 그대는 알지 못한다. 그 아뜨만은 정적(靜寂)이다."
"나라다여, 그대가 모든 존재의 속성들을 가진 나를 보는 것은, 내가 창조한 그 환영 때문입니다. 그대는 나를 그와 같다고 알아서는 안 됩니다."
"실로 예컨대, 빛나는 저 태양이 하나임에도 상이한 물에 들어감으로써 한정자에 의해 여럿으로 나타나듯이, 그와 같이 신으로서 이 무(無)생성의 아뜨만도 [상이한] 몸들에서 상이한 형태로 나타난다."

“실로 오직 하나인 존재들의 아뜨만은, 각각의 존재에 자리 잡으면서 물에 비친 달처럼 하나로 또 여럿으로 알려진다.”
“잠을 떨치고 숨을 정복하고 만족하고 감관을 제어하고 요가를 하는 자들은 빛을 봅니다. 요가를 본질로 하는 그 빛에게 경배합니다. 요가 수행자들은 그것을 영원무궁하게 존경스러운 것으로 압니다.”
“이러한 그 브라흐만은 네 발을 가지고, 여덟 발굽을 가지며, 열여섯 부분을 가진다.”
“우유 덩어리는 비슈바데바들에게, 우유 액은 말들에게!”
“쌀알들을 세 부분으로 나눠야 한다.”
“중간에 있는 것들을 뿌로다샤(떡)로 [만들어] 여덟 질그릇에 [담아], ‘주는 자’인 아그니(불)에게 바쳐야 한다.”
“실로 그는 첫 번째로 육화(肉化)된 존재라고 불리고, 실로 그는 뿌루샤라고 불린다. 그는 존재들에 대한 최초의 조물주로서 태초에 브라흐마로 나타났다.”
“그는, 마음으로 이루어지고 생기를 육체로 가지며 빛의 형태인 아뜨만을 계속 명상해야 한다.”
“함께 모인 힘들 가운데 브라흐만이 으뜸(만이)이다. 으뜸인 브라흐만은 태초에 천상으로 널리 퍼졌다.”
“[적(敵)의] 전부를 꿰찌른 뒤, [특히] 심장을 꿰찌른 채로 혈관을 조각내고 머리를 깨부숨으로써, [적은] 세 부분으로 쪼개졌도다.”
“태양의 신격이여, 제의를 성취하소서!”
“하얀 말을 가진 [인드라] 당신은 푸르고 파랗도다.”
“실로 신격들은 사뜨라 [제의에] 앉았다.”
“실로 아그니슈또마는 브라흐만이다. 그러한 날은 브라흐만 자체이다. 그들은 브라흐만 자체에 의해 브라흐만에 가까이 간다. 그날 그것(아그니슈또마)에 가까이 가는 그들은 불멸성을 얻는다.”

"바자뻬야 제의를 하고서 브리하스빠띠사바 제의를 행해야 한다."

"그의 아들들은 유산을 물려받고, 동료들은 선행을 물려받고, 원수들은 악행을 물려받는다."

"달은 열둘이고, 계절은 다섯이며, 이 세상은 셋이고, 저 태양은 스물한 번째이다."

"두 뜨리슈뚜브는 기관들을 가지는 것을 위해 존재한다."

"기관들은 실로 뜨리슈뚜브이다."

"꾸샤 가지여, 그대는 나무로부터 나왔도다. 그대가 나를 보호해 주소서!"

"우둠바라 나무로부터 나온"

"선신의 운율들이 앞선다."

"태양이 떠오를 즈음의 시간에"

"어근 '두'는 '떪'에 대해서이다."

"그들은 명상적 지식을 통해 욕망들이 사라져버린 그곳으로 올라간다. [일에] 능통한 자들은 그곳으로 가지 못한다. 고행을 하지만 지식이 없는 자들도 그곳으로 가지 못한다."

"이들이 바로 그들이다."

"마치 불에 타버린 씨앗들이 다시 자라지 않듯이, 마찬가지로 아뜨만은 지식에 의해 타버린 번뇌들과 다시 결합하지 않는다."

"지고한 자의 종말에서 귀환이 다가올 때, 마음이 순화된 그들 모두는 브라흐마와 함께 지고한 거처로 들어간다."

"존경스러운 신이여, '당신'은 실로 '나'이고, '나'는 실로 '당신'입니다."

"손님들보다 앞서 먹어야 한다. 실로 예컨대, 자신의 아그니호뜨라를 실행하지 않은 채 남의 아그니호뜨라를 실행할지도 모르듯이, 이 [또한] 마찬가지이다."

"그는 한 달 동안 아그니호뜨라를 실행한다."

"빨라샤 나무로 만들어진 국자를 가진 그는, 죄악의 소리를 듣지 않는다."

"생기인 것은 공기이다.

"신격은 실로 다르다; 분리되는 것으로 알려지기 때문이다.

"실로 태초에 그것은 존재가 결코 아니었다. … 그것은 자신이 가진, 마음으로 이루어지고 마음에 의해 쌓아올려진 삼만 육천 개의 숭배할 만한 불들을 보았다. … 발성기관에 의해 쌓아올려지고 코에 의해 쌓아올려지며, 눈에 의해 쌓아올려지고 귀에 의해 쌓아올려지며, 손(행위)에 의해 쌓아올려지고 피부(불)에 의해 쌓아올려지는"

"그러한 존재들이 마음에서 무엇을 생각하든지 간에, 이것(불)은 바로 그것(생각한 것)들의 작업이다."

"이와 같이 아는 자를 위해, 비록 그가 잠잘지라도 모든 존재들은 실로 그러한 이것(불)들을 영원히 쌓아올린다."

"삼만 육천 개의 불들은 숭배할 만하다. 그것들의 바로 그 하나하나는 앞서 [제시한] 그것(의례의 불)만큼 그와 같이 위대하다."

"실로 그러한 이것들은 오직 명상적 지식에 의해 쌓아올려진다."

"실로 이와 같이 아는 자에게는, 바로 그 명상적 지식에 의해 이것(불)들이 쌓아올려지게 된다."

"이와 같이 아는 자를 위해, 그가 잠잘 때든 또 깨어 있을 때든, 모든 존재들은 이러한 불들을 영원히 쌓아올린다."

"이것(불)들은 오직 마음에 의해 자리 잡게 되고, 마음에 의해 쌓아올려진다. 용기(容器)들은 오직 마음에 의해 취해진다. 마음에 의해 [우드가뜨리가] 찬양하고 마음에 의해 호뜨리가 찬양한다. 제의에서 그 어떤 행위가 행해지든지, 제의에 속하는 그 어떤 행위가 오직 마음에 의해 [행해지든지], '그러한 마음으로 이루어지고 마음에 의해 쌓아올려진 이것(불)들'과 관계하여 오직 '마음으로 이루어진 것'으로서 행해진다.”

“그들은 명상적 지식을 통해 욕망들이 사라져버린 그곳으로 올라간다. [일에] 능통한 자들은 그곳으로 가지 못한다. 고행을 하지만 지식이 없는 자들도 그곳으로 가지 못한다.”

“죽음을 아뜨만으로 하는 그는, 불멸이 된다.”

“‘꾹꾸또시’라거나 ‘꾸따루라시’라고 하며 돌을 들어 올린다.”

“실로 계절들은 쁘라야자들이다. [이것들은] 같은 곳에서 공물로 제공되어야만 한다.”

“아그니와 소마를 위해 숫염소를 희생으로 바쳐야 한다.”

“[호뜨리여!] 숫염소의 장막(漿膜)과 지방을 위해 아누바끄야 제문을 노래하시기를!”

“아드바르유를 위해 ‘사자니야’가 찬양되어야만 한다.”

“생기는 오직 하나이다.”

“용기(容器)를 붙잡거나 국자를 들어 올린 뒤에, 그는 찬송가로 제의를 실행한다. 찬송가로 찬양한다. ‘쁘라스또뜨리여, 사마를 노래하시오. 호뜨리여, 이 제의를 실행하시오.’라고 [말한다].”

“[자신의] 눈 자체에 기름을 넣으면, 적수의 눈을 격퇴한다.”

“쁘라야자, 아누야자 제의를 행하는 것을 통해, 그는 [자신의] 적수를 패배시키기 위해 제의의 갑옷을 만들거나 제의 집행자의 갑옷을 만든다.”

“아그니호뜨라와 [같은] 것은 늙거나 죽을 때까지 [행해야 하는] 의례이다. 실로 왜냐하면 늙음을 통해서나 죽음을 통해서 그것으로부터 자유로워지기 때문이다.”

“실로 이러한 그것에 대해 지식이 있는 까바샤의 후손인 성자들이 말했다: 무슨 의도에서 우리가 공부할 것이고, 무슨 의도에서 우리가 제의를 행할 것인가? 실로 이러한 그것에 대해 지식이 있는 옛사람들은 아그니호뜨라를 실행하지 않았다.”

"불을 내던지는 자는 실로 신격들을 살인한 자이다."
"아들이 없는 자에게는 세상이 없다. 모든 동물들이 이것을 안다."
"[공물의] 아래에서 땔감을 붙잡으며 [제단으로] 따라가야 한다. 왜냐하면 신격들을 위해 그는 [땔감을] 위에서 붙잡기 때문이다."
"바로 이것(흙)은 국자이다."
"태양은 거북이이다."
"천국의 세상은 아하바니야 불이다."
"'행해야 한다', '행해져야 한다', '행해져야만 한다', '되어야 한다', '이어야 한다'라는 다섯이다. 이것은 모든 베다들에서 명령에 대한 확고한 징표일 것이다."
"행위(의례)들은 부정(不淨)함을 일소하지만, 지식은 궁극적인 목적지이다. 부정함이 행위들을 통해 일소될 때에, 그로부터 지식이 작용한다."
"따라서 뿌샨(태양)은 잘 갈아진 [공물의] 몫을 가진다. 왜냐하면 이빨이 없기 때문이다."
"물에 의해 연꽃 이파리가 더럽혀지지 않듯이, 생명의 위태로움을 겪을 때에 음식을 먹은 자는 그 무엇으로부터 [음식을 구했든지] 죄악에 의해 더럽혀지지 않는다."
"브라흐마나는 언제나 술을 [피해야 한다]."
"그들은 음주하는 브라흐마나의 [목구멍에] 뜨거운 [술을] 부어야 한다."
"먹을 수 없는 것을 먹기 때문에 음주하는 자들은 벌레가 된다."
"따라서 브라흐마나는 술을 마시지 말아야 한다."
"그는 살아 있는 동안 아그니호뜨라를 실행한다."
"마흔여덟의 그러한 정화의식들을 행한 자는"
"재생자(再生者)는 인생단계에 속하지 않은 채로 단 하루라도 지내지 않아야 한다. 인생단계에 속하지 않은 채로 한 해를 지낸다면, 끄릿츠라를 한 번 행해야 한다.”

“삼림으로 들어가야 한다는 말이 있다. 다시는 그곳으로부터 돌아오지 않아야 한다는 것이 그 비밀스러운 가르침이다.”

“스승의 승인을 얻은 그는, 육체가 자유로워질 때까지 네 인생단계 가운데 하나를 명령된 바대로 준수해야 한다.”

“서약을 어긴 학인은 니르리띠에게 당나귀를 희생으로 바쳐야 한다.”

“나이슈티까 다르마에 자리 잡았으나 또다시 [그것으로부터] 퇴락한 그가 [행하는] 속죄의식을, 자신을 죽인 그가 정화될 수 있게끔 하는 속죄의식을, 나는 보지 않는다.”

“은퇴자가 자체적 서약을 깬다면, 끄릿츠라를 12일 행한 뒤에 목초지(木草地)를 [응시함으로써 목초를] 자라게 해야 한다.”

“[서약을 깬] 탁발승은 은퇴자처럼, 소마 재배를 제외하고, 자신이 [속한] 성전에 따라 정화의식을 [행해야 한다].”

“자리 잡은 [인생단계로부터] 떨어졌거나 공동체로부터 쫓겨나왔거나 목매달았거나 [특정한] 벌레에 물린 브라흐마나와 접촉한 뒤에는, 짠드라야나 [속죄의식을] 행해야 한다.”

“숙고하기(생각하기)로부터 현자”

“가정의 시기, 학습기, 현자(침묵)의 상태, 은퇴기”

“가장 뛰어난 현자인 발미끼는”

“천국을 원하는 자는 다르샤뿌르나마사들을 통해 제의를 행해야 한다.”

“그 누구도 그가 고귀한지 모르고 비천한지 모르며 학식이 있는지 모르고 학식이 없는지 모르며 행실이 좋은지 모르고 행실이 나쁜지 모르는, 그는 브라흐마나이다. 지식을 가진 자는 비밀리에 다르마에 의지한 채로 알려지지 않게 행동을 해야 한다. 그는 장님처럼 감각이 없는 자처럼 또 벙어리처럼 땅위에서 돌아다녀야 한다.”

“겉으로 표가 나지 않고, 행실을 숨긴 채로”

"그 무엇이든 계속 명상하는 바대로, 바로 그것이 된다."
"실로 더 위대한 목적지란 그 누구에게도 없다. 왜냐하면 속성이 있을 때에 그들은 '같지 않다는 것'(차이 있음)을 말하기 때문이다."
"태어남이 없고 늙음이 없고 죽음이 없고"
"신성한 신격이여, 실로 나는 당신입니다. 신격이여, 실로 당신은 나입니다."
"왜냐하면 행위(업)는 소멸되지 않기 때문이다."
"그는 모든 죄악을 넘어선다."
"이와 같이 지식을 가진 자가 제의를 행한다."
"이와 같이 지식을 가진 자가 공물을 바친다."
"이와 같이 지식을 가진 자가 찬양한다."
"이와 같이 지식을 가진 자가 노래한다."
"이러한 그 아뜨만을 제의를 통해 알고자 합니다."
"살아가는 동안 따스할 뿐이고, 죽으면 차가워진다."
"전해지듯이, 브야사의 아들인 슈까가 해탈을 욕구하면서 태양의 구체로 나아갔을 때, 따라오던 아버지가 부름으로써 '네!'라고 대답했다. … 하지만 슈까는 바람보다 더 빠르게 움직이면서 공간을 가로질러 자신의 힘을 보여주고 나서 모든 존재들에 들어가게 되었다."
"[태양은] 바로 그 하루를 밤에 만든다."
"그들은 이 세상으로 다시 되돌아오지 않게 된다."
"그로부터 남은 것을 통해"
"그래서 예컨대 열매를 위해 망고나무를 심었을 때 [열매와] 더불어 그늘과 향기가 생기듯이, 마찬가지로 다르마를 행함으로써 [결과와] 더불어 무언가가 생긴다."
"전지하고 전능하며"

[부록 3]

주제와 우빠니샤드 문장

〈주석〉의 191개 '주제'(adhikaraṇa)는 논제(viṣaya)를 중심으로 논의가 전개된다. 논제는 대개 우빠니샤드의 '논제 문장'(viṣaya-vākya)에 의해 직접적으로 지시된다. 그런데 상당수의 '주제'에는 논제 문장이 없고 '관련 문장'(논제와 간접적으로 관련성이 있는 우빠니샤드 문장)만 있기도 하다. 이러한 연관에서 우빠니샤드의 논제 문장 또는 관련 문장이 각 '주제'에 따라 등장하는 양상을 다음과 같이 5가지 경우로 나눌 수 있을 것이다. 물론 5가지 경우가 분명하게 나눠지는 것은 결코 아니다.

①: **논제 문장이 확실한 경우**(대체로 5단계의 논증 방식을 따르고 우빠니샤드의 인용 문장이 논제를 지시함)

②: **논제 문장이라고 간주할 수 있는 경우**(대체로 5단계의 논증 방식을 따르지 않지만 우빠니샤드의 인용 문장이 논제를 지시함)

③: **관련 문장이 확실한 경우**(우빠니샤드의 인용 문장이 논제나 수뜨라와 강하게 관련됨)

④: **관련 문장이라고 간주할 수 있는 경우**(우빠니샤드의 인용 문장이 논제나 수뜨라와 약하게 관련됨)

⑤: **논제 문장도 관련 문장도 없는 경우**(우빠니샤드의 문장이 전혀 인용되지 않음)

장절	주제 (포함되는 수뜨라)	논제 문장 / 관련 문장
1장 1절	1. 탐구욕(1)	②〈따잇 3.1.1〉
	2. 생성 등(2)	②〈따잇 3.1.1〉, 〈따잇 3.6.1〉
	3. 성전의 원천(3)	③〈브리 2.4.10〉
	4. 조화(4)	③〈찬도 6.2.1〉 등
	5. 마음으로 바라보기(5-11)	②〈찬도 6.2.1-3〉 등
	6. 환희로 이루어진 것(12-19)	①〈따잇 2.5.1〉
	7. 안에 있는 것(20-21)	①〈찬도 1.6.6-7〉, 〈찬도 1.7.5〉
	8. 허공(22)	①〈찬도 1.9.1〉
	9. 생기(23)	①〈찬도 1.10.9〉, 〈찬도 1.11.4-5〉
	10. 빛, 발(24-27)	①〈찬도 3.13.7〉
	11. 쁘라따르다나(28-31)	①〈까우 3.1-3〉, 〈까우 3.8〉
1장 2절	1. 모든 곳에서 잘 알려져 있음(1-8)	①〈찬도 3.14.1-2〉
	2. 먹는 자(9-10)	①〈까타 2.25〉
	3. 공동에 들어간 것(11-12)	①〈까타 3.1〉
	4. 안에 있음(13-17)	①〈찬도 4.15.1〉
	5. 내부의 지배자(18-20)	①〈브리 3.7.1-3〉
	6. 보일 수 없음(21-23)	①〈문다 1.1.5-6〉
	7. 바이슈바나라(24-32)	①〈찬도 5.11.1〉, 〈찬도 5.11.6〉, 〈찬도 5.18.1-2〉
1장 3절	1. 천상, 지상 등(1-7)	①〈문다 2.2.5〉
	2. 극대(8-9)	①〈찬도 7.23.1〉, 〈찬도 7.24.1〉

	3. 불멸체(10-12)	①〈브리 3.8.7-8〉
	4. 마음으로 바라보기의 대상이 라고 언급됨(13)	①〈쁘라 5.2-5〉
	5. 작음(14-21)	①〈찬도 8.1.1〉
	6. 따라 하기(22-23)	①〈문다 2.2.10〉
	7. 재어진 것(24-25)	①〈까타 4.12-13〉
	8. 신격(26-33)	③〈찬도 8.11.3〉, 〈따잇 3.1.1〉 등
	9. 슈드라가 아닌 자(34-38)	③〈찬도 4.1.3〉, 〈찬도 4.2.3〉 등
	10. 떨림(39)	①〈까타 6.2〉
	11. 빛(40)	①〈찬도 8.12.3〉
	12. 다른 것으로 언급됨(41)	①〈찬도 8.14.1〉
	13. 숙면과 죽음(42-43)	①〈브리 4.3.7〉
1장 4절	1. 추론된 것(1-7)	②〈까타 3.11〉
	2. 국자(8-10)	②〈슈베 4.5〉
	3. 수에 대한 진술(11-13)	②〈브리 4.4.17〉
	4. 원인인 것(14-15)	③〈따잇 2.1.1〉 등
	5. 발라끼(16-18)	①〈까우 4.19〉
	6. 문장의 연계(19-22)	①〈브리 2.4.5〉
	7. 원물질(23-27)	③〈찬도 6.1.3-6〉 등
	8. 모두 설명됨(28)	⑤없음
2장 1절	1. 전승서(1-2)	④〈슈베 5.2〉 등
	2. 요가가 논박됨(3)	④〈브리 2.4.5〉 등
	3. 상이함(4-11)	③〈따잇 2.6.1〉 등
	4. 식자들이 수용하지 않음(12)	⑤없음
	5. 향유주체로 됨(13)	③〈따잇 2.6.1〉

	6. 기원(14-20)	③〈찬도 6.1.4〉 등
	7. 다른 것에 대한 언급(21-23)	③〈찬도 6.8.7〉 등
	8. 모으는 것을 봄(24-25)	③〈슈베 6.8〉
	9. 전체의 수반(26-29)	③〈슈베 6.19〉 등
	10. 모두 주어짐(30-31)	③〈찬도 3.14.4〉 등
	11. 동기를 가짐(32-33)	④〈브리 2.4.5〉
	12. 불공평함과 잔인함(34-36)	③〈까우 3.8〉 등
	13. 모든 특성들이 합당함(37)	⑤없음
2장 2절	1. 설계가 부당함(1-10)	⑤없음 [상크야 비판]
	2. 크고 김(11)	⑤없음 [바이셰쉬까 비판]
	3. 단원자는 세계의 원인이 아님(12-17)	⑤없음 [바이셰쉬까 비판]
	4. 결합(18-27)	⑤없음 [불교 비판]
	5. 비존재(28-32)	⑤없음 [불교 비판]
	6. 동일자에서 불가능함(33-36)	⑤없음 [자이나교 비판]
	7. 통치자(37-41)	⑤없음 [신이 동작적 원인이라는 이론 비판]
	8. 발생하는 것이 불가능함(42-45)	⑤없음 [바가바따 또는 빤짜라뜨라 비판]
2장 3절	1. 에테르(1-7)	②〈따잇 2.1.1〉, 〈찬도 6.2.1-3〉 등
	2. 공기(8)	②〈따잇 2.1.1〉, 〈찬도 6.2.1-3〉 등
	3. 불가능함(9)	③〈찬도 6.2.2〉, 〈슈베 6.9〉
	4. 불(10)	②〈찬도 6.2.1-3〉
	5. 물(11)	②〈찬도 6.2.1-3〉
	6. 흙, 화제(12)	①〈찬도 6.2.4〉

	7. 그것에 대한 깊은 명상(13)	③〈브리 3.7.3〉 등
	8. 반대(14)	④〈따잇 3.1.1〉
	9. 사이에 놓임, 지성(15)	②〈문다 2.1.3〉, 〈찬도 6.5.4〉
	10. 움직이는 것과 움직이지 않는 것과 관련됨(16)	③〈브리 4.3.8〉 등
	11. 아뜨만(17)	③〈찬도 6.11.3〉 등
	12. 아는 자(18)	②〈브리 3.9.28〉 등
	13. 떠남과 감(19-32)	③〈까우 3.3〉 등
	14. 행위주체(33-39)	③〈쁘라 4.9〉 등
	15. 목수(40)	③〈브리 4.3.7〉 등
	16. 지고한 자에 의존함(41-42)	③〈까우 3.8〉
	17. 부분(43-53)	③〈찬도 8.7.1〉 등
2장 4절	1. 생기들이 생성됨(1-4)	①〈브리 2.1.20〉 등
	2. 일곱, 알려짐(5-6)	①〈문다 2.1.8〉 등
	3. 생기들이 지극히 미세함(7)	⑤없음
	4. 최고위의 생기(8)	③〈문다 2.1.2〉
	5. 공기와 작용(9-12)	③〈찬도 3.18.4〉, 〈문다 2.1.3〉
	6. 최고위가 지극히 미세함(13)	④〈브리 1.3.22〉
	7. 불 등(14-16)	③〈아이 1.2.4〉 등
	8. 기관들(17-19)	③〈문다 2.1.3〉 등
	9. 이름과 형상의 형성(20-22)	①〈찬도 6.3.2-3〉
3장 1절	1. 다른 어떤 것을 획득함(1-7)	③〈찬도 5.3.3〉 등
	2. 행한 것이 사라짐(8-11)	①〈찬도 5.10.5-7〉
	3. 제의 등을 행하지 않은 자들(12-21)	②〈까우 1.2〉, 〈까타 2.6〉 등

	4. 유사하게 됨(22)	①〈찬도 5.10.5-6〉
	5. 매우 긴 동안은 아님(23)	①〈찬도 5.10.5-6〉
	6. 다른 것이 주재함(24-27)	①〈찬도 5.10.6〉
3장 2절	1. 중간대(1-6)	①〈브리 4.3.9-10〉
	2. 그것의 부재(7-8)	①〈찬도 8.6.3〉 등
	3. 일, 기억, 성언, 명령(9)	③〈브리 4.3.16〉 등
	4. 기절은 절반만 합치됨(10)	④〈찬도 6.8.1〉 등
	5. 두 가지 표징(11-21)	①〈찬도 3.14.2〉, 〈브리 3.8.8〉
	6. 그러한 만큼의 논제인 것(22-30)	①〈브리 2.3.1-6〉
	7. 지고함(31-37)	③〈찬도 8.4.1-2〉 등
	8. 결과(38-41)	③〈브리 4.4.24〉, 〈까우 3.8〉
3장 3절	1. 모든 베단따들에서 명상적 관념들(1-4)	③〈브리 6.1.1〉, 〈찬도 5.1.1〉 등
	2. 공유(5)	⑤없음
	3. 다른 방식으로(6-8)	①〈브리 1.3.1-7〉, 〈찬도 1.2.1-7〉
	4. 고루 미쳐 있음(9)	①〈찬도 1.1.1〉
	5. 모든 곳에서 차이가 없음(10)	①〈브리 6.1.14〉, 〈까우 2.14〉
	6. 환희 등(11-13)	①〈따잇 2.5.1〉
	7. 명상(14-15)	①〈까타 3.10-11〉
	8. 아뜨만이 파악됨(16-17)	①〈아이 1.1.1-2〉
	9. 행해야만 하는 것으로 언급됨(18)	①〈찬도 5.2.2〉, 〈브리 6.1.14〉
	10. 동일함(19)	①〈출처불명〉, 〈브리

	5.6.1〉
11. 관련(20-22)	①〈브리 5.5.1-4〉
12. 함께 모음(23)	①〈출처불명〉
13. 뿌루샤 등(24)	①〈찬도 3.16.1-7〉, 〈따잇-아 10.64〉
14. 꿰찌름 등(25)	①〈따잇 1.1.1〉, 〈출처불명〉 등
15. 폐기(26)	①〈찬도 8.13.1〉 등
16. 죽음(27-28)	①〈까우 1.3-4〉
17. 여로의 의의(29-30)	③〈문다 3.1.3〉
18. 제한되지 않음(31)	③〈찬도 5.10.1〉 등
19. 임무가 있는 한(32)	③〈찬도 3.11.1〉 등
20. 불멸체의 명상적 관념(33)	①〈브리 3.8.8〉, 〈문다 1.1.5-6〉
21. 한계(34)	①〈문다 3.1.1〉, 〈슈베 4.6〉, 〈까타 3.1〉
22. 안에 있음(35-36)	①〈브리 3.4.1〉 〈브리 3.5.1〉
23. 치환(37)	①〈출처불명〉
24. 진리 등(38)	①〈브리 5.4.1〉, 〈브리 5.5.2〉
25. 욕망 등(39)	①〈찬도 8.1.1-5〉, 〈브리 4.4.22〉
26. 존중(40-41)	①〈찬도 5.19.1〉, 〈찬도 5.24.2〉, 〈찬도 5.24.5〉
27. 그것에 대해 확정하는 것들(42)	①〈찬도 1.1.1〉
28. 제물(43)	①〈브리 1.5.21〉, 〈찬도 4.3.1-3〉

	29. 표징이 다수임(44-52)	①〈출처불명〉
	30. 혹자들, 아뜨만(53-54)	⑤없음 [로까야띠까 비판]
	31. 종속적인 것들과 결부됨(55-56)	①〈찬도 1.1.1〉, 〈찬도 2.2.1〉
	32. 전체가 더 뛰어남(57)	①〈찬도 5.11.1〉, 〈찬도 5.12.1〉, 〈찬도 5.18.2〉
	33. 직접적인 말 등의 차이(58)	③〈찬도 3.14.1〉 등
	34. 택일(59)	③〈찬도 3.14.2〉 등
	35. 욕망 추구적임(60)	③〈찬도 3.15.2〉, 〈찬도 7.1.5〉
	36. 근저들이 되는 것처럼(61-66)	③〈찬도 1.5.5〉, 〈찬도 1.1.9〉, 〈찬도 4.17.10〉
3장 4절	1. 인간의 목표(1-17)	③〈찬도 7.1.3〉 등
	2. 지시(18-20)	②〈찬도 2.23.1〉
	3. 단순한 찬양(21-22)	①〈찬도 1.1.3〉 등
	4. 빠리쁠라바(23-24)	①〈브리 4.5.1〉 등
	5. 불 피우기 등(25)	⑤없음
	6. 모두 필요로 함(26-27)	③〈브리 4.4.22〉 등
	7. 모든 음식이 허용됨(28-31)	①〈찬도 5.2.1〉, 〈브리 6.1.14〉
	8. 인생단계에서의 행위들(32-35)	③〈브리 4.4.22〉, 〈찬도 8.5.3〉
	9. 홀아비(36-39)	③〈찬도 4.1-3〉, 〈브리 3.6.1〉
	10. 그렇게 됨(40)	③〈찬도 2.23.1〉 등
	11. 자격(41-42)	⑤없음
	12. 밖으로(43)	⑤없음
	13. 제의 주인(44-46)	③〈찬도 1.7.8-9〉 등

	14. 다른 협조적인 것으로 명령됨(47-49)	①〈브리 3.5.1〉
	15. 현시하지 않음(50)	①〈브리 3.5.1〉
	16. 현세에서(51)	③〈까타 2.7〉
	17. 해탈이라는 결과(52)	③〈브리 3.8.8〉 등
4장 1절	1. 반복(1-2)	①〈브리 4.5.6〉, 〈브리 4.4.21〉, 〈찬도 8.7.1〉
	2. 아뜨만인 것에 대한 계속적 명상(3)	③〈브리 1.4.10〉 등
	3. 상징(4)	①〈찬도 3.18.1〉 등
	4. 브라흐만의 심상(5)	①〈찬도 3.19.1〉 등
	5. 태양 등의 명상적 생각들(6)	①〈찬도 1.3.1〉 등
	6. 앉아 있으면서(7-10)	④〈찬도 7.6.1〉
	7. 전념(11)	④〈슈베 2.10〉
	8. 죽음에 이르기까지(12)	③〈브리 4.4.2〉 등
	9. 그것을 획득함(13)	②〈찬도 4.14.3〉 등
	10. 다른 것이 접착하지 않음(14)	②〈브리 4.4.22〉 등
	11. 시작되지 않음(15)	③〈찬도 6.14.2〉
	12. 아그니호뜨라 등(16-17)	③〈브리 4.4.22〉
	13. 명상적 지식, 지식의 성취수단(18)	③〈찬도 1.1.10〉 등
	14. 다른 것은 소멸시킴(19)	③〈찬도 6.14.2〉, 〈브리 4.4.6〉
4장 2절	1. 발성기관(1-2)	①〈찬도 6.8.6〉
	2. 마음(3)	①〈찬도 6.8.6〉
	3. 지배자(4-6)	①〈찬도 6.8.6〉

	4. 길의 시작에 이르기까지(7)	①〈찬도 6.8.6〉
	5. 윤회를 언급함(8-11)	①〈찬도 6.8.6〉
	6. 부정(12-14)	②〈브리 4.4.6〉, 〈브리 3.2.11〉
	7. 발성기관 등이 소멸됨(15)	②〈쁘라 6.5〉
	8. 분리되지 않음(16)	②〈쁘라 6.5〉
	9. 그 거처(17)	①〈브리 4.4.1-2〉
	10. 광선들(18-19)	①〈찬도 8.6.1-6〉
	11. 태양의 남진(20-21)	④〈찬도 4.15.5〉
4장 3절	1. 빛을 시작으로 함(1)	①〈브리 6.2.15〉 등
	2. 공기(2)	①〈까우 1.3〉
	3. 번개(3)	②〈찬도 4.15.5〉, 〈까우 1.3〉
	4. 안내자(4-6)	①〈찬도 4.15.5〉 등
	5. 결과(7-14)	①〈찬도 4.15.5〉
	6. 상징을 근저로 삼지 않음(15-16)	①〈찬도 4.15.5〉
4장 4절	1. 도달하고 나서 나타남(1-3)	①〈찬도 8.12.3〉
	2. 분리되지 않음, 알려짐(4)	①〈찬도 8.12.3〉
	3. 브라흐만에 속함(5-7)	②〈찬도 8.12.3〉
	4. 결의(8-9)	①〈찬도 8.2.1〉
	5. 존재하지 않음(10-14)	③〈찬도 8.12.5〉, 〈찬도 7.26.2〉
	6. 등불(15-16)	③〈찬도 7.26.2〉 등
	7. 세계의 일(17-22)	③〈따잇 1.6.2〉 등

찾아보기*

* 여기서는 다음과 같은 원칙들을 적용하여 용어나 구절을 선별하고 그 용례를 표기한다: 첫째, 문헌 소개와 역주를 제외하고 본문(수뜨라, 주석, 인용문)에 등장하는 것들만을 대상으로 삼는다. 둘째, 본문 전체에서 매우 빈번하게 등장하는 것들은 ① 아예 목록에 포함시키지 않거나, ② 목록에는 포함시키되 본문 전체에서 처음으로 등장하는 용례만 표기하거나, ③ 목록에는 포함시키되 191개의 '주제'마다 처음으로 등장하는 용례만 표기한다. 셋째, 특별히 베단따를 공부하는 데 도움이 될 만한 것들은 그 용례를 모두 표기한다. 넷째, 각각의 '주제'에서 논의의 핵심소재들은 대개 처음으로 등장하는 용례만 표기한다.